组织超越

——企业如何克服组织惰性与实现持续成长

Organization Transcendence
—How to Overcome Organizational Inertia and
Achieve Sustainable Growth

白景坤 著

经济管理出版社
ECONOMY & MANAGEMENT PUBLISHING HOUSE

图书在版编目（CIP）数据

组织超越——企业如何克服组织惰性与实现持续成长 / 白景坤著. —北京：经济管理出版
社，2017.12

ISBN 978-7-5096-5394-4

Ⅰ.①组…　Ⅱ.①白…　Ⅲ.①大型企业—企业管理—研究　Ⅳ.①F272

中国版本图书馆 CIP 数据核字（2017）第 249082 号

组稿编辑：宋　娜
责任编辑：宋　娜　范美琴
责任印制：黄章平
责任校对：王淑卿

出版发行：经济管理出版社
　　　　　（北京市海淀区北蜂窝 8 号中雅大厦 A 座 11 层　100038）
网　　址：www. E-mp. com. cn
电　　话：（010）51915602
印　　刷：玉田县昊达印刷有限公司
经　　销：新华书店
开　　本：720mm×1000mm/16
印　　张：16
字　　数：262 千字
版　　次：2017 年 12 月第 1 版　　2017 年 12 月第 1 次印刷
书　　号：ISBN 978-7-5096-5394-4
定　　价：88.00 元

　　本书获国家自然科学基金面上项目（编号：71372067）、国家社科基金重大项目（编号：11&ZD153）、中国博士后基金第7次特别资助项目（编号：2014T70185）、中国博士后基金第54批面上资助一等项目（编号：2013M540195）、教育部人文社会科学规划项目（编号：11YJC630001）资助。

序　言

　　博士后制度在我国落地生根已逾30年，已经成为国家人才体系建设中的重要一环。30多年来，博士后制度对推动我国人事人才体制机制改革、促进科技创新和经济社会发展发挥了重要的作用，也培养了一批国家急需的高层次创新型人才。

　　自1986年1月开始招收第一名博士后研究人员起，截至目前，国家已累计招收14万余名博士后研究人员，已经出站的博士后大多成为各领域的科研骨干和学术带头人。其中，已有50余位博士后当选两院院士；众多博士后入选各类人才计划，其中，国家百千万人才工程年入选率达34.36%，国家杰出青年科学基金入选率平均达21.04%，教育部"长江学者"入选率平均达10%左右。

　　2015年底，国务院办公厅出台《关于改革完善博士后制度的意见》，要求各地各部门各设站单位按照党中央、国务院决策部署，牢固树立并切实贯彻创新、协调、绿色、开放、共享的发展理念，深入实施创新驱动发展战略和人才优先发展战略，完善体制机制，健全服务体系，推动博士后事业科学发展。这为我国博士后事业的进一步发展指明了方向，也为哲学社会科学领域博士后工作提出了新的研究方向。

　　习近平总书记在2016年5月17日全国哲学社会科学工作座谈会上发表重要讲话指出：一个国家的发展水平，既取决于自然科学发展水平，也取决于哲学社会科学发展水平。一个没有发达的自然科学的国家不可能走在世界前列，一个没有繁荣的哲学社会科学的国家也不可能走在世界前列。坚持和发展中国特色社会主义，需要不断在实践中和理论上进行探索、用发展着的理论指导发展着的实践。在这个过程中，哲学社会科学具有不可替代的重要地位，哲学社会科学工作者具有不可替代的重要作用。这是党和国家领导人对包括哲学社会科学博士后在内的所有哲学社会科学领域的研究者、工作者提出的殷切希望！

中国社会科学院是中央直属的国家哲学社会科学研究机构，在哲学社会科学博士后工作领域处于领军地位。为充分调动哲学社会科学博士后研究人员科研创新的积极性，展示哲学社会科学领域博士后的优秀成果，提高我国哲学社会科学发展的整体水平，中国社会科学院和全国博士后管理委员会于 2012 年联合推出了《中国社会科学博士后文库》（以下简称《文库》），每年在全国范围内择优出版博士后成果。经过多年的发展，《文库》已经成为集中、系统、全面反映我国哲学社会科学博士后优秀成果的高端学术平台，学术影响力和社会影响力逐年提高。

下一步，做好哲学社会科学博士后工作，做好《文库》工作，要认真学习领会习近平总书记系列重要讲话精神，自觉肩负起新的时代使命，锐意创新、发奋进取。为此，需做到：

第一，始终坚持马克思主义的指导地位。哲学社会科学研究离不开正确的世界观、方法论的指导。习近平总书记深刻指出：坚持以马克思主义为指导，是当代中国哲学社会科学区别于其他哲学社会科学的根本标志，必须旗帜鲜明加以坚持。马克思主义揭示了事物的本质、内在联系及发展规律，是"伟大的认识工具"，是人们观察世界、分析问题的有力思想武器。马克思主义尽管诞生在一个半多世纪之前，但在当今时代，马克思主义与新的时代实践结合起来，越来越显示出更加强大的生命力。哲学社会科学博士后研究人员应该更加自觉地坚持马克思主义在科研工作中的指导地位，继续推进马克思主义中国化、时代化、大众化，继续发展 21 世纪马克思主义、当代中国马克思主义。要继续把《文库》建设成为马克思主义中国化最新理论成果宣传、展示、交流的平台，为中国特色社会主义建设提供强有力的理论支撑。

第二，逐步树立智库意识和品牌意识。哲学社会科学肩负着回答时代命题、规划未来道路的使命。当前中央对哲学社会科学愈加重视，尤其是提出要发挥哲学社会科学在治国理政、提高改革决策水平、推进国家治理体系和治理能力现代化中的作用。从 2015 年开始，中央已启动了国家高端智库的建设，这对哲学社会科学博士后工作提出了更高的针对性要求，也为哲学社会科学博士后研究提供了更为广阔的应用空间。《文库》依托中国社会科学院，面向全国哲学社会科学领域博士后科研流动站、工作站的博士后征集优秀成果，入选出版的著作也代表了哲学社会科学博士后最高的学术研究水平。因此，要善于把中国社会科学院服务党和国家决策的大智库功能与《文库》的小智库功能结合起来，进而以智库意识推动品牌意识建设，最终树立《文库》的智库意识和品牌意识。

第三，积极推动中国特色哲学社会科学学术体系和话语体系建设。改革开放 30 多年来，我国在经济建设、政治建设、文化建设、社会建设、生态文明建设和党的建设各个领域都取得了举世瞩目的成就，比历史上任何时期都更接近中华民族伟大复兴的目标。但正如习近平总书记所指出的那样：在解读中国实践、构建中国理论上，我们应该最有发言权，但实际上我国哲学社会科学在国际上的声音还比较小，还处于"有理说不出、说了传不开"的境地。这里问题的实质，就是中国特色、中国特质的哲学社会科学学术体系和话语体系的缺失和建设问题。具有中国特色、中国特质的学术体系和话语体系必然是由具有中国特色、中国特质的概念、范畴和学科等组成。这一切不是凭空想象得来的，而是在中国化的马克思主义指导下，在参考我们民族特质、历史智慧的基础上再创造出来的。在这一过程中，积极吸纳儒、释、道、墨、名、法、农、杂、兵等各家学说的精髓，无疑是保持中国特色、中国特质的重要保证。换言之，不能站在历史、文化虚无主义立场搞研究。要通过《文库》积极引导哲学社会科学博士后研究人员：一方面，要积极吸收古今中外各种学术资源，坚持古为今用、洋为中用。另一方面，要以中国自己的实践为研究定位，围绕中国自己的问题，坚持问题导向，努力探索具备中国特色、中国特质的概念、范畴与理论体系，在体现继承性和民族性、体现原创性和时代性、体现系统性和专业性方面，不断加强和深化中国特色学术体系和话语体系建设。

新形势下，我国哲学社会科学地位更加重要、任务更加繁重。衷心希望广大哲学社会科学博士后工作者和博士后们，以《文库》系列著作的出版为契机，以习近平总书记在全国哲学社会科学座谈会上的讲话为根本遵循，将自身的研究工作与时代的需求结合起来，将自身的研究工作与国家和人民的召唤结合起来，以深厚的学识修养赢得尊重，以高尚的人格魅力引领风气，在为祖国、为人民立德立功立言中，在实现中华民族伟大复兴中国梦的征程中，成就自我、实现价值。

是为序。

王京清

中国社会科学院副院长

中国社会科学院博士后管理委员会主任

2016 年 12 月 1 日

摘　要

　　长期以来，组织变革被认为是成熟期企业主动适应环境变化的主要方式，但实践中的组织变革往往很难成功。近年来，组织惰性逐渐被认为是制约组织变革和持续成长的重要因素；同时也有研究认为，随着环境变化加剧，公司创业导向和组织学习是成熟期企业积极应对环境变化以实现持续成长的主要方式。然而，公司创业导向和组织学习究竟如何或者在何种程度上能够克服组织惰性，克服组织惰性是否就意味着能够实现持续成长，组织惰性可以超越吗？对此，无论在实践层面还是在理论层面，都未能给出令人信服的结论。本书以成熟期企业为研究对象，运用理论探讨、案例研究和问卷调查等研究方法，构建理论模型，探讨公司创业导向、组织学习、组织惰性和企业持续成长的关系，以期揭示组织惰性的形成与演化及其对企业持续成长的作用机理。

　　本书的主要内容包括以下几方面：①强化组织惰性的因素。基于文献分析构建基于环境与路径"双重锁定"的组织惰性生成分析的理论框架。在整合组织生态学、新制度组织理论、路径依赖理论和资源基础观等不同学科视角的相关研究成果后，提出组织惰性是环境锁定和路径锁定共同作用的结果，而资源（能力）基础理论关于核心能力惰性特征的界定恰恰描述了"双重锁定"下的组织惰性的表现形式。②弱化组织惰性的因素。通过对中兴通讯案例的纵贯考察和多时点比较研究揭示公司创业导向、组织学习和组织惰性的关系机理：公司创业导向能够有效克服（弱化）组织的洞察力惰性和行动惰性；探索式学习有利于产生或发现新技术、新产品、新机会或新的组织方式，有利于克服组织洞察力惰性，同时也能够激发组织对现有技术和管理路径进行改进与完善，对克服行动惰性有积极作用；利用式学习有利于直接改进与完善企业的技术与管理路径，因而有利于克服组织的行动惰性，但利用式学习强调"埋头苦干"，可能会因路径依赖而导致路径锁定，最终强化组织的洞察力惰性；公司创业导向通过探索式学习的中介作用能够进一步强化对克服组织的洞察力惰性的积极作用，通过利用式学习的中介作用强化对克服组织行动惰性的积极作用；利用式学习对组织洞察力惰性具有强化作用，这在一定程度上会弱化公司创业导向对克服组织惰性的积极作用；环境变化在公司创业导向和组织学习、组织惰性关系中具有调节作用。在高度变化的环境下，公司创业导向对组织学习的积极作用得到强化，公司创业导向对组织惰性的积极作用也得到强化。③组织惰性作为情境因素对组织创新过程具有调节作用。一是通过实证研究发现，组织惰性对组织双元学习和组织绩效的关系具有负向调节作用。二是通过实证研究发现，结构惰性对公司创业导向和战略变革的关系具有负向调节作用。三是通过实证研究发现，学习惰性对公司创业导向和探索式创新、开发式创新的关系均具有负向调节作用，但经验惰性对公司创业导向和探索式创新、开发式创新的关系具有正向调节作用。该结论改变了通常认为的动态环境下知识惰性不利于创新的观点。④组织惰性的后果。通过对柯达公司的案例分析发现，克服组织惰性并不意味着组织变革的成功或实现持续成长。尽管动态环境下组织变革是打破组织惰性和促进企业持续成长的重要因素，但组织变革能否最终促进企业持续成长，则取决于在组织惰性被打破后组织是否能够及时建立起组织战略、结构和文化间及其与外部环境相匹配的新模式。最后得出结论，组织战略、结构和文化之间及其与环境的动态匹配是影响组织变革与持续成长关系的重要因素。⑤基于组织动态性和双元性视角探讨如何超越组织惰性。一是构建旨在避免组织惰性负效应的动态能力演化框架。在整合动态能力现有研究成果的基础上，本书认为避免组织惰性负效应，需以"市场机会"为导向，在组织层面构建具有递进关系的由搜寻惯例、选择惯例和重构惯例构成的动态能力，并据此适应环境的变化，通过改变资源和能力基础及其组合方式以挖掘潜在机会，对多样性潜在机会进行选择，集中力量于选择机会和形成动态竞争优势。二是对组织双元成长的路径进行探讨，发现公司创业导向和网络能力是获得双元性的重要前因变量，同时也发现双元组织与成熟企业创新成长的关系会受到公司创业导向等组织情境因素的影响。

本书创新之处：①提出基于"双重锁定"的组织惰性生成分析框架。整合环境选择理论和企业路径依赖理论的相关研究成果，从外部技术和制度环境锁定、内部路径自我强化两个层面剖析组织惰性生成的必然性，并以资源基础观的惰性理论为基础，对组织惰性的结构特征进行刻画，最终构建较为系统的组织惰性生成过程模型。②发现组织旨在克服组织惰性的因素，同时也具有强化组织惰性的作用。③组织模式的动态协调是影响组织变革与组织持续成长关系的重要因素。④组织惰性具有既促进组织变革又阻碍组织变革的双重属性。⑤构建旨在避免组织惰性负效应的分析框架。通过文献梳理和理论探索，本书基于"机会逻辑"，构建组织的搜寻惯例、选择惯例和重构惯例，推动机会发生（变异）、机会选择（选择）和机会把握（保留）的循环，从而提出实现持续成长的分析模型。

关键词：组织惰性；公司创业导向；组织学习；动态能力；双元型组织

Abstract

Organizational change has long been regarded as the main way for enterprises that actively adapt themselves to environmental change. However, organizational change in practice is often difficult to achieve. In recent years, organizational inertia is gradually considered to be an important factor restricting organizational change and sustained growth. At the same time, with the change of environment, some studies have found that the corporate entrepreneurial orientation and organizational learning gradually become the main way that mature enterprises respond to environmental change actively to achieve sustained growth. However, how and to what extent entrepreneurial orientation and organizational learning overcome organizational inertia is still unknown. Whether the firm can achieve the sustained growth after overcoming organizational inertia? In this regard, it has no convincing conclusions both in theoretical and practical level. This book takes mature enterprises as the research object, and applies theory research, case study and questionnaire survey to construct the theoretical model to explore the relationship among entrepreneurial orientation, organizational learning, organizational inertia and organizational sustained growth in order to reveal the formation and evolution mechanism of organizational inertia.

The main contents and conclusions of this study are as follows: ① The factors that strengthen organizational inertia. Based on literature analysis, we construct the theoretical framework of the generation of organizational inertia which is based on environment and path which are called "double-locking". After integrating the related research perspectives of organizational ecology, new institutional organization theory, path dependence and RBV, we think that organizational inertia results from the environment locking and path locking, and the definition of core capability from resource (capability) based view precisely describes the manifestation of organizational inertia under "double locking". ② The factors that weaken organizational inertia. By the long runs and time-series study of ZTE, we reveal the mechanism among entrepreneurial orientation, organizational learning and organizational inertia: Corporate entrepreneurial orientation can effectively overcome (or weaken) organization insight inertia and action inertia. Exploratory learning is benefit for the generation or discovery of new technologies, new products, new opportunities and new organizations, is good for overcoming organization insight inertia and action inertia and stimulating the organization to improve existing technology and the path of management as well. Exploitative learning is conducive to improve the technology and the path of management directly, so it's better for overcoming action inertia. But exploitative learning emphasis "work hard" which may result in path locking and ultimately strengthen the organization insight inertia. Through the mediating role of exploratory learning, the corporate entrepreneurial orientation can further reinforce positive effect on overcoming organization insight inertia and it will strengthen positive effect on overcoming organization action inertia by the mediating role of exploitative learning. Exploitative learning can strengthen organization insight inertia, which weakens the positive role of corporate entrepreneurial orientation on weakening organizational inertia in some extent. The environmental change has a regulating effect on the relationship among entrepreneurial orientation, organizational learning and organizational inertia. In frequently changing environment, the positive role of entrepreneurial orientation on organizational learning and organizational inertia can be strengthened. ③ The organizational inertia can regulate the process of organizational innovation as situational factors. Though the empirical research, we find that organizational inertia has a negative regulation on the relationship between organizational dual learning and organizational performance. The structural inertia also has a negative on the relationship between corporate entrepreneurial orientation and strategic changes. Further-more, we find that the learning procrastination negatively regulates corporate entrepreneurial orientation and exploratory and exploitative innovation, but experience inertia positively regulates the relationship of corporate entrepreneurial orientation, exploratory innovation and exploitative innovation. This conclusion has changed the opinion that knowledge rigidity is not conducive to innovation in dynamic environment. ④ The result of organizational inertia. Through the case study of Kodak, we found that overcoming organizational inertia did not mean a successful organizational change or a sustained growth. Although the organizational change is an important factor which can broke organizational inertia and promote the sustained growth of the enterprise in a dynamic environment, but whether organizational change could eventually promote sustained growth or not depends on whether the organization can establish a new model of organizational strategy, structure and culture and the suitable external environment or not. As the conclusion, organizational strategy, structure and culture and the matching between dynamic environment and them are the important factors that influence the relationship between organizational change and sustained growth. ⑤Based on Organizational Dynamic and Bivariate Perspectives, how to overcome the organiza-tional inertia. Firstly, constructing an evolution framework of dynamic capabilities aimed to avoid the negative effects of organizational inertia. Based on the integration of existing research results of dynamic capabilities, to avoid negative effects of organizational inertia, we should make "market opportunities" as a guide to build dynamic capabilities which consist of search routines, selection routines, and refactoring routines in the organizational level. In this regard, organizations can adapt to environmental changes. Though changing the basis and combinations of the organizational resources and capacity, the organizations can discovery potential opportunities. Besides, they can form a dynamic and competitive advantage by choosing diversity of potential opportunities. Secondly, though exploring the dual path of organizational growth, we find that the corporate entrepreneurial orientation and network capacity are important antecedent variables to obtain the duality, and we also find the relationship of innovation growth between ambidextrous organizations and mature companies will be influenced by the corporate entrepreneurial orientation and some other organizations situational factors.

The innovations of this book are as follows: ① This paper proposes an analysis framework of organizational inertia based on "double locking". Though integrating the results of environmental choice theory and path dependence theory, this paper analyzes the inevitability of organizational inertia from two aspects: The locking of external technology and system environment and the path locking of internal path self-reinforcement. Based on the inertia theory of resource-based view, this paper analyzes the structure characteristics of the organization inertia, and ultimately we could build a more systematic model of organizational inertia generation process. ② We find the factors which are used to overcome the organizational inertia also strengthen organizational inertia. ③ We find that the dynamic coordination of organization inertia is an important factor of affecting organizational change and sustained growth. ④ We find organization inertia can promote organizational change and hinder organizational change as well. ⑤ We aim to construct an analysis framework about negative effect of avoiding organizational inertia. Though literature review and theoretical discussion and based on the "opportunity logic", this study conducts organizational search routines, selection routines, and refactoring routines, and drives the circle of chance generation, chance selection, and chance reservation, and then forms the analysis model of sustained growth.

Key Words: Organizational inertia; Corporate entrepreneurial orientation; Organizational learning; Dynamic capability; Ambidextrous organization

目　录

Contents

Contents

第一章 导 论

一、研究背景

20 世纪 80 年代以来，随着市场环境变化加剧，公司创业（导向）和组织学习逐渐成为成熟期企业积极应对环境变化以实现持续成长的主要方式（Zahra 等，1999；Dess 等，2003）。然而，公司创业（导向）和组织学习究竟在何种程度上以及如何影响企业持续成长？无论在实践层面还是理论层面，迄今为止都未能给出令人信服的实证研究结果。在实践中，同样具有明显公司创业导向和很强组织学习能力的企业却产生了不同的结果。如作为全球胶片行业巨头和第一台数码相机生产者的柯达公司于 2012 年在美国申请破产保护，全球无线电话行业的领导者诺基亚以及 PC 行业的市场领导者惠普等公司近年来也已陷入生存困境；与这些企业形成鲜明对照，微软、苹果和 IBM 等公司则在变化的环境中实现了持续成长。在理论层面，随着研究的深入，越来越多的学者认为，公司创业导向和组织学习并不直接影响企业持续成长，而是通过管理创新和技术创新（谢洪明等，2007）、知识创新（Akgun，2007）或动态能力（曾萍、蓝海林，2009；魏江、焦豪，2008）等因素间接影响企业持续成长。然而，对于具有复杂适应系统特征的组织而言，管理创新、技术创新、知识创新或动态能力等因素单独或共同作用对组织的整体功能会产生何种影响，进而是否必然增强企业的环境适应能力？这是理解公司创业导向、组织学习和企业持续成长关系的关键，但目前尚缺乏系统的相关研究成果。所以，寻找能够反映组织整体功能及其变化的关键因素，探讨中间转换机制，进而系统地研究公司创业导向和组织学习对企业持续成长的影响机理，便成为急需解决的重要理论问题。

组织惰性① 是指在外部环境发生极大改变时，组织没有能力发起组织变革（Miller 和 Friesen，1980；Tushman 和 Romanelli，1985）。在相对稳定的环境下，组织惰性被认为是组织效率的来源（Hannan 和 Freeman，1977）；但在环境发生变化时，它往往被认为是组织衰败的根源（Tushman 和 Romanelli，1985）。组织惰性一经形成便很难改变（Hannan 和 Freeman，1984），这可能是因为组织作为由多层次复杂惯例构成的惯例体系，其中某一层次或部分惯例的改变并不能改变组织惰性的整体状态（芮明杰、任红波等，2005），而且一种变革的调整可能会牵连到其他多因素的调整，当多种调整同时发生时，组织整体可能存在危机甚至瓦解（Iansili 和 Khamwna，1995）。可见，改变后的不同层次和部分的组织惯例是否能够实现动态协调，是决定组织能否实现持续成长的关键所在，但现有研究多以组织创新、知识创新和（或）动态能力等为中介变量，而未考虑到组织惰性整体的变化程度以及是否实现了动态协调，这可能是现有相关研究未能得出令人信服结论的主要原因。由此，从逻辑上看，环境变化条件下公司创业导向和组织学习对企业持续成长的影响主要取决于组织惰性构成及其动态演化。

探讨组织惰性在公司创业导向和组织学习对企业持续成长影响过程中的作用机理，需在以下方面有所突破：第一，组织惰性的测量。由于组织惰性概念界定不清及其不易观察等原因，很少有学者尝试剖析组织惰性的概念构成并开发测量量表，现已成为制约相关研究的"瓶颈"。第二，组织惰性的形成机理。尽管自 Hannan 和 Freeman（1977）正式将组织惰性作为独立的学术概念加以研究以来，近 40 年的时间里已经积累了大量的文献，但现有文献对组织惰性的形成机理尚未形成系统的解释框架。第三，组织惰性的动态演化机理。组织惰性作为多层次复杂惯例体系固化的产物，公司创业导向和组织学习如何引起组织惰性内部结构及其整体状态的改变，需深入探究其作用机理。第四，组织惰性"双重属性"的平衡。组织惰性既是企业优势的源泉，也是企业衰败的根源，公司创业导向和组织学习对企业持续成长的影响需以兼顾组织惰性的双重属性为前提，为此

---

① 在组织和战略管理理论中，惰性、惯性和刚性表达的基本含义相同，在英文中，惰性、惯性常用 inertia 表示（如 Hannan 和 Freeman，1984），刚性用 rigidity 表示（如 Barton，1992），本书统一使用"惰性"一词，并用 inertia 表示，基本含义是组织模式所具有的保持相对稳定的内在属性。

需进一步明晰环境变化等情境因素的影响。这个问题也构成本书的主要内容。

二、研究意义

1. 理论意义

第一，文献梳理的理论意义。从近 40 年来国内外公开发表的 369 篇关于组织惰性研究的文献（仅限于中文和英文）中，选取出有代表性的 102 篇文献进行系统梳理，归纳出现有研究已经取得的成绩和存在的不足，指出未来研究的方向和路径，有助于推进组织惰性研究的深入展开。

第二，理论构建的理论意义。一是构建组织惰性形成的理论框架。主要是整合环境选择理论、路径依赖理论和资源（能力）基础观理论的研究成果，为组织惰性形成研究提供系统的理论框架。二是构建并阐述组织惰性克服的过程机制。主要是通过案例研究构建并阐释公司创业导向和组织学习对不同层次的组织惰性的差异性作用机制。三是剖析组织惰性克服与组织持续成长的关系机理。主要是通过柯达公司的案例分析发现，在克服组织惰性的过程中，当组织原有的稳定（惰性）状态被打破后，如果不能及时实现动态平衡，组织将加速走向衰败。上述三项研究深化了组织惰性的现有研究主题，并在客观上拓展了组织变革理论。

第三，理论应用的理论意义。组织惰性的复杂性及其导致的难以测量性是长期以来制约组织惰性理论研究的"瓶颈"。通过对国内外组织惰性最新研究成果的吸收和借鉴，以及对组织惰性不同构成维度差异性作用机理的剖析，本书以组织惰性作为组织内部情境变量剖析其对公司创业导向、组织学习和组织创新关系的影响，并得出有价值的研究结论。同时，以避免组织惰性的负面效应为目的，本书整合动态能力理论的研究成果，构建了"机会逻辑"下企业获取持续竞争优势的理论框架，这在一定程度上拓展了组织持续成长理论。

2. 实践意义

相对于新创企业和成长期企业而言，成熟期企业具有更高强度的组织惰性（Jawagar 和 McLaughlin，2001）。更有趣的是，中国改革开放以来成长起来的以联想、海尔和华为等为代表的大批优秀企业，目前都已进入成熟期。在经济转型和全球竞争加剧的背景下，这些企业都面临着转型升级或"再创业"的挑战。在中国积极倡导创业和组织学习以应对环境变化的社会氛围下，基于组织惰性视角探讨公司创业导向和组织学习对成熟期企业持续成长的影响机理研究，有助于厘清成熟期企业持续成长过程研究中的诸多难题。比如，成熟期企业如何避免"带着成功的经验走向失败"，或者说如何理解组织惰性的双重属性？如何理解"不变革会失败，变革失败得更快"，或者说如何理解克服组织惰性与组织持续成长的关系？这些问题无疑是这些企业的转型升级和"再创业"的难点所在，本书尝试为解决这些问题寻找理论依据和努力提供管理启示。

三、研究内容

本书研究的核心目标是，探讨组织惰性对组织持续成长的影响机理。围绕这一核心目标，重点研究以下问题（如图1-1所示）：①组织惰性的结构特征及生成机理；②公司创业导向和组织学习对组织惰性各维度及整体结构的影响路径；③组织惰性克服与组织持续成长的关系机理；④上述研究成果如何应用到中国处于成熟期的企业的转型升级或"再创业"实践中去？

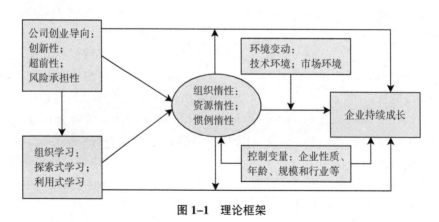

图1-1 理论框架

围绕上述研究目标，本书分为七章内容，具体安排如下：

第一章，导论。首先介绍本书的研究背景、理论意义和实践意义；其次介绍本书研究的目标与主要研究问题、内容结构；再次介绍所使用的研究方法和技术路线；最后指出本书的创新之处。

第二章，文献综述。鉴于组织惰性研究现状呈现出研究视角差异以及组织惰性本质的复杂性和表现形式多样性，相关研究内容较为分散，研究结论多样化等特征，本章采用系统性审查方法，搜集整理近 40 年（至 2015 年底）的国内外组织惰性研究文献共 369 篇，从中选取 78 篇英文文献和 24 篇中文文献，从研究视角和研究层次、概念构成与测量、组织惰性的前因和后果等方面，进行系统的梳理与述评。最后指出现有研究存在的不足和未来的研究方向。

第三章，组织惰性的前因。从强化组织惰性的前因和弱化组织惰性的前因两个方面展开研究。关于强化组织惰性的前因，由于组织惰性涉及因素过于复杂，学术界对组织惰性生成机理问题始终未能做出合理解释。立足于企业层面，本章对组织生态学、新制度组织理论、路径依赖理论和资源基础观等不同学科视角的相关理论进行整合，构建了组织惰性生成机理的分析框架：特定组织形式的选择是企业所处的特定制度和技术环境共同作用的结果；企业在适应环境过程中的路径依赖导致选择的空间变窄以致锁定在特定的路径之中；而企业赖以形成竞争优势的独特资源或能力的惰性最终导致组织惰性的生成。在环境、路径和资源（或能力）的约束下，组织惰性具有很强的稳定性，并因此成为动态环境下组织变革失败的主要原因。关于弱化组织惰性的前因。在整合组织变革、公司创业和组织学习理论相关研究成果基础上，构建了公司创业导向和组织学习对组织惰性影响的理论模型，并通过对中兴通讯成立以来组织变革路径的纵贯考察与多时点比较进行实证研究。研究发现，公司创业导向和探索式学习均能够克服组织的洞察力惰性和行动惰性；利用式学习能够克服组织的行动惰性，但会强化组织的洞察力惰性；公司创业导向能够促进组织的探索式学习和利用式学习，并通过探索式学习和利用式学习的中介作用强化对克服组织惰性的积极作用。

第四章，作为情境的组织惰性。本章以中国环渤海地区 183 家处于成熟期的高技术企业为样本，对双元学习的平衡效应和交互效应与创新绩效的关系进行实证。研究发现，在处于成熟期的高技术企业中，双元学习的平衡和交互效应与创新绩效均显著正相关；组织惰性负向调节双元学习与创新绩效的关系，其中对双元学习的平衡效应与创新绩效关系的负向调节作用具有显著性。同时，本章还构建了公司创业导向与双元性创新的关系及知识惰性调节效应的概念模型，并通过大样本问卷调查等方法进行实证检验。研究发现，公司创业导向的创新性、超前性和风险承担性维度与探索式创新显著正相关；公司创业导向的创新性和风险承担性维度与开发式创新显著正相关。知识惰性对公司创业导向与双元性创新的关系具有调节作用，但不同维度的作用方向不同，学习惰性对二者关系具有负向调节作用，经验惰性对二者关系具有正向调节作用。

第五章，组织惰性的后果。在现有文献基础上，初步构建组织惰性视角下组织战略、结构和文化变革与企业持续成长关系的理论框架，然后通过柯达公司的纵向案例分析予以验证。研究发现，组织模式具有惰性特征，企业为适应环境变化而进行的组织战略、结构和文化变革尽管有助于打破原有组织模式的惰性，但如果不能构建相互匹配的新模式，将不利于企业的持续成长；企业持续成长的有效性取决于组织变革后的战略、结构和文化之间及其与环境的匹配程度。

第六章，超越组织惰性：组织动态性与双元性。以避免组织惰性的负效应为目的，从动态性和双元性两个视角探讨了避免组织惰性负效应的机理与路径。首先，基于机会逻辑，整合动态能力多重观点，提炼出动态能力由组织和战略过程中具有递进关系的搜寻惯例、选择惯例和重构惯例构成；持续竞争优势的形成既是组织学习驱动动态能力演化的过程，也是通过动态能力持续改变资源与能力基础、识别和把握机会、重构运营惯例的过程；还发现作为持续竞争优势的来源，动态能力是变化环境下组织能力的共性要求，存在跨企业的"最佳实践"，其作用发挥需以崇尚学习和创新的组织文化、知识治理导向的组织体制和高度柔性的组织结构为保证。其次，基于环境动态性视角，构建网络能力与双元创新关系的理论模型，并以中国东部沿海地区高技术行业的企业为样本进行实证检验。研究结果显示，网络能力与探索式创新和利用式创新均正相关，其中网络能力各维度与探索式创新显著正向相关，网络规划能力、网络运作能力和网络占位能力与利用式创新显著正向相关；环境动态性在网络能力与探索式创新关系中具有正向调节作用，在网络能力与利用式创新关系中具有负向调节作用。再次，在文献研究和理论推演的基础上，构建公司创业导向情境下双元能力和创新绩效关系的理论框架，然后从中国北京、天津和大连地区的高新技术产业中选取175家企业为样本进行实证检验。最后，研究发现，双元能力的平衡和互补均与企业创新绩效显著正相关；公司创业导向对双元能力平衡和创新绩效的关系具有显著的调节作用，但对双元能力互补与创新绩效关系的正向调节作用不显著。

第七章，结论与展望。总结本书的主要研究结论，分析研究结论的理论价值与管理启示，指出本书存在的不足之处，展望未来可能的研究方向。

四、研究方法与技术路线

1. 研究方法

本书注重方法和数据的多元化，综合采用文献分析与理论探讨、案例研究和问卷调查等方法针对不同的研究内容展开具体研究工作。

（1）文献分析与理论探讨。文献分析和理论探讨是在文献梳理的基础上，从立论基础、研究问题的解决方法及实际应用等方面进行理论上的归纳、比较，明确各概念、变量之间的逻辑关系，结构化研究问题并为研究定位（Ghauri，2005）。本书遵循"系统性审查"的方法（Tranfield，2003），通过对国内外电子数据库的全面搜索，查阅与组织惰性研究相关的期刊和会议论文、书籍、电子文档等资料，共检索出文献369篇（其中英文文献247篇、中文文献122篇）。在初步分析后，本书共筛选出102篇（英文文献78篇、中文文献24篇）进行综述。综述内容设计为组织惰性的研究视角、概念构成、前因后果、存在不足和研究展望等部分。

以文献为基础，本书还使用理论探讨法进行理论构建。该方法主要在组织惰性生成机理和机会逻辑下组织持续成长机理两部分使用。在组织惰性生成机理研究中，本书整合环境选择理论、路径依赖理论和资源（能力）基础观的研究成果，构建了基于"双重锁定"的组织惰性生成研究模型；在机会逻辑下组织持续成长机理研究中，本书以避免组织惰性为出发点，整合动态能力理论研究的学习观、惯例观和整合观的研究成果，以机会逻辑为分析起点，构建了动态环境下组织持续成长的整合性分析框架。

（2）案例研究。案例研究方法适用于研究"为什么"和"怎么样"两种类型的问题（Yin，1994），通过聚焦于理解某一情境下的动态过程，案例研究能够有效解释现实中各种因素之间存在的复杂联系，是构建和验证理论的重要和有效的研究方法（Eisenhardt，1989）。纵向的单案例研究有利于揭示某一动态过程的各个方面，通过充分了解案例背景，能够较好地保证案例研究的深度。本书所研究的组织惰性、组织变革和持续成长等概念间存在复杂联系，涉及因素多且难以量化，适宜采用案例方法；企业持续成长机理的研究需较长时间的考察，而纵向单案例研究能够清晰揭示某一过程的各个方面，有利于充分了解案例背景以保证案例研究的深度。本书主要在组织惰性克服、组织变革对组织持续成长的影响研究中使用了案例研究方法。

在组织惰性克服研究中，本书根据案例选择的理论抽样原则，选用中兴通讯作为案例研究对象。为保证研究效度和信度，本书通过多种途径收集不同来源的资料，形成基于档案记录、文献资料、访谈资料等多种数据类型的"三角证据链"，有效确保了数据的准确性和丰富性，以获得更为坚实的实证依据；借鉴彭新敏等（2011）的案例数据分析方法，对所收集的案例资料进行内容分析和编码归类。通过多途径获得的文字描述证据，利用编码和归类表格的形式对文字资料进行质性分析，提炼相关概念，从而对研究问题和相关变量进行深层次的分析。在对组织变革对组织持续成长影响研究中，本书选取伊士曼—柯达公司为研究对象。该案例的选取符合案例选取的理论抽样原则，但受研究对象的地域和现存状态（已申请破产保护）的限制，本案例资料来源主要以二手数据为主。为保证信度与效度，通过多人、多种途径和来源获取信息。首先，通过长期跟踪和广泛查阅有关柯达公司的各种公开资料，并阅读大量与柯达公司有关的书籍和专著等，获得了丰富的文献资料；其次，通过公司网站、新闻报道、内部刊物、公司年报、产品介绍和高管的访谈记录等收集柯达公司的档案记录；最后，通过阅读行业相关刊物、查阅行业协会网站了解行业信息，并对不同来源的资料反复对比印证，以确保准确性。对数据分析首先采用时间序列法将收集到的资料按照"环境变化"、"组织惰性"、"组织变革"和"成长状态"等关键条目归类，形成了一系列的证据链，保证数据信息的准确性和全面性，提高研究的信度。其次，遵循模式匹配的逻辑，将建立在实证基础上的模式与建立在预测基础上的模式相匹配，增强研究结论的内在效度。最后，将所收集到的资料整理建立成案例资料数据库，进行翔实的数据分析，并建立各个条目的相互关联，探寻其内在逻辑和成长机制。

（3）问卷调查。大样本问卷调查法常常被用于二手数据缺乏、现实情况需要调查和现有理论需要检验的情境下，其优点在于可以根据研究需要设计问题，并能够在一次大规模调查中对研究所需的多变量数据进行收集。本书在"作为情境的组织惰性研究"中使用大样本问卷调查方法。

本书主要以我国东部高新技术产业中的成熟期企业为样本，主要是考虑到这类企业都具有明显的创新（创业）导向和组织学习能力，且都已形成较为成功的经营模式，符合本书研究的要求；同时，由于企业规模、企业年龄、经济属性等因素会影响到公司创业导向、组织学习、组织惰性和组织绩效水平，为使样本具有代表性，本书将综合这些因素的分布情况选取样本；在实际大样本问卷调查阶段，为保证数据统计的有效性、模型评估的稳定性和研究方案的可行性，同时考虑到地理区位因素，在上述行业中获取 200 家左右企业的有效数据。为保证数据数量能满足统计分析的要求，本书采用两种方式进行问卷数据搜集：一是在政府相关部门及其他关系的协助下与企业联系，到企业现场对高层管理者进行问卷调查，这种方式由于双方信任度比较高，能够提高问卷的信度和效度，问卷回收率也可以得到很好的保证；二是通过邮寄或电子邮件把问卷发放给企业高层管理者。在问卷调查之后，就已完成测量题项的疑问性和完整性加以评论，然后在 1~2 天内联系答题者，完成遗漏选项和解决其他疑问，以确认数据的有效性。在整个数据搜集过程中，由于在问卷调查时所有题项均由同一填写者在同一时间段内填写，很容易出现同源偏差，本书采用答卷者信息隐匿法、选项重测法和不同时间施测不同的问卷等方法以避免上述情况的发生。本书中所涉及的变量，如组织惰性、公司创业导向、组织学习和双元创新等，都有相对成熟的量表，在量表使用过程中将结合我国成熟期企业的特征对测量题项进行适当修订。本书主要运用 SPSS 等统计软件进行分析。

2. 技术路线

本书严格遵循探索科学问题的一般过程：确定研究问题的关键突破口、反复讨论关键科学问题、对现有研究文献进行追踪、提出研究的各个假设、制定出科学和严谨的实证方案、进行数据收集和分析、对实证结构进行讨论与理论发展，最终回到企业实践并提出建议。研究方案和技术路线如图 1-2 所示。

五、创新之处

第一，整合多重视角的组织惰性理论，提出基于"双重锁定"的组织惰性生成分析框架。整合环境选择理论（包括组织生态学和新制度组织理

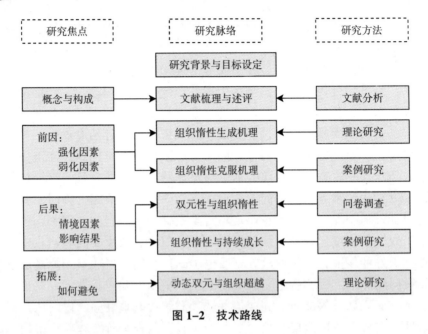

图1-2 技术路线

论等）和企业路径依赖理论的相关研究成果，从外部的技术和制度环境锁定、内部的路径自我强化的路径锁定两个层面剖析了组织惰性生成的必然性，并以资源（能力）基础观的惰性（刚性）理论为基础，对组织惰性的结构特征进行刻画，最终构建较为系统的组织惰性生成过程模型。

第二，通过对组织惰性克服机制的研究发现，组织旨在克服组织惰性的因素，恰恰还对组织惰性具有强化作用。本书构建了公司创业导向和组织学习对组织惰性的影响模型，并运用中兴通讯的案例进行实证，发现利用式学习尽管能够克服组织的行动惰性，但它会强化组织的洞察力惰性。这在一定程度上解释了现有研究中关于组织学习与克服组织惰性研究结论不一致的现象，也在一定程度上解释了实践中组织惰性难以克服的原因。

第三，通过对组织变革过程的研究发现，组织惰性的动态协调是影响组织变革与组织持续成长关系的重要因素。本书在理论推导的基础上，通过柯达公司的单案例纵向研究发现，柯达公司的各项变革（包括战略、结构与文化）措施，尽管在一定程度上起到了克服组织惰性的作用，但因为变革后的战略、结构和文化未能实现动态协调，而是处于割裂状态，最终成为导致组织变革失败的重要因素。

第四，通过采用大样本问卷调查的实证研究发现，组织惰性具有既促进组织变革又阻碍组织变革的双重属性。本书以中国企业为样本，构建了知识惰性情境下公司创业导向和双元创新的关系模型，实证研究发现学习惰性负向调节公司创业导向和双元创新的关系，但惯例惰性对二者的关系具有正向调节作用。

第五，整合组织惰性理论和动态能力理论的相关研究成果，构建旨在避免组织惰性负效应的组织持续成长分析框架，拓展了组织变革与持续成长理论。本书通过文献梳理和理论探索，基于"机会逻辑"，构建组织的搜寻惯例、选择惯例和重构惯例，推动机会发生（变异）、机会选择（选择）和机会把握（保留）的循环，从而提出实现持续成长的分析模型。

第二章　文献综述

一、引言

组织惰性始终存在于组织实践之中（Cyert 和 March，1963），但长期以来并未得到学界的足够重视。近年来，随着环境不确定性增加，组织惰性日益成为影响组织变革和持续成长的重要因素（Collinson 和 Wilson，2006）。相应地，组织惰性问题逐渐成为组织变革与战略管理研究的重要议题。然而，由于受到研究视角差异以及组织惰性本质复杂性和表现形式多样性等因素影响，尽管组织惰性研究现已取得大量有价值的研究成果，但总体而言尚处于理论发展不成熟阶段，研究成果较为零散，有必要进行系统的总结与梳理。本章尝试从组织惰性的研究视角和研究层次、概念构成与测量、过程机理和前因后果等方面进行述评，最后指出现有研究存在的不足并针对未来研究方向进行展望。

本章遵循"系统性审查"的方法（Tranfield，2003），对截至 2015 年底的国内外组织惰性研究文献进行全面系统的搜集、整理和分析。为此，对国外文献，我们检索了 Web of Science、EBSCOhost、Emerald、Elsevier 和 Wiley-Blackwell 五个数据库，检索范围为题名或关键词中分别同时包含"Organizational、Structural、Routine、Active、Cognitive、Strategic、Competitive、Knowledge、Core、Capability"和"Inertia、Rigidity"两组词中任意一词的全部文献，并将"所有年份"设为论文的时间范围，剔除重复后共检索出 247 篇。对国内文献，我们检索了中国知网中的 CSSCI 期刊和中文核心期刊，检索范围设置为篇名中同时含有"组织、结构、惯例、行为、行动、认知、战略、竞争、知识、核心、能力"和"惯性、惰性、刚性"两组词中任意一词的文献，选取的时间跨度为"所有年份"，最终检索出 122 篇中文文献。本章遵循"主题与组织惰性高度相关"和"原创性"两项原则，进一步对上述文献进行初步阅读和筛选。在筛选过程中，我们发现有少量文献虽然在篇名或关键词、主题词中未包含上述概念，但共同引用率较高且研究主题都为组织的惰性，在小组讨论后将这些文献也纳入。最终选取 78 篇英文文献和 24 篇中文文献进行综述，文献分布如表 2-1 所示。

表 2-1　组织惰性研究文献分布情况

单位：篇

排序	1977~1996 年发表	1997~2015 年发表	总计	理论研究	案例研究	定量研究
英文	20	58	78	35	17	26
中文	0	24	24	11	7	6
汇总	20	82	102	46	24	32

通过初步的文献分析可以看出，国外学者对组织惰性的研究可追溯到 1977 年，Hannan 和 Freeman（1977）在 "The population ecology of organizations" 论文中正式提出 "结构惰性" 这一学术概念，此后组织惰性逐渐成为组织理论研究的重要内容。但从文献发表的时间分布看，组织惰性研究的进展一直都非常缓慢，直到 20 世纪末期，平均每年只有 1~2 篇。组织惰性研究的一个重要转折点发生在 1997 年，如表 2-1 所示，在 1997 年以前的 20 年内，代表性的英文文献共 20 篇，1997 年后的代表性英文文献共 58 篇。标志性事件是 Christensen 的著作 "The Innovator's Dilemma" 的出版，在该著作中 Christensen 认为组织惰性是创新者窘境的主因。在 1997 年以后发表的英文文献中，Tripsas 和 Gavetti（2000）指出根本性的技术变革对于成熟期企业具有致命性的影响，该文对组织惰性研究也具有重要的推动作用。Gilbert 于 2005 年发表的 "Unbundling the Structure of Inertia" 一文，为组织惰性维度构成的剖析及相关实证研究提供了方法论基础，此后相关实证研究文献数量开始超过其他类型的文献，研究内容在质量上也有很大提高。本章还对最后选取的 78 篇英文文献的来源期刊的刊载量进行了简单排序（见表 2-2）。通过排序可以看出，有超过半数的文献在国际公认的组织与战略管理的权威期刊上发表。

表 2–2　国外组织惰性研究主要期刊（英文）情况

排序	期刊名	载文量
1	Academy of Management Journal	6
2	Strategic Management Journal	6
3	Organization Science	5
4	Academy of Management Review	4
5	Journal of Organizational Change Management	4
6	Administrative Science Quarterly	3
7	Journal of Management Studies	3
8	Journal of Management	2

相对国外而言，国内对组织惰性的研究起步较晚。2000 年，国内首篇组织惰性研究论文"组织惰性行为初研"发表，作者许小东指出，组织惰性是一个在组织管理各项研究中多有触及，但尚未获得正面研究的课题。此后 10 余年间，国内对于组织惰性的研究相对滞后于国外，虽然也有少量创新性研究成果出现，如陈传明（2004）和刘海建（2007）结合中国情境对核心刚性和结构刚性维度进行研究和量表开发等，但总体来看仍处于对国外研究的模仿和跟进阶段。2008 年以来，国内学者对组织惰性的关注度有所提高，文献数量呈逐年递增趋势。表 2–3 所列为国内管理类核心期刊刊载组织惰性研究文献的排名与刊载量。

表 2–3　国内组织惰性研究主要期刊情况

排序	期刊名	载文量
1	《科学学与科学技术管理》	4
2	《科学学研究》	2
3	《经济管理》	2
4	《管理科学学报》	2
5	《科研管理》	1

二、组织惰性的研究视角与研究层次

1. 组织惰性研究的两个视角

组织社会学家 Scott（1998）指出，组织理论自产生以来便处于多范式并存的"丛林"状态。相应地，组织惰性作为组织理论研究的重要内容也存在多重视角。目前，直接触及组织惰性研究的代表性理论有组织生态理论、新制度组织理论、组织演化理论、组织行为理论、组织权变理论、组织战略理论和知识管理理论等。如何从如此众多的组织理论中提炼出组织惰性研究的主线进行综述是一项非常艰巨的任务。台湾学者陈家声和郑仁伟（1997）曾将组织变革理论分为组织生态学派和理性调适学派，前者主要指组织生态理论，后者包括资源依赖理论、战略理论、组织学习理论和权变理论等。Nedzinskas 等（2013）认为，组织惰性研究存在选择和适应两个竞争性视角，前者认为组织惰性是环境选择的结果，是"成功的副产品"，只有具有高水平组织惰性的组织才能生存，当环境发生变化时原有组织的惰性无法改变，但会有新的组织机构或组织形式取代原有的组织机构或组织形式；后者将组织惰性视为组织长期适应环境的结果，是阻碍组织变革的前因变量，是"组织的病症"，组织适应新环境需以克服组织惰性为前提。与上述划分相类似，白景坤（2010）将组织惰性的现有研究归结为环境选择和组织适应两个视角，环境选择视角强调环境对组织惰性形成具有决定性作用和组织惰性的不可控性，认为单个组织不能改变特定组织种群的结构惰性，该视角的研究产生于 20 世纪 70 年代末以后，代表性的有种群生态理论和新制度组织理论等。组织适应视角强调组织适应性行为对组织惰性形成的决定性作用和组织惰性的可控性，认为组织惰性是组织演化过程中人的有限理性导致的路径依赖的结果，组织可以通过战略和结构等因素的调整来克服组织惰性，该视角的研究相对较早且分布较广，代表性的有组织行为理论、组织权变理论、组织战略理论和组织资源与能力理论等。本章据此从环境选择和组织适应两个视角对组织惰性研究文献进行综述。

环境选择视角强调环境对组织的决定性作用，将组织惰性视为"成功的副产品"，但不同理论对决定组织惰性的环境因素的理解有所不同。组织生态学者所讲的环境指的是技术或市场环境。他们认为，在不断变化和充满竞争的环境中，具有高度结构惰性的组织才能够生存（Hannan 和 Freeman，1984）。之所以如此，是因为在自然选择的过程中存活下来的组织必须具有可靠性（即在既定的时间，能够按照约定的质量交付产品或服务，并且比顾客、投资者以及其他利益相关者与组织相互作用所产生的经济效益更有价值）和可解释性（即组织能够对它们使用资源的方式进行记录，并能够解释这样做的原因；当组织的行为存在风险以及组织模式必须与组织行为相一致时，可解释性就显得更为重要）两项特性；并且这两项特性只能在一个高度可再生性结构（reproducible structure）内才会呈现，而一个具备高度可再生能力的组织将会产生高度的结构惰性。Kelly 和 Amburgey（1991）也认为可靠性和可解释性作为正式组织最重要的两个优势，需用制度化、规范化的程序和结构来保证，而这样的组织必须抑制变革或具有高度可复制性，也即具有高度的结构惰性。所以，从环境选择视角来看，改变组织的特定结构，会导致组织能力被破坏，进而降低组织的可靠性和可解释性，最终使其退回到一种新组织的状态。值得一提的是，关于结构惰性的本质，早期的结构惰性理论的一项重要假设是组织经常存在着高度的结构惰性，致使组织在面对外部环境变化时，其所推动的组织变革活动不易进行（Hannan 和 Freeman，1977）。后来，Hannan 和 Freeman（1984）修正这一观点，认为结构惰性是经过竞争存活下来的组织所呈现的一种结果，是能够利用战略优势和协同效应调整组织架构的自然结果。

与组织生态学者不同，新制度组织理论学者强调制度环境对组织惰性的影响。Meyer 和 Rowan（1977）认为，如果我们要关注环境的话，不能只考虑技术环境，还要考虑制度环境，即一个组织所处的法律制度、文化期待、社会规范和价值观念等为人们"广为接受"的社会事实。但新制度组织理论并未直接探讨组织惰性问题，而是关注制度环境的"合法性机制"对组织结构"趋同"或"同构"的压力。"合法性机制"是指那些诱发或迫使组织采纳具有合法性的结构和行为的观念力量。DiMaggio 和 Powell（1983）认为，有三种机制导致组织结构和行为的"趋同"或"同构"：一是强迫性机制，即组织必须遵守政府制定的法律、法令，不然就会受到惩罚；二是模仿机制，当环境不确定性存在时，模仿成功者的做法可以最大限度地减少不确定性；三是社会规范机制，即共享的观念和思维方式潜移默化地影响着组织的行为，即使社会没有告诉组织遇到问题时应该怎样做，但这些共享观念将会使组织自然而然地知道该如何做。此外，与新制度组织理论强调宏观制度环境不同，经济社会学者 Granovetter (1985) 强调中观层次的制度环境对组织结构和行为的压力，他认为组织的结构和行为都受到社会关系的制约，因此在既定的社会网络中，组织的任何变化都可能会受到来自"合法性"的检验。

组织适应视角的研究者承认组织惰性在特定情况下能为组织带来高绩效，如 Reinganum (1983) 认为，在稳定环境下，组织惰性是实现利润最大化的最佳选择，甚至认为这恰恰是组织所追求的结果。然而，该视角关注的重点是组织惰性的负面作用，倾向于将组织惰性理解为组织病症。Starbuck 等 (1978) 将组织惰性视为一种组织停滞不前的现象，是组织在产品、生产方法及政策上的一种过于稳定的状态，它使得组织无法有效适应外在环境的变化；Hinings 和 Greenwood (1988) 则直接将组织惰性看作是组织变革过程中组织成员过于关注当前利益的组织异状。

不同于环境选择视角关注外部环境对组织惰性的作用，组织适应视角将研究的重心转向了组织内部。该视角以有限理性假设为前提，认为组织惰性是组织形成与发展过程中由路径依赖所导致的边际学习或边际适应的结果。March 和 Simon (1958) 认为，人们对客观事物的认知建立在已有经验的基础上，在处理问题时习惯性地沿用之前熟悉的方式进行思考，按固定的思维方式解决问题。组织惰性根源于组织的认知和学习方式（Huff 等，1992），而认知模式一旦产生，参与者可能会因过度依赖该模式而很难改变，甚至在这些变化已经十分显著或业绩处于低谷时仍可能会持续这种状态（Hodgkinson，1997）。演化经济学者 Nelson 和 Winter (1982) 认为，组织通过建立组织惯例来最大化业务操作效率以实现可靠的结果，但随着时间的推移，惯例可能会基于过去的问题解决经验的积累性过程以及对环境中特定信号的自动协调反应方式建立起来，而惯例的相互延伸所形成的锁定效应以及其背后所涉及的巨大成本，是造成组织无法改变进而形成组织惰性的根本原因。此外，组织适应视角的学者认为，组织可通过内部的战略调整等方式对组织惰性进行控制或克服。如 Liao (2002) 认为，知识惰性是因为组织对显性知识、隐性知识以及惯例知识管理不当所导致的；Christensen 和 Raynor (2003) 认为，好的管理者能够有效克服组织惰性；Teece 等 (1997) 则认为，动态能力是克服组织惰性和使企业获得持续竞争优势的源泉。

整体而言，近年来两种视角呈现出一定程度的融合态势。Schwarz

（2012）整合组织适应视角的认知理论和环境选择视角的组织生态理论，构建了一个用于解释变革期间有意识地增强的结构惰性逻辑的概念模型。该模型中，Schwarz 在坚持组织惰性是组织变革的结果而非前因这一生态学观点的同时，指出组织生态理论因过于强调组织外部环境因素对组织惰性的影响，而忽略了组织内部因素的作用。Schwarz 认为，有意识的结构惰性产生于特定的组织和环境条件下有计划的干预；组织变革期间，当组织成员有意识地、积极地建立影响未来状况的决策的知识结构时，结构惰性是有意识的，而且有意识的结构惰性受到思维模式转变为社会规范的方式的影响；组织成员对惰性选择与关联决策之间的关系认识得越深刻，变革期间出现有意识的结构惰性的可能性越大，而当他们越频繁地对其自身的行动和决策进行思考时，组织保持有意识的结构惰性的动力就越大。需指出的是，Schwarz 进行该研究的初衷是回应学术界对结构惰性理论的批判，尽管这种回应在拓展结构惰性理论方面具有积极意义，但在一定程度上偏离了组织生态学基于种群层次研究结构惰性的轨迹。更有趣的是，这种偏离在客观上却促成了两个视角的融合。此外，Klaus 和 Rindfleisch（2013）基于过程视角，整合组织生态理论、路径依赖理论和资源基础观的研究成果，在公司层次构建了包括相关选择单位、执行选择的机制和选择标准在内的关于组织衰退的整合分析框架，从而为组织惰性生成研究提供了整合性分析框架。白景坤（2008）在探讨组织惰性生成机理时认为，选择视角揭示的是环境压力对组织惰性形成的作用，适应视角揭示的是路径依赖的自我强化机制对组织惰性形成的影响，实际上组织惰性是两种机制共同作用下"双重锁定"的结果。

2. 研究层次

组织理论研究通常在组织间、组织整体、组织内部群体和个体的层次展开，组织惰性研究相应地也可划分为这样四个层次。通过文献梳理发现，现有组织惰性文献主要分布于组织间、组织整体和组织内部个体三个层次，组织内群体层次的研究尚未展开。组织间层次的组织惰性也即网络惰性，泛指构成网络的组织间的关系固化所导致的惰性。同时，现有网络惰性的研究存在三种视角：一是"组织域"层次的惰性，也即网络环境惰性，现有文献较少，主要集中于产业和区域层次，如产业集群的网络惰性（白景坤，2011）或工业区（开发区）的网络惰性（廖列法等，2011）等。二是"组织群"层次的惰性，也即网络组织作为特定组织形式所存在的组织惰性，代表性的文献有 Ahrne 和 Brunsson（2005）以及 König 和 Schulte（2012）对元组织（meta-organization，指成员为组织而非个人的组织）的研究。König 和 Schulte 认为，传统的惰性理论并不适用于元组织，并利用 Merton（1968）提出的中端模型对元组织惰性的来源机制进行重新描述，认为元组织在响应非范式变革（non-paradigmatic change）的过程中组织惰性的来源应该包括两个基础和三个中介因素。两个基础分别为文化共识（元组织存在的一种避免冲突的倾向）和精英身份（元组织中存在的一种优越的群体意识）；三个中介因素指缺乏英雄（lack of champions）、有限的环境接触（limited environmental intimacy）和冗长的决策过程（protracted decision-making）。他们认为，文化共识和精英身份导致精英缺乏、环境接触受限和决策过程冗长，并进一步加剧元组织在非范式变革过程中的组织惰性。三是"组织集"层次的组织惰性，也即网络组织中单个组织与其他组织的关系惰性，该层次的研究成果相对较多。另外，组织内部个体层次的组织惰性研究可分为组织内部一般员工和高层管理者两类，且以后者居多。该部分主要对"组织集"层次和组织内部个体层次的组织惰性进行综述，本章的剩余部分将对组织层次的组织惰性进行综述。

"组织集"层次的组织惰性，也即特定网络中单个组织与其他组织的关系惰性的研究，该方面文献近年来呈现明显的上升趋势。Kim 等（2006）认为，网络（关系）惰性是组织对于组织间网络关系变革的持续抵抗，或者是在消除旧关系形成新关系过程中所面临的困难。他们认为网络惰性主要来自内部限制、网络的特定联结、网络位置和外部限制四个方面。内部限制包括组织的年龄和规模以及组织过去的网络变革历史，通常认为组织的年龄越长越不可能改变其网络联结方式；组织过去所经历的网络变革的次数越多，组织越不可能改变其网络联结的方式。网络的特定联结包括网络联结的持久性、网络联结的规模和多样性，通常认为组织网络联结建立的时间越长、规模越大、网络联结的方式越多样，组织越不可能改变其网络联结的方式。网络位置包括结构洞和组织的地位，通常认为组织所处的结构洞越大、组织所处的地位越高，组织越有可能对组织间网络进行变革。外部限制指组织间网络所处的技术和制度环境的限制，通常认为组织所处的外部环境技术变革越激烈，组织越有可能对组织间网络进行变革；外部环境的制度压力越大，组织网络变革的难度也就越大。Kim 等（2006）还借用组织生态学的观点指出网络惰性不是组织管理不善导致的组织网络的病症，而是组织以前成功管理网络所产生的协同作用的副产品。对于网络惰性的影响因素，Thorgren 和 Wincent（2011）认为组织间的信任可能会强化关系惰性；Briscoe 和 Tsai（2011）通过对律师事务所的收购案例分析发现，客户端共享是弱化关系惰性的有效途径。Cheon 等（2015）以当前社会网络服务为背景，认为网络成员更喜欢那些与他们建立持久关系的成员，当一个成员被限定在当前的关系当中而不愿意与新的成员建立关系时，关系惰性由此产生。Cheon 等还发现社会网络结构的四个维度中网络凝聚力、多样性以及切分的复杂性与关系惰性正相关；他们还发现结构自主性对关系惰性和信息共享下降的关系具有负向调节作用。此外，以网络惰性为情境变量，Demirkan 等（2013）借鉴 Kim 等（2006）的研究成果，从网络规模、网络联结强度、公司规模和公司年龄四个维度考察网络惰性，并通过实证研究发现网络惰性负向调节网络知识质量和网络成长、网络多样性的关系。

组织内部个体层次的组织惰性研究文献主要集中于管理者与一般员工的认知与行为方面。Hodgkinson（1997）通过对英国住宅房地产代理公司的研究发现，管理者的认知模式一旦产生，便可能会因过度依赖该模式而很难改变，甚至在环境变化已经十分显著或业绩处于低谷时仍可能会持续这种状态。对于管理者认知惰性的成因，Hambrick 和 Mason（1984）指出，企业高层管理者基于个体特定的教育、职业、行业背景，容易形成固定的思维模式，导致认知惰性；Reger 和 Palmer（1996）认为，受有限理性的限制，管理者个体的搜索仅集中于有限的范围并据此做出选择，而这种局部搜索的后果的自我强化往往会使得管理者不能敏锐地应对环境的变化，造成认知惰性。另外，近年来也出现少量关于组织内部一般员工惰性的研究文献，致力于考察组织成员工作中所表现出的认知、行为和心理等方面的惰性。代表性的有 Polites 和 Karahanna（2012）以管理信息系统的应用为背景，将组织惰性定义为组织成员对现有行为模式的依恋和坚持，认为即使有更好的替代物出现或组织鼓励改变时也是如此。他们还从行为（持续地使用当前的系统是很简单的，因为当前的系统是用户一直使用的、比较熟悉的并不需要进行思考的）、认知（管理者自觉地坚持使用当前的系统，尽管他们都知道可能存在能更好地完成任务的、更有效的或更高效的替代方案）和情感（使用者只是恐惧变革、喜欢安全感或出于强烈的感情因素而坚持使用特定系统）三个方面对组织惰性进行分析，并指出组织惰性不仅阻碍组织内部用户接受新的系统，还对主观规范和个人意图之间的关系具有调节作用。此外，van der Steen（2009）对组织个体层次惰性的成因进行了分析，他们通过对荷兰一家银行的纵向案例进行研究，发现阻碍采用新会计规则的惯例惰性主要来自模糊（利用现行的知识对规则进行不恰当的解释）和冲突（基于自我利益的冲突）两方面。

三、组织惰性的概念与构成

1. 组织惰性的概念

Hannan 和 Freeman（1977）率先将"结构惰性"作为学术概念加以研究，此后相关研究更倾向于使用"组织惰性"来表达相似的含义（Kelly 和 Amburgey，1991）。但从总体上看，受研究视角差异性以及组织惰性的多种来源性和表现形式的影响，现有文献对组织惰性内涵的理解仍然存在较大分歧。除了从一般意义上进行定义（如组织惰性和行动惰性等）外，也有学者从战略（如竞争惰性和战略惰性）、结构（结构惰性和威胁惰性）以及资源和能力（如能力惰性、知识惰性和惯例惰性等）等不同视角进行界定（见表2-4）。这些定义都立足于组织整体层次，但分别处于理论推演、案例研究或实证检验等理论演进的不同阶段。

表 2-4　组织惰性概念汇总

视角	含义	提出者及时间
一般意义	组织惰性是指在外部环境发生极大改变时，组织没有能力发起组织变革	Miller 和 Friesen（1980）；Tushman 和 Romanelli（1985）；Gilbert（2005）
	行动惰性是指组织面临巨大环境变化时，仍然坚持原有行为模式不变，或无力采取适当的行为	Sull（1999）；Morgan 和 Page（2008）
	组织惰性是指一种固化内存于组织之中的保持或维护现有工作活动模式与习惯的工作行为倾向	许小东（2000）；白景坤（2006）
	组织惰性是指结构和行为保持一致的趋势，它可能表现为静止不动，还可表现为重复以前采取的行动	靳云汇、贾昌杰（2003）；简兆权（2001）
战略视角	竞争惰性是指公司转变竞争策略时采取的活动水平，反映企业为吸引顾客击败竞争对手而进行变革的强度	Miller 和 Chen（1994）

视角	含义	提出者及时间
战略视角	战略惰性是指组织对当前战略的承诺水平，包括个体的承诺、金融投资和支持当前做法的体制机制	Huff 等（1992）；Herrman 和 Lence（2011）
	认知惰性是指管理者借助于以往赖以成功的知识和经验解决当前问题的倾向	Hambrick 和 Mason（1984）；Staw 和 Ross（1987）；Hodgkinson（1997）
结构视角	结构惰性是指组织维持现有结构状态不变的特性，是环境选择的结果	Hannan 和 Freeman（1977，1984）
	威胁惰性是指在有威胁的环境中占主导地位的个人反应被强化的现象	Staw 等（1981）
能力视角	知识惰性是指企业过于依赖现有知识资源和先前经验，并惯例性地采用现有流程来解决所遇到各类问题的现象	Liao 等（2008）；Fang 和 Chang（2011）
	核心惰是性指组织赖以形成竞争优势的核心能力不能对新的创新做出回应的现象	Leonard-Barton（1992）
	惯例惰性是指当惯例嵌入组织中时，惯例可能会基于过去的经验自动响应并对根本变革带来强大的内部阻力	Nelson 和 Winter（1982）

2. 组织惰性的维度

受理论研究成熟度低的影响，尽管目前已有学者开发出组织惰性量表，但整体上仍处于多范式并存的探索阶段，如表 2-5 所示。现有相关研究多以 Hannan 和 Freeman（1977，1984）、Miller 和 Friesen（1980）、Staw 等（1981）、Tushman 和 Romanelli（1985）、Huff 等（1992）的研究为基础，但由于受研究视角的限制，组织惰性的概念及维度划分存在较大差异。

表 2-5　组织惰性的维度划分类型

概念/构念	代表性人物及提出年份	构成维度	测量方法
组织惰性	Gilbert（2005）	资源惰性和惯例惰性	无
	Nedzinskas（2013）	资源惰性、惯例惰性和路径惰性	量表
	Tushman 和 Romanelli（1985）；Gersick（1991）；Agle（2006）	认知惰性、动机惰性和责任惰性	无
	Polites 和 Karahanna（2012）	行为惰性、认知惰性和情感惰性	量表
	Haag（2014）	认知惰性、行为惰性、社会认知惰性、经济惰性和政治惰性	量表

续表

概念/构念	代表性人物及提出年份	构成维度	测量方法
组织惰性	Besson 和 Rowe（2012）	消极心理惰性、社会认知惰性、社会技术惰性、经济惰性和政治惰性	否
	Hedberg 和 Wolff（2003）；Godkin（2010）	洞察力惰性和行动惰性	否
	Godkin 和 Allcorn（2008）；Huang 和 Lai（2013）	洞察力惰性、行动惰性和心理惰性	量表
	陈立新（2008）；吕一博等（2015）	认知型惰性和结构型惰性	否
	白景坤（2014）	战略惰性、结构惰性和文化惰性	否
	邓春平（2015）	认知惰性和行为惰性	否
知识惰性	Liao（2002）；Liao 等（2008）；周健明等（2014）	程序惰性、资讯惰性和经验惰性	量表
	Liao 等（2008）；Fang 等（2011）；赵卫东（2012）；白景坤（2015）	经验惰性和学习惰性	量表
战略惰性	Miller 和 Chen（1994）	战略层次惰性和战术层次惰性	二手数据量表
	Amburgey 和 Miner（1992）	重复态势、定位态势和情境态势	二手数据量表
结构惰性	Staw 等（1981）	信息受限和控制收缩	否
	Hannan 和 Freeman（1984）；Hanks 等（1994）；陈家声等（1997）	组织年龄、组织规模和组织结构复杂性（正式化、专业化和集中化）	二手数据量表
	刘海建（2007）	正式化、集权化、整合化、复杂化和制度化	量表

基于资源观视角，Gilbert（2005）将组织惰性分为资源惰性和惯例惰性，资源惰性是指组织不能变革资源投资模式，惯例惰性是指组织不能变革利用这些资源投资的组织流程和惯例。Gilbert 对组织惰性维度的界定建立在充分的理论基础之上，如在定义资源惰性时，他借鉴 Pfeffer 和 Salancik（1978）等的观点认为，企业的外部资源提供者塑造并约束企业内部的战略选择；Reinganum（1983）也认为如果在位企业对新的技术的投资可能改变其在现有市场的支配地位，则可能会产生不进行该投资的战略动机。在定义惯例惰性时，他借鉴 Nelson 和 Winter（1982）、Feldman 和 Pentland（2003）的观点，认为惯例是回应有关联的活动的重复模式，惯例惰性的形成是因为组织流程是自我强化的，不是旨在适应非连续性变革而建立的（Miller 和 Friesen，1980）；March（1991）也认为改良过程也可

能驱逐创新过程，导致企业难以发展新能力。Gilbert 对组织惰性的维度划分得到多数学者的认可并被采用，代表性的有，Nedzinskas 等（2013）在 Gilbert 研究基础上又吸收了 Sydow 等（2009）对路径依赖行为的研究成果，将组织惰性划分为资源（资源依赖、定位再投资、奖励、威胁视角）、流程（权威收缩、减少实验、着眼于现有资源）和路径相关（协调效应、互补效应、学习效果、适应性预期效果）三个维度，并成功开发出组织惰性测量量表。此外，作为资源基础观理论的拓展，Liao（2002）在 Huff（1992）等研究成果的基础上提出知识惰性的概念，并将知识惰性划分为显性知识惰性、隐性知识惰性和程序性知识惰性三个维度。Liao 等（2008）在实证研究中将知识惰性划分为学习惰性和经验惰性两个维度，经验惰性指个体用先前的经验和知识解决问题，学习惰性指个体从相同的知识来源学习知识。在该项目研究中他们还成功开发出知识惰性测量量表，并且该量表为国内外许多学者所借鉴（Fang 等，2011；赵卫东，2012；白景坤，2015）。周健明等（2014）则在 Liao（2002）的基础上将知识惰性划分为程序惰性、资讯惰性和经验惰性，并开发出测量量表。另外，Leonard-Barton（1992）将核心能力惰性的特征概括为对以往经验的盲目迷信、企业内部限制创新、限制未来进行创新性的试验和从企业外部吸收的新知识被滤除四个方面。国内学者陈松涛、陈传明（2004）通过理论推演将核心惰性细化为战略资源和组织的自我强化性、投资的不可还原性、核心技术的低开拓性、知识和信息流动的限定性以及组织心智模式的封闭性五个维度，但并未进行实证检验。

基于认知视角，Hedberg 和 Wolff（2003）将组织惰性划分为洞察力惰性和行动惰性。洞察力惰性是指管理者不能及时观察和解释外部环境的变化，进而不能决策或调整组织行为以满足环境和市场变化需要的现象；行动惰性是指尽管管理者观察到了环境的变化，但对环境变化的回应过于缓慢，或者所收集的信息不足以产生有利于组织的行为或结果的现象。以此为基础，Godkin 和 Allcorn（2008）从洞察力惰性、行动惰性和心理惰性三个维度考察组织惰性，洞察力惰性是指当组织对于环境中重大变化的认知存在时间上的滞后，或者说由于组织成员不能够及时地观察和解释内外环境，从而导致组织的行为不能够适应外部环境、市场或是组织内部变革的需要；行动惰性是指通过对环境扫描得出管理上的见解之后，因管理上的响应不及时导致变革结果未能显现；心理惰性是指组织成员表现出紧张、焦虑、心理防御抵制变化，可能会导致个人和集体妥协与功能障碍。有趣的是，Godkin（2010）在后来的研究中又将组织惰性分为洞察力惰性和行动惰性两个维度；并运用精神分析法提出弱化组织惰性的路径（Allcorn 和 Godkin，2011）。但 Huang 和 Lai（2013）却以 Godkin 和 Allcorn（2008）的研究为基础，成功开发出包括洞察力惰性、行动惰性和心理惰性三个维度的组织惰性测量量表。

同样基于认知视角，Tushman 和 Romanelli（1985）认为组织人力系统存在认知、动机和责任三种惰性，其中认知惰性是指组织没有能力去考虑计划以外的东西；动机惰性是指组织总是希望避免变革；责任惰性是指对相关各方的承诺。Gersick（1991）和 Agle（2006）将该维度划分方法运用于组织变革过程研究。沿着这一路径，Polites 和 Karahanna（2012）以管理信息系统应用为研究背景，从行为、认知和情感三个方面对个体层次的组织惰性进行分析，以此为基础，Haag（2014）将其拓展到组织层次，认为组织惰性是指组织对于现行系统（即现状）的依赖，将更好的替代品或改变动机的存在置于不顾，并从认知惰性、行为惰性、社会认知惰性、经济惰性和政治惰性五个维度来表征。基于相同的背景，Besson 和 Rowe（2012）将组织惰性划分为消极心理惰性（代理人因威胁感知被消极的情感所压制）、社会认知惰性（代理人因标准和价值的重现而被嵌入特定制度）、社会技术惰性（代理人由于开发时间和内部一致性而被嵌入特定的社会技术系统）、经济惰性（代理人被嵌入特定的商业模式）和政治惰性（代理人被嵌入特定的网络）五个维度。

基于战略视角，Miller 和 Chen（1994）从战略和战术两个层次对竞争惰性进行维度划分，战略惰性体现在设备购置、企业并购、战略联盟和重要的新产品和服务方面；战术惰性体现在价格变动、广告活动和现有产品或服务的增量调整方面。Amburgey 和 Miner（1992）用"战略态势"（strategic momentum）表示战略惰性，并将其定义为在当前战略行为中维持或扩大现行战略行为的倾向。他们用重复态势、定位态势和情境态势来表征战略态势并探讨其对企业并购行为的影响。重复态势是指组织重复先前的战略行为；定位态势是指组织采取行动维持或强化现有的战略定位而不考虑实现目标的方式；情境态势是指影响战略形成的组织的稳定不变的特征（如组织结构或组织文化）。

基于结构视角，Staw 等（1981）通过理论推演指出组织在感知到环境威胁时会在结构层次出现两种惰性，一是信息受到限制，表现为沟通通道过载、依赖先前知识和沟通简化等；二是控制收缩，表现为权力集中、正式化加强和提高效率等。但 Staw 等并未对结构惰性进行测量。在测量方面，现有文献多采纳 Hannan 和 Freeman（1984）的建议，从组织的年龄、组织规模和组织结构复杂性三个方面进行测量。其中，对组织年龄和规模的测量多采用客观数据，对组织结构复杂性的测量多以 Pugh 等（1968、1969）和 Hickson 等（1969）关于正式结构维度的研究为依据。如 Hanks 等（1994）借鉴 Pugh 等（1968、1969）的研究，从正式化、专业化和集中化三个维度开发出结构惰性的测量量表。台湾学者陈家声和郑仁伟（1997）也以此为依据从组织年龄、组织规模和组织结构复杂性三个维度考察结构惰性，并分别使用二手数据和量表来测量结构惰性。与此类似，刘海建（2009）曾以组织规模来测量结构惰性，并用总资产、注册资本与员工人数来测量组织规模。刘海建（2007）在 Pugh 等（1968、1969）和 Hickson 等（1969）等关于组织结构维度分析的基础上，考虑到中国的情境因素，将结构惰性划分为正式化、集权化、整合化、复杂化和制度化五个维度，并以中国企业为样本进行了实证检验。陈传明等（2004）以江苏地区的企业为样本，通过因子分析，将组织惰性的影响因素提炼为纵向权力分配以及文化、激励、制度和规则、人力资源横向权力分配五个方面。此外，基于经济学视角，Rawley（2010）在 Leonard‑Barton（1992）、Kaplan 和 Henderson（2005）研究的基础上，用组织在以前的制度化的程序和传统业务中的做法进行再创造的成本（或没有进行再创造的成本）来测量组织惰性，具体包括先前的生产率的机会成本和与重新洽谈合同的成本。

近年来，国内出现许多试图整合不同视角的研究成果，如陈立新（2008）根据组织惰性的来源将其分为结构型惰性和认知型惰性，结构型惰性是指由行业环境、组织结构、组织文化以及组织为实现特定战略目标而设定的奖惩制度等结构性要素所引发的组织惰性；认知型惰性是指由管理者特别是高管团队识别和解释外部事件并根据外部环境进行决策所涉及的认知性要素所导致的组织惰性。与之相似，吕一博等（2015）将组织惰性划分为两类，即来自组织制度、标准和惯例等的结构性惰性，以及来自组织认知结构、环境感知方式与知识和经验的认知性惰性；邓春平等（2015）将组织惰性区分为认知惰性和行为惰性。白景坤（2014）则认为组织惰性由战略惰性、结构惰性和文化惰性三部分构成。

四、组织惰性的前因后果

如前所述，由于组织惰性理论成熟度较低，以致在方法选择方面始终存在理论归纳、案例研究和量表调研并存的现象。对此，本章将打破研究方法的界限，以研究内容为主线，分别从前因和后果方面对两个视角的文献进行综述。

1. 组织惰性的前因

现有文献对组织惰性的前因研究主要集中于强化（引致）和弱化（克服）组织惰性的因素两个方面。

Hannan 和 Freeman（1984）曾将组织惰性的成因归结为内部因素和外部因素两类，内部因素主要包括厂房、设备、人员的沉没成本，政治联盟的动态影响，惯例成为规范标准的限制，决策信息的不确定性以及满足于现有的盈利模式；外部因素包括进入和退出特定活动领域的壁垒，与其他组织关系的限制，激进的结构变革会威胁到组织的合法性以及集体的理性（变革可能会破坏组织成员的集体利益、已经建立的社会结构和人际关系）等。目前已有学者对 Hannan 和 Freeman 所提出的强化组织惰性的因素进行了实证检验。

Dixit 和 Pindyck（1994）认为，当一项投资决策必须承担沉没成本以及未来的市场条件不确定时，实施这项决策就有一个额外的机会成本，这源于延迟决策直到获取新的信息而丢失的期权价值；Colombo 和 Delmastro（2002）的实证研究也发现，沉没成本的存在及其在工厂内影响活动的程度是影响组织惰性的重要因素。Nelson 和 Winter（1982）则强调组织惯例对组织惰性的作用，他们认为惯例作为企业异质性集体行动的集合体系，通过基于过去解决问题的经验的积累性过程，以及包括对环境中特定信号的自动协调反应方式而建立起来，因此只能以相当大的成本被逐步地修改，这势必将导致延伸到整个组织的锁定效应。Cyert 和 March（1963）将组织惰性成因指向有限理性的经济主体和在不确定条件下决策制定中所涉及的信息接收、存储、处理以及传输的相关成本，认为除非存在异常不好的绩效，否则由于不能保证改变组织结构的决策是最佳的，所以企业更愿意保留其结构。Khanagha 等（2013）把引致企业应用新兴核心技术的惰性因素归结为局部学习过程（不能发展新的能力和惯例）、对现有技术的资源依赖（不愿分配资源，协调与交流的困难）以及不能满足财务回报和为股东创造利益（限制实践和学习的动机）三个因素。Miller 和 Chen（1994）通过实证分析发现管理者的行为动机（内在动机是指较差的管理绩效使管理者质疑他们的努力是否充分，外在动机是指新兴市场的出现使管理者有信心为追求新的机会进行投资）、其他替代方案（内部对不同竞争方式的尝试和外部多变的市场会开拓管理者的视野）和对行动的限制（官僚组织的刻板、思想上的僵化和组织网络束缚，以及年龄和规模等）是竞争惯性的三个主要来源。此外，同样基于有限理性假设，Zhou 和 Chen（2014）则从知识的时效性、知识的强化效用和知识选择机制中的沉没成本效应三个方面探讨了知识惰性的形成机制。孟庆伟和胡丹丹（2005）运用马斯洛的标签理论，从注意的标签化、感知的标签化、学习的标签化和思维的标签化四个方面剖析了组织惰性形成的认知根源。此外，Milgrom（1988）研究发现组织中有阻碍组织变革的政治力量存在，原因是组织所采用的特定的组织设计导致员工之间准租的特定分布。

组织以往的成功经验也被认为是强化（引致）组织惰性的重要因素。Gersick（1991）认为，当组织的战略与其内部和外部环境相一致，环境相当稳定，只要维持平衡就能很好地实现其使命时，组织惰性就会随之产生。Leonard-Barton（1992）认为，核心能力容易形成核心刚度，人们总是屈从于一个简单概念，即好东西多多益善。以前有益的活动如火如荼地开展，结果过犹不及，不是起到促进作用，而是阻碍了企业发展。她认为企业资产专用性、技术系统过失、激励制度僵化和管理者的主导逻辑等都会导致核心惰性形成。Sull（1999）也指出当公司的市场变化时，如果沉醉在过去成功的思维与工作模式中，一味地加强曾被证明有成效的活动，虽然这样做的目的是想把自己从洞中挖出来，可实际上却只是把洞挖得越来越深。Miller（1994）通过对 36 家公司的历史数据进行实证分析，发现长期处于成功状态的公司更容易在结构和战略方面形成惰性；与此相对应，Dobusch 和 Schüßler（2013）则指出，由正反馈驱动的路径依赖的流程会导致惰性或锁定（如结构惰性、协同进化或制度的持久性等）。Nisar 等（2013）通过案例研究发现，在传统技术领域具有优势的企业更容易形成战略惰性，它们倾向于探索更加成熟的技术，而不是致力于新的创新性技术。Geiger（2009）通过对英国一家生物制造公司的深度访谈，发现组织的叙事（narratives）能够通过构建一个维持的参照系来防止对组织过去成功的原则进行质疑的机制，并实证了这种自我强化机制是组织惰性的主要来源。然而，也有学者对组织以往的成功经验与组织惰性的关系有不同见解，如 Rusetski 和 Lim（2011）通过案例研究发现，导致成功企业出现战略惰性的原因不是管理者的自满，而是竞争成功导致管理者责任感迅速增强，进而导致他们形成一种防守态度，并专注于维持现状。

对于弱化（克服）组织惰性的研究，早期的观点认为组织惰性难以克服是因为在位企业很难意识到组织惰性的存在。但后来的研究发现，在面对（技术）环境的非连续变化时，在位企业即使能够意识到组织惰性的存在也很难将其克服，并且致力于寻找深层原因及有效克服的路径。对于组织惰性难以克服的原因，环境选择观和组织适应观有着截然不同的观点。Hannan 和 Freeman（1984）认为组织惰性是环境选择的结果，不能改变；当环境发生根本性变化时，原有的组织种群通常只能是集体衰亡。对此，Ruef（1997）通过对加利福尼亚的医疗行业 1980~1990 年的数据分析发现，只有很少医院能够调整他们的服务组合来克服惰性，从而支持了 Hannan 和 Freeman 的假说。Dobrev 等（2003）通过对美国汽车业 1885~1981 年的数据分析也发现，组织核心变革的"过程"会增加组织失败的风险。更有趣的是，Dew 等（2006）甚至认为，在基于组织惰性的效率达到最优时组织应选择退出，从而直接回避了如何克服组织惰性的问题。

组织适应视角的学者则在不懈探索弱化（克服）组织惰性的因素和有效路径。环境威胁通常被组织适应学者认为是弱化（克服）组织惰性的重要因素或催化剂，如 Reger 和 Palmer（1996）研究发现，环境动态性有利于企业高管克服认知惰性，Schaefer（1998）实证研究发现企业在出现生存危机时克服结构惰性更容易获得成功。然而，也有大量学者提出相反的观点或证据，Staw 等（1981）认为，组织在感知到环境威胁时，会在结构层次上产生信息限制和控制收缩两种惰性；O'Keefe 和 Wright（2010）甚至认为在面对强大压力下战略惰性很难改变，因此建议实施有计划的干预使其中止。Kelly 和 Amburgey（1991）的研究发现，环境变化与战略变革的概率无关。针对这些悖论，Gilbert（2005）深入研究发现，环境威胁感知对不同类型的组织惰性（资源惰性和惯例惰性）的影响存在差异：组织外部的威胁能够降低组织对资源的承诺，但组织中的惯例受到传统商业模式的限制，很难发生改变，或者说威胁感知在降低资源惰性的同时却在强化组织的惯例惰性（收缩权力、减少实验，专注于现有的资源）。与此相类似，国内学者邓春平等（2015）通过案例研究构建了知识发送方影响知识转移的过程模型，认为知识发送方的控制性压力机制对缓解知识接受方的行为惰性有积极影响，但却会进一步强化认知惰性；而知识发送方的信息性控制机制对缓解知识接受方的认知和行为惰性都有积极影响。知识发送方的认同机制有助于缓解知识接受方的认知和行为惰性，认知惰性的缓解比起行为惰性而言更加依赖于认同机制和信息性控制机制。王陵峰等（2011）以中国企业为样本的研究发现，并购威胁和员工创新负相关，但领导—成员交换和团队—成员交换对二者的关系起到调节作用。

近年来，技术创新和管理创新、公司创业导向、组织学习、管理团队异质性以及网络能力等因素，都被认为是弱化（克服）组织惰性的重要因素。Colombo 和 Delmastro（2002）以意大利的 438 家制造业工厂为样本，用组织管理层级数目的变化程度来衡量组织惰性，考察技术因素和组织因素对组织惰性的影响，他们发现采取先进的生产技术和新的人力资源管理实践是克服组织惰性的重要因素。Vanhaverbeke 和 Peeters（2005）基于理论分析认为，企业技术创新或冒险有利于克服战略惰性。Dittrich 等（2007）通过对 IBM 从硬件制造公司向全球服务供应商和软件公司转变的案例分析发现，网络联盟有利于传统大公司克服组织惰性实现战略转型，从而对传统的大公司要缓慢适应环境变化的观点提出挑战。Agle（2006）认为，变革型领导者能够克服认知惰性、动机惰性和责任惰性三种组织惰性，从而使组织更好地适应环境。陈晓东和陈传明（2005）、白景坤（2008）认为企业家精神和双元组织学习对弱化（克服）组织惰性具有积极作用。连燕玲（2015）基于中国上市公司的数据研究发现，CEO 开放性程度越高，组织的战略惰性程度越低，并且 CEO 的股权拥有程度和自主权以及组织所处的制度环境对两者之间的关系起着调节作用。具体而言，CEO 持股水平越高则开放性 CEO 维持组织战略现状的动机越强，CEO 所拥有的管理自主权越高则越倾向于去打破组织的战略现状；组织制度环境对 CEO 开放性程度与战略惰性之间的关系同样起到显著的调节作用。

2. 组织惰性的后果

组织惰性后果研究主要集中在组织惰性和组织存活、组织变革与创新发展等方面。在组织惰性与组织存活的关系方面，选择视角学者侧重组织惰性对组织存活的积极作用，如 Hannan 和 Freeman（1984）认为组织惰性有利于为组织提供稳定的产品，获得稳定的经济效益；Boyer 和 Robert（2006）则明确指出，强的组织惰性是成功存活组织的共性特征。Paulino（2009）通过对航天业成功与失败案例的分析发现，组织惰性是确保航天企业得以存活的关键因素。适应视角学者首先承认，稳定环境下组织惰性对组织持续成长有积极作用，但更多情况下将组织惰性视为不利于组织变革与发展的因素，是一种停滞（在产品、方法、策略上的超稳定性），是对策略重大变革的抵制（Tushman 和 Romanelli，1985；Hinings 和 Greenwood，1988）或者是对组织进化的逆转（Miller 和 Friesen，1980）。两个视角对组织惰性与组织变革关系的研究持有基本相同的观点，都认为组织惰性排斥组织变革，但随着研究的深入这种观点遇到了挑战。

环境选择学者 Hannan 和 Freeman（1984）认为，存活下来的组织都是具有较高结构惰性的组织，在这样的组织中变革很难发生。他们还认为，组织惰性的强度与组织年龄、规模和组织复杂程度等因素直接相关，甚至后来有学者直接用这三个维度来测量结构惰性（陈家声和郑仁伟，1997）。许多学者针对这一理论命题进行了实证检验，但所得出的结论并不一致。陈家声和郑仁伟（1997）以台湾地区电子产业的 169 家企业为样本，发现组织惰性与组织变革显著负相关，组织自主调适行为和组织惰性共同影响组织变革。Kelly 和 Amburgey（1991）对组织年龄与组织变革关系的实证研究发现，组织年龄越大，组织惰性越大，组织进行变革的可能性就越小。然而，其他学者却得出不一致的结论。Chen（2014）以美国 430 家非营利组织为样本的实证研究发现，在组织生命周期的不同阶段，组织惰性和组织适应性具有非线性关系。在成长阶段，组织惰性较低，组织为满足合法性要求，适应性会增加；在调试阶段，组织为扩大其合法性和组织绩效，会运用当前的知识来开展组织管理，此时组织的适应性会超越组织惰性；在成熟阶段，组织的适应性会降低，而组织惰性会随着组织年限的增加而增加；在失败阶段，组织当前的惯例使得组织惰性增加，从而使组织失去对环境的适应性，最终导致组织失去合法性；在重新定位阶段，虽然组织惰性仍然在组织中处于主导地位，但组织的失败给管理者带来很大的警示作用，他们开始采取各种措施来降低组织惰性，增加组织对外部环境的适应性，这一阶段组织惰性下降，组织适应性增加；在复兴阶段，组织再次获得外部环境的合法性，组织的适应性再次占据主要地位。另外，对于组织规模与组织变革的关系，Stoeberl 等（1998）通过对美国密苏里州葡萄酒行业的研究发现，较大的酒厂保持着重复的结构以实现绩效的高可靠性和可测量性，很少发生组织变革；Ginsberg（1990）、Mitchell和Singh（1993）的实证研究也发现，组织规模越大，对市场反应越迟钝，组织变革的可能性越低。但其他的实证研究却得出不一致的结论，Kelly和Amburgey（1991）认为组织规模与战略变革只是弱的负相关，他们还对生态学者关于组织变革会增加组织失败可能性的论断提出质疑。Guillén（2002）以1987~1995年到中国投资的117家韩国企业为样本，探讨结构惰性（主要测量企业年龄）和韩国企业对外扩张的关系，但是关于二者负相关的假设并未获得支持。

组织适应视角的文献多数支持组织惰性阻抑组织变革与发展的观点。Collinson和Wilson（2006）通过对两家日本企业的案例研究发现，那些先前被认为是创新、变革和柔性基础的特性，在动荡的经济环境中，同样也可能是阻碍变革、创新和适应的因素。Bala和Venkatesh（2007）通过对来自高新产业的11家上市公司的数据进行跨案例分析，发现组织惰性（包括资源惰性和惯例惰性）不利于加强组织间业务流程标准的一致性。Lucas和Goh（2009）通过对柯达公司进行案例研究发现，当面临着一个不连续的、高度突破性的技术时，核心惰性会抑制个人与组织的学习，员工可能抗拒学习新技术，企业可能没有动力去建立新的技术和管理系统，或学习新的知识来创建新系统。Tripsas和Gavetti（2000）通过对宝丽莱公司的案例分析发现，管理认知惰性会影响企业新能力的开发和组织变革，宝丽莱公司虽然拥有突破性创新的技术能力，但对"剃须刀/刀片模式"存在认知惰性，使之未能尝试开发适用于数码技术的、不同于"剃须刀/刀片模式"新的商业模式，并最终延缓独立数码相机产品的商业化进程。Garud和Rappa（1994）认为，组织认知惰性是无数处于成熟期的企业在面对根本性技术变革时走向衰败的根本原因。Miller和Chen（1994）通过对32家美国本土航空公司的实证研究发现，市场多样性与竞争惰性的交互作用和组织绩效负相关。Rawley（2010）通过对1992~1997年美国出租车和轿车公司的经济普查数据进行分析发现，组织惰性（沉没成本）通过增加协调成本能够显著降低多元化对范围经济的影响。此外，Huang和Lai（2013）通过对台湾的141家中小型制造企业（SME）的实证研究，认为组织惰性对于开放式创新以及商业模式创新都有负面影响，并且发现开放式创新在组织惰性与商业模式创新之间，以及组织惰性与企业绩效之间发挥中介作用。Fang 和 Chang（2011）借鉴 Liao 等（2008）测量知识惰性的方法，以台湾某地区医院为样本探讨知识惰性对组织学习和组织创新关系的影响，发现知识惰性对组织学习和知识创新的关系具有负向调节作用，认为知识惰性会导致创造性思维和创新行为的缺乏，并对有效学习和利用知识产生了消极影响。赵卫东等（2012）以中国企业为样本探讨知识惰性对组织学习和员工—组织匹配关系的影响，发现知识惰性对组织学习与一致性匹配的正向关系具有负向调节作用。周钟和陈智高（2015）基于仿真分析发现，集群企业普遍较高的知识惰性会显著阻碍知识在集群中的有效转移与采纳，导致集群企业走向知识趋同进而陷入知识锁定，产业集群出现路径依赖；而将知识惰性控制在一定范围内是缓解产业集群知识锁定和路径依赖的有效途径。

然而，越来越多的研究发现，组织惰性和组织变革与创新发展之间并非二元对立，而是具有复杂关系。Liao 等（2008）基于台湾地区企业的实证研究发现，知识惰性的两个构成维度对组织学习具有不同作用，学习惰性会抑制组织学习，而经验惰性会促进组织的学习行为，这一结论得到 Sharifirad（2010）的实证支持。此外，借鉴 Liao 等（2008）开发的知识惰性量表，周健明等（2014）以中国珠三角地区的 165 家高新技术企业为样本的研究发现，程序惰性与知识整合显著负相关，与新产品开发绩效关系不显著；经验惰性与知识整合和新产品开发绩效显著正相关；白景坤等（2015）以中国企业为样本实证了知识惰性在公司创业导向和双元创新关系中的调节作用，发现学习惰性对二者关系具有负向调节作用，经验惰性对二者关系具有正向调节作用。Nedzinskas 等（2013）以组织惰性为调节变量，实证检验了对动态能力与企业绩效关系的调节作用，发现动荡环境下在组织惰性水平较低的情境下动态能力对组织绩效具有显著的影响，而在组织惰性水平较高的情境下动态能力对组织绩效的影响不显著。此外，Mishra 和 Saji（2013）在全球范围内选取 215 家高新技术企业为样本，实证检验了高新技术产品开发过程中组织惰性对技术收购意图和新产品商业化关系的调节作用。刘海建（2007）通过对中国企业的实证研究，认为除集权化、整合化维度外，组织结构的正式化维度、复杂化维度在一定程度上阻碍了企业发生战略变革。但是，制度化维度对于组织战略变革有积极影响。连燕玲（2015）基于中国上市公司的数据研究发现，战略惰性与组织绩效存在一种倒 U 形关系，即适度的战略惰性能促进组织绩效的提高，但过高的战略惰性会抑制组织绩效的提高。吕一博等（2015）基于多主体建模的仿真分析，从认知惰性和结构惰性两个方面解释了组织惰性对集群网络演化的影响，发现组织惰性会削弱集群网络演化的小世界现象，加剧派系分化程度，但同时会促进派系内交互效率的提升，进而提升集群整体的网络效率；此外，他们还发现组织惰性会提升集群网络的可持续发展能力，增强集群网络的"集聚优势"，而且在该过程中结构性惰性的影响要远高于认知性惰性。

五、研究不足与展望

总的来看，尽管组织惰性研究已有近 40 年历史，并且积累了大量的理论探讨、案例研究和定量分析的文献，但由于研究视角的差异以及组织惰性的复杂性和表现形式的多样性等，组织惰性理论的成熟度较低，突出表现在以下几个方面：首先，研究视角存在根本分歧且在短时间内难以实现深度融合。环境选择视角和组织适应视角对组织惰性的本质有着不同的理解，以致对几乎所有研究主题都存在对立的认知逻辑。这种现象的出现固然与组织现象的情境因素有关，如环境选择视角更关注社团等非营利性组织，而组织适应视角更关注工商企业等营利性组织，但组织惰性理论本身的不成熟是重要原因。其次，组织惰性的研究层次关注不均。现有研究主要集中于组织间、组织整体和组织内部个体层次，尚未发现深入研究组织内部群体层次组织惰性的文献；同时，三个层次的组织惰性之间有什么样的相互作用和联系，现有文献并未给予明确的解释，也很少有跨层次研究的文献出现。再次，组织惰性的测量工具不成熟。现有文献中，纯理论构建和案例研究文献都较多，实证研究文献则相对较少；并且尽管已有学者尝试开发出组织惰性的测量量表，但目前自开发量表较多，而测量量表使用明显不统一，远未达成学界共识。还有，组织惰性的形成与演进机理缺少系统性研究成果。尽管已有学者探讨组织惰性的影响因素并取得大量实证研究成果，但结论仍存在很大冲突；对于组织惰性的后果更是充满争议；同时对组织惰性的演进机理尚无系统的实证研究成果。最后，基于中国情境的组织惰性理论研究仍处于起步阶段。近年来国内已有学者探索中国情境下的组织惰性问题，如刘海建（2007）在探讨结构惰性的构成维度时，考虑到中国情境下制度因素的重要性，因而加入制度维度，并成功开发出结构惰性测量量表。但国内类似的研究工作太少，总体上看尚处于起步阶段。基于此，未来的研究应围绕上述问题深入展开。

（1）研究视角的整合。如前文所述，两个视角的本质差异在于，组织在面对环境的连续或非连续变化时是否能够做出改变或采取适应行为（包括主动或被动）。对此，环境选择视角持否定的态度，认为适应特定环境的组织必然是高度结构惰性的，而环境变化则意味着特定组织种群的衰败；组织适应学者则持肯定的态度，认为组织能够克服自身的组织惰性适应外部环境的变化。显然，两种视角在组织与环境关系的连续体中"各执一端"，而在组织适应各类环境变化的实践中部分组织取得成功，也有部分组织走向失败。也就是说，组织惰性的生成与演化是组织外部环境与内部条件共同作用的结果。可见，整合两种视角的"执其中"应该更有利于问题的解决。Schwarz（2012）曾对此进行过尝试，他基于文献研究指出，组织惰性的生成在一定程度上是管理者有意为之，是组织外部和内部因素共同作用的结果，或者说是环境决定与组织路径锁定的结果。然而，到目前为止，整合两种视角探讨组织内外部因素如何共同作用导致组织惰性的生成与演化的研究文献，无论是理论推演，还是案例研究乃至定量分析，仍然非常匮乏，应该是未来研究的重要方向。

（2）组织内部群体层次和跨层次的组织惰性研究。随着组织结构的柔性化和网络化发展，团队在组织中的地位和作用日益提高，团队的创造力越来越受到重视。然而，团队作为组织内部的特殊群体，其组织惰性问题尚未引起学术界的充分重视，如组织的认知惰性、结构惰性和行为惰性等在团队层次会有何种表现和机制，目前并无相关研究成果。同时，尽管从心理学视角探讨社会成员个体惰性的文献已经很多，但对作为组织成员的个体惰性研究的文献并不多见，在知识型员工日益成为员工主力的背景下，组织内部个体惰性问题尤其值得关注。此外，由于各层次的组织惰性并不孤立存在，而是相互影响，但跨层次的组织惰性研究尚未展开，这些均可能成为今后的研究焦点。

（3）组织惰性的过程机制研究。组织惰性研究的难点在于如何打开组织惰性内部过程机制的"黑箱"，具体包括三方面的内容：一是组织惰性的构成维度及内在关联与测量；二是影响组织惰性的前因变量对组织惰性不同维度及整体会产生何种影响；三是组织惰性不同维度及整体会对组织变革、创新和成长等结果变量产生何种影响。尽管这三方面工作都已经取得一定进展，如 Gilbert（2005）以及 Godkin 和 Allcorn（2008）等从组织惰性维度进行量表开发，Staw 等（1981）指出来自环境的威胁惰性使组织生存和衰败的可能性都有所增加；Gilbert（2005）发现环境压力可能会在弱化一种组织惰性（如资源惰性）的同时强化另一种组织惰性（如惯例惰性）；Liao 等（2008）发现学习惰性会抑制组织学习，而经验惰性会促进组织的学习行为；白景坤等（2015）发现学习惰性对公司创业导向和双元创新关系具有负向调节作用，而经验惰性对二者关系具有正向调节作用。这些研究为打开组织惰性过程机制的"黑箱"提供了路径，但现有研究比较零散，缺乏系统性，如除了环境压力之外，能够强化或弱化组织惰性的因素还有哪些，其作用机制如何等方面，目前仍然存在很大缺口；再如克服（弱化）组织惰性与组织成长究竟是什么关系？Hannan 和 Freeman（1984）曾指出，高结构惰性的组织具有生存优势，而新建立的组织往往具有"新生劣势"，那么旨在克服（弱化）组织惰性的组织结构重组是否会导致组织因陷入"新生劣势"而死亡呢？或者在克服（弱化）组织惰性和实现持续成长之间的理论链条是否还缺少某些必要的环节？这些问题有待深入展开。此外，过程机制研究会涉及较大的时间跨度，因此未来有必要进行基于时间序列的纵向研究。

（4）中国情境下的组织惰性研究。现有组织惰性研究所关注的问题及变量多立足于西方社会，不能从根本上反映中国情境下的独有特征。近年来国内已有学者尝试对此做出贡献，如对组织惰性构成维度的理论剖析（陈传明，2004）以及对组织结构惰性本土量表的开发（刘海建等，2007）。但总体上看，国内学者对组织惰性的研究目前仍处于引进、消化和吸收的阶段，原创性的理论贡献比较缺乏。对此，一方面，有必要基于中国本土企业的实践经验提炼出组织惰性研究的理论元素，创新和完善组织惰性理论体系；另一方面，可展开跨文化背景的组织惰性比较，尤其是美国与中国样本的对比研究，目前该方面的研究尚未展开。此外，还应加强对国有企业组织惰性的研究。因为在我国，国有企业和民营企业并存，它们在我国经济中居于不同的地位，其中国有企业居主导地位，控制着重要行业和关键领域，拥有丰富的创新资源。所以，研究国有企业组织惰性的特殊性对于推动我国国有企业乃至全部企业的持续成长具有重要理论价值和现实意义。

第三章 组织惰性的前因

第一节 强化组织惰性的因素

一、引言

组织实践中始终充满惰性（Cyert 和 March，1963）。近年来，随着环境不确定程度的提高，组织惰性日益成为影响企业持续成长的主要因素，甚至被认为是组织长期存在的"痼疾"。然而，学术界对组织惰性本质及相关研究始终存在分歧。有学者认为组织惰性是组织效率的来源（Hannan 和 Freeman，1984）；也有学者认为组织惰性是组织衰退的根源（Arthur，1994）。姑且不论组织惰性的本质，仅就企业究竟能否有效克服或规避组织惰性对企业持续成长的不利影响，现有观点同样存在明显分歧，组织生态学的传统观点认为组织惰性不能克服（Hannan 和 Freeman，1984）；也有学者认为组织惰性能够克服，但克服组织惰性非常艰难（Leonard-Barton，1992；Teece 等，1997）。显然，回答这一问题需打开组织惰性生成与构成的"黑箱"。遗憾的是，现有文献对组织惰性的成因与构成的研究仍存在不同的视角，对组织惰性概念及结构的理解也很不一致，以往研究往往针对组织惰性的不同侧面展开研究，并呈现出演化的特征。所以，从多视角并存的组织惰性研究中寻找一条线索，探寻组织惰性成因和构成，探讨组织惰性与持续成长的关系，便成为组织惰性理论研究急需解决的问题。

通过文献分析发现，对组织惰性成因的研究可归纳为外因（环境）和内因（路径）两个基本视角，并且有趣的是，两个视角对组织惰性本质的理解截然不同。将组织惰性生成归结为外部因素的理论（如组织生态学理论）倾向于将组织惰性理解为组织效率的来源；而将组织惰性生成归结为内部因素的理论（如路径依赖理论）倾向于将组织惰性理解为组织衰败的根源。近年来出现了尝试整合两种视角的新的研究成果，如以组织生态学、路径依赖理论等为基础产生的资源基础观理论，强调具有 VRIN 特征（价值性、稀缺性、不完全可模仿性和不完全可替代性）的资源是可持续竞争优势的来源；以资源基础观为基础产生的核心能力理论则强调核心能力是企业竞争优势的来源。但这种整合研究并未解决两种视角对组织惰性本质理解的分歧，同时核心能力理论所强调的基于核心能力的竞争优势也会因为核心能力刚性而成为企业衰败的根源。究其原因，尽管上述研究对组织惰性生成的某些重要方面或生成过程中的某些阶段或环节进行了深入研究并取得了成绩，但仍缺乏整合性研究框架。由此，本章尝试整合和拓展这些研究成果，构建一个组织惰性生成与演化的系统性分析框架，如图 3-1 所示。

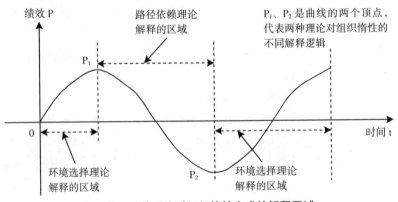

图 3-1　两种理论对组织惰性生成的解释区域

　　图 3-1 刻画的是两种理论视角解释组织惰性的时间区域和逻辑终点。在现有研究组织惰性生成的主要理论中，组织生态学和新制度组织理论等环境选择视角的理论强调组织惰性是组织效率的来源，组织惰性生成过程是在外部环境压力下组织为获得环境认可而结构化和制度化的过程，也即组织适应环境过程中组织绩效不断提高的过程，组织生态学者认为高结构

惰性的组织更容易生存。与此相反，路径依赖理论将组织惰性视为组织衰败的根源，它将组织惰性生成过程解释为，组织在适应环境的过程中，内部因素如何通过自我强化机制将组织锁定在既定的路径中的过程，也即由适应环境的高组织绩效逐渐转变为低绩效的过程。图 3-1 中的 P_1、P_2 点，分别代表两种理论对组织惰性进行解释的终点。由此可见，尝试整合两个视角而产生的资源基础观，以及以资源基础观为基础产生的核心能力理论和动态能力理论，尽管其理论初衷是探寻企业竞争优势之源，但恰恰解释了内因和外因共同作用下组织惰性的生成过程。此外，两种视角对组织惰性内涵和构成的解释是不断演化的，如 Kelly 和 Amburgey（1991）在实证 Hannan 和 Freeman（1984）所提出的关于结构惰性的理论假设时，就直接用组织惰性的概念替代结构惰性的概念；资源基础观和组织能力理论对"位势"和"路径"的研究则直接为剖析组织惰性的结构提供了两个基本方面。本章将对组织惰性生成过程以及其结果进行详细的解释。

二、环境选择：组织惰性生成的外部压力机制

1. 组织生态学与组织惰性生成

Hannan 和 Freeman（1977、1984）把生物学的自然淘汰原理运用于组织种群及其生态研究，并用"结构惰性"概念分析组织种群的兴衰以及种群内部单个组织的生存问题。

首先，他们提出，在激烈市场竞争中存活下来的组织必须具有可靠性和可解释性两种特性。可靠性是指企业可以准时和保质地提供产品和服务。他们指出，从理论上讲，产品和服务通常也能被那些临时由技术熟练工人组成的团体提供。但与这些临时团体相比，正式组织的生产更为可靠，或者说正式组织生产的产品的质量（包括产品生产的时效性）很少有变化。在未来不确定的既定情况下，潜在的组织成员、投资者和客户可能更看重可靠性而不是效率。也就是说，他们愿意为这种确定性（即最低质量要求的产品或服务在需要时都可以得到）支付相对高一些的价格。可解释性是指企业可以明确地记录其资源如何被利用以及某一特定结果背后的决策和规则。此外，他们认为正式组织可以比临时团体更容易提供对其决策和行为的解释，一个重要的原因就是组织内存在适当的规则和程序。以生产惯例为例，这些规则和程序在组织内比在其他集体内更容易形成和得

以保留。正式组织收集和存档的这些信息意味着它们可以记载资源是如何被使用的，并且可以重现那些有效果的决策、规则和行为的制度化和执行过程。他们认为，当今社会越来越需要程序理性，这种可解释性能给正式组织带来临时团体所不具备的优势。

其次，Hannan 和 Freeman 还指出，组织要具有可靠性和可解释性，组织结构必须是高度可复制的，或者说组织结构（无论是角色结构、权威结构还是沟通结构）今天的状况必须跟昨天的状况相同。组织种群会选取具有高复制能力的组织，而淘汰那些低复制能力的组织。但是，组织结构的高度可复制性也意味着组织结构具有高度的惰性。选择压力倾向于支持结构具有高惰性的组织和消除那些可靠性和可解释性较低的组织，单个组织为求生存需向种群内结构惰性强的成功者（环境适应强的组织）学习（包括组织形态和经营方式等）。

最后，Hannan 和 Freeman（1984）强调结构惰性具有不可克服性。因为在他们看来，结构惰性是组织种群适应环境的产物，当特定组织种群所面临的环境发生根本性变化时，该种群将会整体走向衰落；组织种群内部的个别组织尽管尝试努力变革自身来适应新的环境，但即使能有少量的改变，也始终抵挡不住大系统环境的压力。他们还强调，适应新环境的新的组织种群不是脱胎于变革后的在位组织，而是产生于新建立的组织。

2. 新制度组织理论与组织惰性生成

与组织生态学强调来自市场环境的自下而上的压力对组织惰性生成的影响不同，新制度组织理论强调来自制度环境的自上而下的压力对组织形式同构的作用。Meyer 和 Rowen（1977）将制度环境定义为组织所处的法律制度、文化期待、社会规范和观念制度等为人们"广为接受"的社会事实。他们认为所有组织在某种程度上都嵌入在关系化和制度化的环境中，组织间复杂关系网络的构建、政府等管理机构的发展和要求、领导性组织的示范作用都要求组织必须适应制度环境才能生存。新制度组织理论用"合法化机制"解释制度环境对组织同构的影响。Suchman（1995）将合法性定义为在特定的信念、规范和价值观等社会化建构的系统内，对事物的行动是否合乎期望及是否具有恰当性、合适性的一般认识和假设。与之有所不同，Scott（1995）将合法性界定为文化协同性、规范支持性或者与相关法律、规则相一致的情形，并将合法性划分为规制合法性、规范合法性和认知合法性。Scott 认为，规制合法性来源于政府、专业机构、行业协会等相关部门所制定的规章制度（Sing 等，1986），其中部分制度以法律的形式来规定；另一些则以行业标准和规范的形式进行规定，且只有属于该行业的企业才必须遵守。不同行业中的新创企业对规制合法性的需求程度存在差异，如成熟行业对规制合法性的需求意愿更为强烈；而在新兴行业，由于规制出现时间晚，在位企业不多，没有形成共同的标准和规范，只能是一些宽泛的法律法规，尚未形成一致的判断标准和社会期望，从而对合法性的界限不清。规范合法性也称道德合法性，来源于社会的价值观和道德规范，反映的是社会公众对组织的判断，这种判断基于组织的行动是否有利于增进社会福利，是否符合广为接受的社会价值观和道德规范（Suchman，1995）。认知合法性来源于有关特定事物或活动的知识的扩散，通常而言当一项活动被人们所"广为接受"时，它就具备了认知合法性（Aldrich 和 Fiol，1994）。

另外，Di Maggio 和 Powell（1983）认为，制度环境通过三种具体的合法性机制促使组织的形式和行为同构：一是强制同构，指压力迫使组织采取与其他组织相似的结构、技术和行为。压力可以是正式的，也可以是非正式的，主要来自政府、管理机构以及环境中的其他重要组织。当该组织对这些管制机制有依赖时，这种压力将会更加明显。二是模仿同构，指各个组织模仿同领域中成功组织的行为和做法。由于大多数企业组织者都面临着很大的环境不确定性，如果企业经营者意识到环境中有创新产生，而且创新又是由文化支持的，那么这些企业组织的经营者就会效仿这一创新。三是规范同构，指的是共享的观念和思维方式潜移默化地影响了行为。另外，基于企业视角，Suchman（1995）认为合法性能为企业带来一致性和可信性的好处。他认为合法性之所以能够带来一致性，是因为外部利益相关者都愿意把自己拥有的资源提供给那些看起来非常符合社会规范和期望的组织，而合法性正好能够反映一个组织的行为方式符合社会共同的观念和行为规范这样一个事实。具备合法性的组织往往能够自我复制，不必在集体行动方面投入很多的精力和花费很多成本，即合法性有助于企业防范"集体行动方面出现的问题"。可信性是指外部利益相关者不但会认为具备合法性的企业更具有投资价值，而且还会认为这样的企业更符合他们的观念、更可期待、更值得信赖。

然而，适应制度环境的合法性要求所带来的各种好处以及不适应制度环境要求可能遭受的惩罚，在一定程度上也阻碍了企业为适应竞争环境的变化而变革组织形式和行为方式的内在要求，助长了组织内部官僚主义的滋生和只注重形式理性而不顾技术理性的倾向；此外，也可能会导致组织为满足制度环境的要求采取"说一套，做一套"的策略，从而助长组织退耦行为的发生。

比较而言，组织生态学和新制度组织理论都强调环境因素对组织惰性的生成的决定性作用。不同的是，组织生态学强调的是市场环境自下而上选择的作用，顾客更青睐可复制性的组织所提供的产品和服务；新制度组织理论则强调制度环境自上而下选择的作用，并且企业在获得合法性时也能获得一致性和可信性的好处。总体而言，两种环境选择的客观结果是组织必然具有高的组织惰性。

三、路径依赖：组织惰性生成的内部强化机制

路径依赖理论最初用以解释技术变迁过程中的路径自我强化现象。David（1985）发现在技术变迁过程中，具有正反馈机制的随机非线性动态系统，一旦为某种偶然事件所影响，就会沿着一条固定的轨迹或路径一直演化下去，即使有更佳的替代方案，既定的路径也很难改变，形成一种"不可逆转的自我强化趋势"。随后，路径依赖理论被用于经济学领域，Arthur（1988）认为经济系统有可能由于自身前期历史的影响而选择一个不一定是最有效率的均衡，这个均衡一旦被选择，以后就会被不断地重复选择，形成一种"选择优势"，最终把系统锁定于这个劣等均衡。North（1990）指出在制度领域也同样存在路径依赖现象，认为"人们过去做出的选择决定了他们现在可能的选择"。North还认为，沿着既定的路径，经济和政治制度的变迁可能进入良性循环的轨道，迅速优化，也可能顺着原来的错误路径往下滑，弄得不好，它们还会被锁定在某种无效率的状态之下。后来，路径依赖理论逐渐向微观企业研究层面渗透。Arthur（1994）认为，企业的路径依赖是由大型设备或是沉没的固定成本、经验不断丰富导致的学习效应、外部因素产生（网络外部性引起）的协调效应、预期自我实现的特点所引发的适应性预期这四个要素引起的报酬递增所导致的。Teece等（1997）将企业路径依赖定义为一个企业以前的投资和它的制度库（它的历史）会制约它未来的行为。Woerdman（2004）将导致路径依赖产生的因素概括为高昂的转换成本、递增的报酬、网络外部性、学习效

应、适应性预期、正式的法律约束、非正式的文化约束、人们的主观理解、既得利益约束和解决问题的能力。Winter（2006）认为，企业中的路径依赖可定义为一个企业"继续做同样的事"的趋势，或者由于它们具有完成某特定任务的能力或知识，或者由于它们不能从它们的历史中摆脱出来。Maskell 和 Malmberg（2007）则指出企业路径依赖形成的必然性，认为战略在执行的过程中会受到以往惯例（路径）的影响，并且即使是通过智能的、自利的个体去实现有意识的知识创造，最终也会变得路径依赖，因为今天的惯例与昨天的学习惯例和知识有关。Klaus 和 Rindfleisch（2013）认为组织演化遵守一个独特路径，由组织最初的资源、竞争对手以及路径的布局所决定。他们认为路径依赖通常与"历史事件"联系在一起，而组织最初的资源结构以及对外部环境的适应性共同决定组织的"历史事件"，从而激发组织的自我强化的反馈过程。

此外，路径依赖理论认为，组织惰性是路径锁定的结果或表现形式，是一种不利于组织生存和发展的现象（Klaus 和 Rindfleisch，2013）。导致企业路径依赖的因素有外部环境因素和内部因素，且路径依赖本身则构成组织惰性生成的内部因素。Arthur（1994）认为一旦某一事件选择了某一路径，决策就会变得越来越狭隘，就不会考虑其他的备选方案等。Lamberg 和 Tikkanen（2006）、Sydow 等（2009）认为路径依赖将组织引入一个漏斗，逐步减少组织战略活动的空间，缩小组织在适应竞争环境过程中的选择的机会。其实，路径依赖理论解释组织惰性生成的预设理论前提是人的有限理性，认为决策者更倾向于以更"经济"的方式做出决策和采取行动。在该方面，组织行为理论和组织演化理论关于惯例的研究也曾做出有益的探索。Match 和 Simon（1958）将组织惰性的形成归结为有限理性的经济主体和在不确定条件下决策制定中所涉及的信息接收、存储、处理以及传输的相关成本。他们认为，由于认知的有限理性，企业决策者无法保证组织变化决策是否正确，惯例能够通过减少个别成员做出花费时间的复杂决定的需要来提高组织理性。通常情况下，为充分地利用现有资源并获得高稳定性，渐进学习或就近搜寻往往是最有效率的选择；而在适应环境的过程中，相对微小的改进建议显然更容易被采纳。Nelson 和 Winter（1982）则用组织惯例演化来解释路径依赖的过程，认为企业的演化实际上是被"惯例—适应"过程影响的企业所经历的一场变异、选择和保留的过程。惯例是一个企业内部所有规律性的和可以预言的企业行为方式，它构成预测企业未来行为的基础和行业持续性的来源（Feldman 和 Pentland，2003）。组织成员倾向于坚持众所周知的组织惯例而不是去寻求其他选择，当企业现有惯例不能成功预测组织行为的结果或不能产生适应变化了的环境的新惯例时，原有惯例便表现为组织惰性并影响组织的发展。

Schreyögg 和 Sydow（2011）则从流程视角对基于路径依赖的组织惰性生成过程进行探讨，他们将组织的路径依赖形成过程分为预形成、形成和锁定三个阶段。在预形成阶段，组织的行动范围很广泛，不能预测选择，但是选择会受到先前的事件和最初状态的影响。一旦做出决策或者采取行动，这个选择可能结果是一个"微小事件"，这通常在无意识的情况下引起了一个自我强化过程。进入自我强化过程的这一刻可被设想为一个"关键时刻"（Collier 和 Collier，1991），这一刻也就意味着预形成阶段的结束。在形成阶段，可能会建立一个主导的行动模式，同时替代模式面临很多问题，这些问题正在得到关注和认可，这使得整个过程越来越不可逆转。选择的范围变窄并且变成难以扭转的中心行动模式，即一个组织的演化路径。然而，在第二阶段的决策过程仍然因情况而定，它们是"非遍历的"，即它们不是偶然的也并非完全可预测的，行动可能还包括意想不到的发展。该阶段反映组织路径逐渐形成的过程，最初未知的逻辑刚好领导并支持一个特定决策或行动模式，并在一段时间内重塑这个模式。在锁定阶段，行动进一步被约束，最终导致组织锁定，即主导模式的固化并发展为具备准确性。该过程完全限制于一个路径，甚至该领域的新进入者的行动必须适应它；当面对更有效的替代或者系统环境的关键改变时，决策过程和已有的实践倾向于继续重塑，并且只有这个特定的结果。

但需要强调的是，路径依赖导致的组织（惯例）惰性并非排斥一切变化，而是排斥根本性的或非连续性的变化（如技术轨道的改变），这种组织惰性主要体现在管理认知惰性和组织学习"短视"两个方面。管理认知惰性导致企业战略决策者主动忽略环境中的变动信息，错误地理解信息的含义（Tucker 和 Edmondson，2003），限制企业战略变革的开展，成为企业动态适应环境变化的制约。组织学习"短视"是指受路径依赖的影响，组织具有"就近搜寻"或"边际搜寻"的特征，这样的组织更倾向于学习与已有知识相关的内容，极易发生对重大的知识创新视而不见的情况。Christensen（1997）也有过类似的研究结论，他曾指出企业经常存在创新者在破坏性创新面前无能为力的现象，企业在延续性创新方面管理得越是井井有条，在延续性创新中越有效，就越容易在破坏性创新面前失败。

四、组织惰性构成：资源惰性与惯例惰性

由于两类视角关于组织惰性成因的研究对组织惰性本质的理解存在根本分歧，以致对两类视角的整合研究异常艰难。Hannan 和 Freeman（1989）曾经从组织外部和内部两个方面分析了组织惰性的成因，发现进出市场的障碍、可用信息的外部抑制、社会的压力（责任或更好的成绩）是抑制组织形式变化的三个外部因素；而企业过去在某一领域的投资，设备、人员、信息沟通渠道对决策者的抑制作用，内部政策和组织历史，组织内部形成的程序与规范是对组织形式的稳定起关键作用的四个内生变量。不过，Hannan 和 Freeman 对此研究的背景是探讨组织惰性难以克服的原因，并且未对此展开深入研究，相反，他们关于环境决定论的观点影响更为深远。近年来，学术界更倾向于整合两种视角以剖析组织惰性的成因，并且取得了很大的进展。Schwardz（2012）明确指出组织惰性并非完全由环境所决定，也是管理者有意为之。他认为除自然选择以外，组织会根据环境变化首先界定什么是成功的结构变革，并在实施变革时通过建立结构惰性信念、制定结构惰性选择和验证结构惰性三个层次，有意识地增强结构惰性。他在整合结构惰性理论、组织变革理论和认知理论基础上构建了一个概念模型，并提出一系列命题用以解释当组织实施变革时组织内部流程有意识地提升结构惰性的路径。他认为实施变革的组织更可能趋于结构惰性；在组织变革期间，如果有意识的结构惰性与组织成员的思维模式相一致的话，它就更有可能发生；同样在变革期间，组织成员越多地过滤他们的行为和决策，保持有意识的结构惰性的动力就越大；同时，当组织成员有意识地、积极地建立影响有关未来状况的决策的知识结构时，组织变革期间的结构惰性是有意识的；变革期间的有意识的结构惰性与思维模式转变为社会规范的方式联系；此外，反射性的意识过程是应对变革的有意识的结构惰性的来源；组织成员对惰性选择和关联决策的认识越深刻，变革期间出现有意识的结构惰性的可能性越大。

另外，以资源基础观为基础产生的核心能力理论在整合两类视角组织惰性生成研究方面取得了更大的进展。但资源基础观并未直接研究组织惰性问题，而是在对战略性资源、核心能力和动态能力的研究过程中间接整

合相关研究成果。资源基础观学者 Wernerfelt（1984）较早提出企业内部具有异质性的资源是竞争优势的来源，随后资源基础观认为在企业控制的所有资产、技术、信息、知识等资源中，战略性资源才是持久竞争优势的来源（Barney，1989）。以此为基础，Prahalad 和 Hamel（1990）认为核心能力即战略性资源。然而，在核心能力理论提出后不久，Leonard-Barton（1992）指出核心能力在使企业形成竞争优势的同时，也会因"核心能力刚性"的存在而使企业在非连续变化的环境下失去竞争优势。核心能力刚性是当企业具备的核心能力与环境不相适应时所表现出很难改变的路径依赖特征。Leonard-Barton 认为，完全依赖于组织内部优势资源的企业在获取竞争优势的同时往往会使企业对基于核心能力的成功模式盲目迷信，以致可能会压抑不同的认知、限制企业异质性的技术创新、滤除企业外部的新知识，从而对环境的不连续变化失去感知能力。针对核心能力刚性问题，Teece 等（1997）在核心能力理论基础上，吸收了 Porter（1985）的产业环境分析理论，提出基于"位势（position）、路径（path）与流程（process）"的动态能力分析框架。在该框架中，"位势"指企业拥有的各类资产（如技术性资产、互补性资产、财务资产、名誉资产、结构性资产、制度性资产、市场资产）和组织边界等；"路径"指企业可采用的战略选择或企业是否存在递增收益和路径依赖，是企业在一系列历史事件基础上编码形成的规则或惯例；"流程"是指企业中做事的方式、组织惯例或组织实践模式与学习模式，包括整合、学习和重构三个过程。而且他提出的动态能力理论试图超越环境决定论（组织生态学和新制度组织理论等）和路径依赖理论对组织惰性负面作用的认知，转而强调基于独特资源和路径的独特优势。在这里，Teece 等将环境决定论所强调的结构性惰性因素（环境所认知和接受的各种资源，特别是战略性资源）称之为"位势"，将路径选择理论所强调的惯例性惰性称为"路径"（因资源禀赋不同而导致的不同组织实现高稳定性的独特路径），并且都被解读为组织竞争优势之源。然而，这样的界定并未解决核心能力刚性或组织惰性问题。不过 Teece 等也提出了解决路径，即具有动态性特征的组织和管理流程，认为企业可通过这些流程改变资源和能力的组合方式，进而克服惰性并获得持续竞争优势或实现持续成长。

总体来看，核心能力理论只是将"位势"和"路径"作为独特优势的来源，并未直接探讨两类优势与组织惰性的关联。直接在该方面做出贡献的是 Gilbert。Gilbert（2005）直接采用 Miller 和 Friesen（1980）、Tushman 和 Romanelli（1985）的概念，将组织惰性界定为组织在面对外部环境发生重大变化时没有能力进行内部变革。在此基础上，Gilbert 将组织惰性划分为资源惰性和惯例惰性，并对不同类型的组织惰性生成机理进行剖析。

　　资源惰性是指组织未能变革资源投资模式（Gilbert，2005）。造成资源惰性的原因有很多，其中最主要的是资源依赖和对在位企业再投资的激励。Pfeffer 和 Salancik（1978）认为，企业的外部资源提供者（包括资本市场和顾客市场）塑造并约束企业内部的战略选择。Noda 和 Bower（1996）认为，公共股票市场对企业业绩的要求会限制企业经营模式和产品架构的变革，强制其符合初始融资时的业务模式和产品架构定位。Christensen 和 Bower（1996）认为，顾客能够渗透到企业内部的资源配置体系，他们发现新兴技术初始的价格/性能特点，使企业仅在新兴的细分市场具有竞争力，但对企业的现有顾客无多大吸引力时，企业通常都不会将资源配置到这些技术之上。此外，Gilbert 和 Newberry（1982）发现，如果在进入新技术领域时受到了阻碍，在位企业有强烈的动机去再投资于其现有市场；Reinganum（1983）认为，如果在位企业增加对采用新技术的市场投资，有可能改变企业在现有市场的主宰地位，那么就会产生不进行该投资的战略动机。因此，不论约束是来自保存市场支配力的动机，还是来自由资源依赖所产生的盲区，都是很强的阻碍在位企业投资于非连续性变革的惰性力。

　　惯例惰性是指未能变革利用这些资源投资的组织流程（Gilbert，2005）。Gilbert 采用 Feldman 和 Pentland（2003）、Nelson 和 Winter（1982）的概念，认为惯例是指对有关联的活动的回应的重复模式，这些模式通过结构性嵌入和重复使用而得到强化。对于惯例惰性的成因，Teece 等（1997）指出与一种环境紧密结合的组织流程难以被变革，因为这些流程是自我强化的，并非旨在适应非连续性变革而建立；Benner 和 Tushman（2001）指出，改良过程可能会驱逐创新过程，导致企业难以发展新能力。Nelson 和 Winter（1992）也指出，尽管设计组织惯例的初始动机可以和执行惯例的人相分离，但在执行惯例中所形成的认知很难改变，以致决策者通常依赖已经习得的回应模式而不是去努力创新（March 和 Simon，1958）。

　　Gilbert（2005）划分两类组织惰性的前提是组织面临非连续变革的情境，也即需要组织内部采用与传统的技术轨迹非线性相关的路径来做出适应性变化的情境；分类的目的是阐释环境威胁下组织惰性非但没有弱化，反而进一步强化的原因；他的研究结论是环境威胁对资源惰性和惯例惰性的作用机理不同，在弱化资源惰性的同时却强化了惯例惰性。通过前面的分析，可以看出，Gilbert 的研究与 Teece 等的研究都是建立在对两类视角已有研究基础之上，资源惰性更多与环境压力相关，惯例惰性则与路径依赖密不可分。Gilbert 的贡献在于正面探讨了 Teece 等所回避的组织惰性问题，并打开了组织惰性构成的"黑箱"，尽管他并未对如何克服组织惰性进行系统的研究。

五、组织惰性生成的整合模型

本章整合组织生态学、新制度组织理论、路径依赖理论和资源基础观等不同学科视角的相关研究成果，提出组织惰性生成的整合模型，如图 3-2 所示。在该模型中，来自市场环境和制度环境的压力对组织提出可复制性和合法性要求，是导致组织惰性生成的外部因素；组织在适应环境过程中的路径依赖对组织认知和行为的限制，是导致组织惰性生成的内部因素。组织惰性生成是环境锁定和组织路径锁定共同作用的结果。受外部环境锁定和内部路径锁定的影响，组织惰性表现为资源惰性和惯例惰性两种形式。与环境变化相关，"双重锁定"下的组织惰性具有效率与非效率的"两面性"，并因此成为组织衰亡的主要原因。

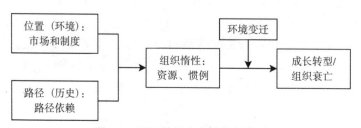

图 3-2　组织惰性生成的整合模型

1."双重锁定"与组织惰性生成

（1）环境锁定与资源惰性生成。环境从两个方向锁定组织的资源惰性。组织生态学关注的是自下而上的市场环境对组织的锁定，新制度组织理论则关注自上而下的制度环境对组织的锁定。由于市场和制度环境对组织的压力是一种宏观压力，并不针对单个组织，所以环境锁定的结果往往表现在组织的"形制同构"方面。所谓"形制同构"，在组织生态学视角下表现为在顾客对产品的可靠性和可解释性要求压力下形成的高度可复制的结构惰性；在新制度组织理论视角下表现为满足制度环境的一致性和可信性要求的组织方式和行为的趋同性。可见，"形制同构"的核心在于，组织内各类资源间的联结方式需符合环境所设定的各类"规制"或"标准"的要求，主要体现为组织结构和组织制度设计，以及资源投资模式需满足环境的预期和要求，也即更具有正式化和外形化的特征。

（2）路径锁定与惯例惰性生成。以路径演化为线索，路径依赖理论、组织演化理论和以资源基础观为基础产生的核心能力理论均将关注的焦点集中到具有路径依赖特征的组织惯例方面。Arthur（1994）发现，大型设备或是沉没的固定成本、经验不断丰富导致的学习效应、外部因素产生（网络外部性引起）的协调效应和预期自我实现的特点所引发的适应性预期是导致路径依赖的原因，强调组织自身发展的历史和独特路径对组织惰性生成的决定性作用；组织演化理论进一步指出组织惯例的自我强化特征会导致组织陷入惰性状态；以资源基础观为基础产生的核心能力理论在吸收路径依赖理论和组织演化理论的研究成果后，将组织惯例视为组织在适应环境过程中独特优势或核心能力的来源，但也有学者指出这种与众不同的路径恰恰是惯例惰性的根源。由此可见，受有限理性的个体或组织的认知和行为的影响，路径锁定的直接结果便是组织惯例的固化，也即惯例惰性的形成。

2. 组织惰性与组织成长

现有文献对组织惰性与组织成长关系的研究仍存在明显分歧。组织生态学者认为组织惰性有利于企业生存，是组织效率的来源；路径依赖理论则认为组织惰性是组织自我强化的结果，是组织衰退的根源。资源基础观和核心能力理论尝试构建基于战略性资源和独特核心能力的竞争优势，但并未能解答为什么战略性资源失效和核心能力刚性会最终导致组织衰败的问题。实际上，组织生态学和新制度组织理论探讨的是环境相对稳定前提下组织如何适应特定环境的问题；路径依赖理论探讨的是适应特定环境的组织在环境发生变化时如何适应新环境的问题。而且，上述分歧恰恰反映了不同的外部情境下组织惰性的两面性特征：在连续变化环境下，高水平的组织惰性是组织获得高效率的保证，是企业竞争优势的源泉（Hannan

和 Freeman，1989），企业按着既定的组织模式惰性运行便能获得稳定的收益；而在非连续变化环境下，既定组织模式便成为企业生存和发展的制约因素，组织惰性则成为导致组织衰败的主要根源（Tushman 等，1985；Christensen 和 Rosenbloom，1995）。

可见，短期内组织惰性是适应特定环境的组织效率的来源；但从长期来看组织惰性不利于组织的发展。所以，克服组织惰性便成为实现企业持续成长的必要条件。然而，组织惰性极难克服，一方面，因为组织惰性自身结构的复杂性，不同类型的组织惰性有着不同的形成机制，组织在克服某类惰性的因素的同时往往会强化另一类组织惰性（Gilbert，2005）；另一方面，受到环境与路径"双重锁定"的影响，企业在克服组织惰性的过程中经常面临着丧失外部合法性的可能和承担打破路径依赖的变革成果。而且，尤其值得注意的是，成功克服组织惰性并不必然意味着能够实现持续成长，因为组织的持续成长还需以新的合法性的建立及基于新的资源和惯例的竞争优势的形成为前提。

六、研究结论

针对组织惰性理论研究多视角并存所带来的研究混乱和停滞不前的状况，本章尝试整合组织生态学、新制度组织理论、路径依赖理论和资源基础观以及以此为基础产生的能力理论等主要学派的相关研究成果，构建了组织惰性生成与演化研究的系统分析框架。本章得出如下结论：

（1）组织惰性是环境与路径"双重锁定"的结果。通过对环境选择视角理论（包括组织生态学和新制度组织理论）和路径依赖理论的相关研究成果，本章发现两种理论视角分别探讨的是环境与路径对组织惰性生成的影响，而实际上，组织惰性是外部环境和企业自身路径共同作用的产物。

（2）组织惰性可划分为资源惰性和惯例惰性。资源基础观和在资源基础观基础上发展起来的能力理论并未直接探讨组织惰性及其生成问题，而是探讨如何避免组织惰性和形成竞争优势的问题，如核心能力理论整合环境选择视角和路径依赖理论的研究成果，认为企业的战略性资源和基于独特路径的核心能力是企业竞争优势之源，但该理论框架并未解决非连续变化环境下战略资源失效和核心刚性问题。为克服核心能力刚性，动态能力理论尝试用存在于组织与管理流程中的动态能力来实现平衡，既发挥战略性资源和独特核心能力的优势，又不至于被组织惰性所束缚。尽管学术界对动态能力是否存在或是否能够达到预期的效果存在疑问，但该理论基于位势的资源和基于路径的惯例却构成组织惰性研究的两个基本维度。以此为基础，Gilbert（2005）直接将组织惰性区分为资源惰性和惯例惰性两个维度，其中资源惰性更多地与环境压力相关，惯例惰性则与路径依赖密不可分。

（3）组织惰性具有相对性。组织惰性的首要特征是稳定性，组织生态学和新制度组织理论的研究都证明了组织惰性的这一核心特征，并认为这是组织得以生存的基本前提。但组织惰性的稳定性是相对的，它并不排斥变化，路径依赖理论的研究表明，组织惰性生成于路径锁定，但并不排除在特定路径上的改进、完善或自我强化。

（4）组织惰性和组织持续成长关系复杂。在连续变化（或相对稳定）环境下，组织惰性无疑有助于企业持续成长；在非连续变化（不稳定）环境下，组织惰性不利于企业持续成长。但在非连续变化环境下，克服组织惰性并不一定保证企业持续成长，根源在于组织原有合法性的丧失和新合法性是否能够及时得以确立，或者说还取决于企业克服组织惰性后能否及时构建适应新环境的新的组织模式。

第二节 弱化组织惰性的因素

一、引言

长期以来，组织变革被认为是企业主动适应环境变化的主要方式，但实践中的组织变革往往很难成功。随着研究的深入，组织惰性逐渐被认为是制约组织变革和企业持续成长的关键因素（Collinson 和 Wilson，2006；Cunha 等，2010）。然而，学术界对于组织惰性能否被克服一直存在两种竞争性观点（陈家声和郑仁伟，1997）：一种观点认为，组织惰性是组织管理不善的结果，但可通过改善管理加以克服，如 Pfeffer 和 Salancik（1978）认为组织能够主动根据外部环境的变化克服组织惰性，自行制定、选择适应未来的最佳决策，以确保组织未来能获得有利的生存空间；另一种观点认为，组织惰性是组织适应环境过程中产生的副产品，难以克服，如 Hannan 和 Freeman（1984）认为在激烈的市场竞争中存活下来的组织必须具有可靠性、可解释性和高度可复制性，这些特性是导致组织惰性难以克服的根本原因。组织变革的实践与组织理论研究现状相似，既有诸如 IBM、通用电气和松下电气等成功进行组织变革的典型，也有诸如柯达公司、诺基亚和摩托罗拉等曾经成功地进行组织变革但最终以失败告终的案例。此外，旨在克服组织惰性的研究也存在两种不同观点：一种观点认为由于组织仅凭自身的力量不能有效克服组织惰性，因此只能在自然演进中被动发生（Carroll，1984），新组织种群的出现不是原有组织变革的结果，而是偶然产生于新环境之中（Hannan 和 Freeman，1984）；另一种观点则认为组织惰性是可以管理的变量，如 Iansiti（1995）认为组织虽然存在结构惰性，但因应环境变化有时也能够主动变革。关于主动变革的观点又细分为两种：一种观点认为除非出现异常不好的绩效，否则企业更愿意保留其现有组织状态（March 和 Simon，1958）；另一种观点认为企业能够未雨绸缪，在危机没有发生之前就能够着手进行有效的组织变革（Drucker，1994）。

在组织变革已成为企业"常态"的今天，能否及如何在危机发生前主动克服组织惰性逐渐成为理论研究的热点。然而，回答这一问题需在两个方面进行理论突破：一是破解组织惰性的构成，二是找到弱化组织惰性的关键前因变量。近年来，有关组织惰性构成的研究已取得实质性进展，但在弱化组织惰性的前因变量方面的研究进展相对缓慢，不过组织学习和公司创业导向的作用逐渐引起关注。对于二者与组织惰性的关系现有研究存在很大分歧，有学者认为组织学习有利于增强企业对环境的感知能力，使组织成员抛弃陈旧的观念，进而有助于弱化组织惰性和实施组织变革（Argyris 和 Schön，1978），但也有学者指出组织学习可能会引起学习"近视"进而强化组织惰性（Levinthal 和 March，1993）。此外，对于公司创业导向和组织惰性的关系，有学者提出克服或避免组织惰性需以企业家精神在组织内的延续为前提（白景坤，2008）。再进一步，如果将公司创业导向和组织学习作为影响组织惰性的前因变量，那么二者的关系如何，对组织惰性的影响机理是什么？尽管现有研究已间接涉及公司创业导向和组织学习二者的关系（Zahra 等，1999）及其对组织惰性的影响，但尚缺乏深入探讨公司创业导向、组织学习和组织惰性三者关系机理的研究成果。基于此，本章以中兴通讯股份有限公司为案例，通过对该公司成立以来组织变革路径的纵贯考察与多时点比较分析，构建公司创业导向、组织学习和组织惰性关系的理论模型，进而深入剖析组织惰性的克服机制。

二、文献回顾与理论框架

1. 组织惰性的内涵及结构

组织生活中尽管始终充满惰性（Cyert 和 March，1963），但直到 Hannan 和 Freeman（1977）正式提出结构惰性的概念后，组织惰性研究才逐渐引起组织理论和战略管理学者的关注。所谓组织惰性，特指组织在外部环境发生重大变化时没有能力进行内部变革（Miller 和 Friesen，1980）。通常而言，在连续变化环境下组织惰性是企业竞争优势的源泉（Hannan 和 Freeman，1989），而在非连续变化环境下组织惰性则成为企业衰败的根源（Tushman 等，1985）。Gilbert（2005）根据成因将组织惰性分为资源惰性和惯例惰性，认为资源惰性是指企业中的人、财、物和信息等资源所形成的惰性，惯例惰性是指贯穿组织各部门之间并渗透于企业的决策模式、流程和文化中的惰性。与 Gilbert 的分类相似，陈立新（2008）将组织惰性分为结构性惰性和认知性惰性，认为结构性惰性是指由行业环境、组织结构、组织文化以及组织为实现特定战略目标而设定的奖惩制度等结构性要素所引发的惰性；认知性惰性是指由管理者特别是高管团队识别和解释外部事件并根据外部环境进行决策所涉及的认知性要素所导致的惰性。Godkin（2010）基于组织行为视角从社会心理层面将组织惰性划分为洞察力惰性和行动惰性，洞察力惰性是指管理者不能及时观察到和解释组织外部环境的变化，进而不能决策或调整组织行为以满足环境和市场变化需要的现象；行动惰性是指管理者尽管观察到了环境的变化，但对环境变化的回应速度过于缓慢，或者所收集的信息不足以产生有利于组织的行为或结果的现象。上述维度划分或基于成因，或基于战略认知与结构，或基于社会心理层面，缺少从组织整体层面基于组织惯例或能力视角的研究成果，而惯例或能力固化恰恰是组织惰性的表现形式（Nelson，1982；Leonard-barton，1992）。Zollo 和 Winter（2002）借鉴 Collins（1994）的能力层级理论将组织能力分为运营能力和动态能力，运营能力是指传统意义上的运营惯例，也即正式或非正式的运营规则和标准程序，涉及为产生当前收益而对已知的组织过程的执行；动态能力是指改变原有运营惯例或创造新惯例的规则和程序，也即通过改变现有的运营惯例以提高未来收益的高等级的组织惯例。基于此，本章拟以 Godkin（2010）的研究为基础，从组织整体层面将组织惰性划分为洞察力惰性和行动惰性两类。组织整体层面的洞察力惰性是指企业不能敏锐感知环境发生的变化，进而不能从根本上打破现有运营惯例和创造新的运营惯例以提高未来收益的惰性；组织整体层面的行动惰性是指企业不能对现有的运营惯例进行改进或完善以提高当前收益的惰性。

现有研究表明，组织惰性难以克服的主要原因在于其形成过程和内部结构的复杂性。Hannan 和 Freeman（1984）认为，在激烈的市场竞争中存活下来的组织必须具有可靠性和可解释性，这两种特性必须在一个高度可复制的结构内才会发生，而具备高度可复制能力的组织会产生高度的惰性，环境选择有利于那些结构惰性较高的组织，单个组织为求生存需向种群内部结构惰性强的成功者学习。组织惰性是构成组织整体的多层次复杂惯例形成的惯例体系固化的产物（Nelson，1982），根植于组织规模、复杂性及组织结构、系统、程序和流程的相互依存关系之中（Tushman 和 O'Reilly，1996）。除自然选择外，组织会根据环境变化首先界定什么是成功的结构变革，并在实施变革时通过建立结构惰性信念、制定结构惰性选择和验证结构惰性三个层次，进而有意识地增强结构惰性（Schwarz，2012）。可见，组织惰性形成过程与结构的复杂性，决定组织变革过程中如果只对其中某一层次或部分惯例进行改变并不能改变组织惰性的整体状态（芮明杰等，2005）；一种变革的调整可能会涉及诸多因素的调整，当多种调整同时发生时，组织整体可能存在危机甚至瓦解（Iansiti，1995）。

2. 组织惰性的影响因素

对于企业在危机发生之前能否主动避免或克服组织惰性的问题，公司创业导向和组织学习理论对此进行了有益探索。公司创业导向作为公司创业研究领域的核心概念，是指在公司内提倡创新、变革和风险承担的一种战略导向，是鼓励成员进行创新和变革的一种文化氛围和意识（Miller，1992），反映公司从事创业活动的强度或倾向，它不仅描述企业追逐新事业和应对环境变化的特定心智模式，还为分析企业整体精神氛围提供了理论框架（Rauch 等，2009）。Miller（1992）认为，鼓励公司进行全面反思的创业导向能有效解决为获得高绩效所需的必要承诺和过度承诺之间的差别所导致的组织失败问题；Burgelman（1994）对英特尔公司的研究发现，允许中层管理者质疑组织战略的非正式文化对于保持公司活力和创造力具有重要作用。薛红志和张玉利（2006）也强调鼓励自发创新行为的组织文化对克服组织惰性的重要性。Godkin 和 Allcorn（2008）认为，鼓励创新的企业文化有利于组织成员打破习惯的认知方式和心智模式，突破认知惰性束缚，使组织能够及时观察到环境的变化，通过预先准备或提前行动来决定和调整组织行为。

组织学习被认为是与克服组织惰性相关的另一个重要因素，但人们习惯于将组织学习能够有效克服组织惰性设为预设前提，很少去关注组织学习究竟是否或如何能够有效克服组织惰性的问题。近年来有学者开始关注组织学习对组织惰性的影响，但相关研究主要集中于理论探讨层面而且观点并不一致。多数研究强调组织学习对克服组织惰性的积极作用，如 Senge（1990）认为建立学习型组织能够有效克服组织惰性，主张组织成员通过共享价值观、新技术和新知识来寻求解决问题的新方法，实现持续的学习和超越；Zahra（1999）认为，通过组织学习所获得的有价值的、新的和独特的企业知识可用于发展新的能力和拓展已有能力；Lichtenthaler 等（2012）指出，组织学习有利于增强企业对环境的感知能力，使组织成员抛弃陈旧的观念，进而削弱组织惰性。近年来，越来越多的研究强调不同类型的组织学习对组织惰性的差异性影响，如 Cunha 等（2010）认为探索式学习可以对企业以往的经验和知识进行反思，对组织既有假设产生质疑，打破过去被证明成功但未必适用于现在的组织惯例，进而革新甚至建立全新的心智模式；林海芬和苏敬勤（2012）认为，探索式学习能够克服利用式学习造成的组织僵化。另外，Levinthal 和 March（1993）认为，利用式学习虽然能持续地优化和提升现有竞争优势，但同时也会导致"迷信学习"；Lewin 和 Volberda（1999）认为，在促使惯例演化的适应性学习过程中，新惯例的产生具有"就近搜寻"的特征，这就导致组织学习的路径依赖性，容易形成"学习陷阱"；Shimizu 和 Hitt（2004）也认为，利用式学习可能导致管理者过度自信，降低组织对外部环境变化的敏感性，使组织忽视一些重要的新信息。Valikangas（2007）甚至认为组织惰性和组织学习相结合会增加组织失败的可能性。

对于公司创业导向和组织学习的共同作用如何影响组织惰性的克服，多数学者认为克服组织惰性与公司创业导向和组织学习密切相关（Zahra

等，1999），因为它们能促进知识流动、传播和扩散以及组织能力的发展（Zahra 等，2012；Dess 等，2003）；Nason 等（2015）指出大型企业可以通过公司创业导向来开发组织内部的知识，探索外部市场的知识，从而产生新颖性、创新性的技术，进而改变组织不愿变化的倾向。此外，也有学者强调环境变动性对克服组织惰性的影响，Cyert 和 March（1963）认为环境变化导致的生存危机是企业克服组织惰性的关键动因，除非出现异常不好的绩效，否则企业更愿意保留其现有组织模式。Gilbert（2005）研究发现，企业对环境的威胁认知对不同类型的组织惰性会产生不同的影响。但总体而言，上述组织惰性相关研究多停留在理论推演层面，缺少实证数据支持。

3. 理论模型

本章理论构建的重点在于，揭示公司创业导向和组织学习作为影响组织惰性的两个重要前因变量，分别会对组织惰性维度及其整体状态产生何种影响，二者共同作用下对组织惰性的影响机理是什么？基于动态过程的视角，本章通过对中兴通讯 30 年发展历程的纵贯考察和多时点比较，探讨动态环境下公司创业导向和组织学习对组织惰性的影响机理，以期打开成熟期企业组织惰性克服机制的"黑箱"。本章构建的理论模型如图 3-3 所示。

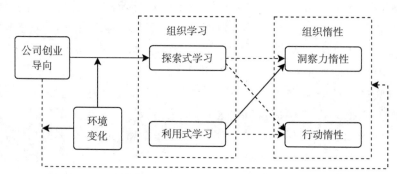

图 3-3　公司创业导向、组织学习和组织惰性关系的理论模型

注：——▶代表正向影响；----▶代表负向影响。

三、研究设计与案例介绍

1. 研究设计

采用案例研究方法进行组织惰性克服机制研究，主要出于与研究问题类型匹配（Yin，1994）的考虑。因为在目前关于组织惰性克服机制研究还很缺乏的情况下，通过典型企业案例研究可以在组织惰性的概念和结构界定的基础上，对"怎么样"和"为什么"的问题做出研究，以便回答本章所提出的核心问题。本章所选取的案例企业——中兴通讯股份有限公司（以下简称中兴通讯），已有 30 多年的发展历史，在香港和深圳两地上市，是目前中国最大的通信设备上市公司。中兴通讯作为案例研究对象符合 Eisenhardt（1989）所提倡的案例抽样原则：①根据理论抽样原则，要求所选取的案例应在其发展历程中能够充分体现要研究问题所包含的各变量之间的主要联系。中兴通讯股份有限公司自成立以来，注重创新、创业和组织学习，公司创业导向的文化氛围浓厚，在发展不同阶段均能克服或避免组织惰性的束缚，实现持续成长。②根据案例选取的典型性原则，所选取的案例要具有行业和企业代表性，以增强研究结论的普适性。通信业属于典型的环境变化快、市场竞争激烈的行业，并且中兴通讯在发展规模、速度和成长方式等方面在该行业中都具有代表性。③根据便利性原则，所选取的案例要满足案例资料的可获取性以及访谈和调研的便利性等要求，以获取充分、翔实的实证证据。本书作者对中兴通讯案例资料的积累已经持续 12 年时间，对该公司组织变革与发展的路径有较为全面而详尽的了解，并且本书作者与该公司有过很好的合作经历，对其进行访谈、调研都相对便利，这些都有助于确保研究的信度。

本章采用 Yin（1994）所倡议的"模式匹配"分析策略，将基于理论推导得出的模式与基于实证调查发现的模式进行匹配。如果两种模式相互一致，则认为案例研究的内在效度较为理想。根据 Yin（1994）提出的原则，本章所涉及的变量主要包括公司创业导向、组织学习和组织惰性，三者在概念内涵与外延方面并不复杂，因而以模式匹配的方法开展研究方便可行。本章的模式匹配策略如图 3-4 所示。

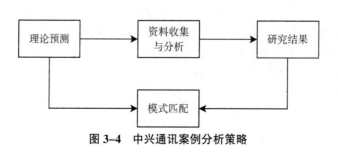

图3-4 中兴通讯案例分析策略

　　为进一步确保研究的效度与信度，本章使用 Miles 和 Huberman（1994）所描述的"三角验证法"，通过多途径收集不同来源的资料，包括文献资料、档案记录和访谈资料等。在搜寻文献资料过程中，分别以"中兴通讯"、"中兴公司"、"中兴"为关键词，以中国知网（cnki）数据库为主要来源，检索相关的期刊论文、硕博士论文、报纸以及会议论文等文献资料，按相同的关键词搜寻遗漏的文献资料，并按时间顺序将文献资料进行分类整理。对于档案记录，主要通过访问中兴通讯官方网站、通信行业协会网站，阅读与中兴通讯有关的书籍（如《中兴通讯成功之道》、《逆流而上：中兴通讯在行业冬天中的崛起》等）、公司内部期刊（如《中兴通讯技术》、《中兴通讯技术（简讯)》和《手机汇》)、行业统计报告以及搜索引擎搜寻中兴通讯的年度报告、产品介绍、高层讲话资料、历史上的战略规划、组织架构等有关公司内部的档案记录资料。本书作者还分别于 2014 年 5 月、12 月，2015 年 6 月对中兴通讯公司进行三次半结构化访谈，形式包括面对面、电话和邮件访谈，访谈对象包括公司的高层管理者（9人）和中层、基层管理人员（21人）。其中对高层管理者的访谈，主要是对中兴通讯在组织洞察力惰性方面通过公开数据难以获得的资料和存在矛盾的资料予以确认；对基层、中层管理者的访谈主要侧重于组织学习和组织行动惰性方面数据的收集与核实。

　　2. 案例介绍

　　中兴通讯目前是全球领先的综合通信解决方案提供商，旨在通过为全球 160 多个国家和地区的电信运营商和企业网客户提供创新技术与产品解决方案，让全世界用户享有语音、数据、多媒体、无线宽带等全方位沟通。中兴通讯成立于 1985 年，在香港和深圳两地上市，是中国最大的通信设备上市公司。2014 年，中兴通讯实现营业收入 814.7 亿元，净利润为26.3 亿元。

　　中兴通讯成立之初由于没有成熟的技术和产品，从来料加工业做起，后在时任总经理侯为贵的带领下转入程控交换机领域。1989 年，中兴通讯与国内高校合作并研制出具有自主产权的国产化第一台 ZX500 数字程控交换机，开创了国产程控交换机进入农话市场的先河。1993 年，中兴通讯在全国首创"国有民营"经营机制，从体制上解决了制约公司发展的深层次问题。20 世纪 90 年代中期，中兴通讯开始尝试转战移动通信领域，并在移动通信领域取得 PHS 业务和 CDMA 业务的巨大成功。2002 年以后，中兴通讯集中精力于移动通信技术研发和国际市场开拓。到 2010 年，中兴通讯在移动通信的 4G 技术（TD—LTE）已达到世界先进水平，并且基于海外低成本大规模网络建设的国际化战略在亚非等非主流市场上取得巨大成功。但由于经营环境变化等原因，中兴通讯 2010 年推出的"大国大T"战略遇到挫折，2012 年中兴通讯出现上市 15 年以来（1997 年在深圳和香港上市）的首次亏损，亏损额高达 28.41 亿元。经过短暂的调整后，中兴通讯借助互联网技术开启了自身的互联网模式转型的探索。2014 年，中兴通讯对企业架构进行重大调整：除了传统的通信设备板块外，以手机为主的消费终端、以 M—ICT 万物移动互联[①] 为核心的政企网被独立出来，形成三大业务板块。目前，中兴通讯已全面服务于全球主流运营商及企业网客户，智能终端发货量位居美国前四，并被誉为"智慧城市的标杆企业"。

四、案例分析

1. 公司创业导向与组织惰性

根据已有文献，本章将公司创业导向界定为企业追逐新事业和应对环境变化的特定心智模式，指企业在内部提倡创新、变革和风险承担的一种倾向（Rauch 等，2009），相关数据主要通过公司高管在各种正式场合的讲话、组织文化和访谈等收集。同时，将组织惰性界定为洞察力惰性和行动惰性两类，前者指企业不能敏锐感觉环境的重大变化，进而不能从根本上打破组织现有的运营惯例和创造新的运营惯例以提高未来收益的惰性；后者指不能对现有的运营惯例进行改进或完善以提高当前收益的惰性。通过对中兴通讯发展历程的分析发现，公司创业导向在克服组织惰性方面具有重要作用。

中兴通讯在成立之初，合资各方都没有成熟的产品和市场，只能从来料加工做起。在公司的来料加工业务取得成功后，组织洞察力惰性开始滋生，公司内部许多人开始满足于做来料加工以赚取稳定的加工费，他们看不到由于来料加工业务进入门槛低，随着越来越多的公司加入，市场利润

---

① M 指 Man-Man，Man-Machine，Machine-Machine 万物互联和 Mobile 移动化；ICT 指 IT 和 CT 的融合。

率将会越来越低，这势必会对公司发展产生不利影响。幸运的是，中兴通讯在创立之初形成的鼓励创新和创业的组织文化和主要创始人的创业精神有效地避免了这种组织惰性的不良影响。公司在维持来料加工业务的主导地位不变的同时，也开始尝试为企业谋划新出路。时任公司总经理的侯为贵认为，电信业已成为一个国家赖以实现现代化的基石和引擎，中国需要自己的通信设备制造商；他还发现以微机技术为基础的交换机代表通信技术当时的发展趋势。基于这样的认识，中兴通讯于 1986 年开始尝试从来料加工向程控交换机的研发与生产转型。当时转型遇到很大阻力，许多人认为通信业市场格局已定，中兴通讯很难介入；公司缺少交换机技术积累，而且自主研发成功率低，因此坚持继续做来料加工以获取稳定收益。甚至在 ZX-60 研制成功后，部分成员仍然坚持认为企业技术力量薄弱，即便研发取得成功也达不到国外先进水平，要求停止研发。对此，侯为贵反复强调通过自主创新进入程控交换机领域不仅是公司发展的需要，更是生存的需要，并多途径寻找合作创新的路径。1989 年，中兴通讯与国内高校合作并成功研制 ZX500A，该技术在全国农话市场掀起"农话改革热潮"。中兴通讯最终克服组织洞察力惰性并实现从来料加工向程控交换机业务转型。

中兴通讯在从程控交换机生产向移动通信领域转型，乃至在移动通信领域内的转型升级过程中，公司创业导向的作用同样不容忽视。20 世纪90 年代中期，国内企业在程控交换机技术研发和市场应用方面不断取得成功，国家扶持通信业发展的相关政策逐渐取消，通信行业的市场竞争变得日益激烈。而此时正值中兴通讯交换机业务发展的巅峰时期，1995 年的销售额突破 2 亿元大关，1998 年在 ZXJ10 研发和市场方面又取得成功。中兴通讯内部弥漫着一种骄傲情绪，很多人认为一种产品只要研发出来，几乎不愁市场；甚至认为多元化探索会因分散公司资源而增大失败风险，因此坚持深化和细化程控交换机研发。同时，机构臃肿、员工作风散漫等大企业病开始侵袭中兴通讯，组织效率有所下降，组织的行动惰性开始滋生。面对潜在环境变化，侯为贵当时曾指出如果中兴通讯仍然坚持传统交换与接入产品业务，尽管短期内公司不会有危险，但"冬天"必将来临。基于这样的认识，侯为贵在 1996 年提出公司要实现"三个转变"：产品结构突破单一交换设备，目标市场由农话向本地网和市话网拓展，由国内向国际市场拓展。正是在这种创业导向战略影响下，中兴通讯成功克服组织的洞察力惰性并于 2003 年在 CDMA 和 PHS（小灵通）业务方面取得巨大成功，实现由程控交换机业务向移动通信业务的转型。

　　然而，CDMA 和 PHS 业务的成功一定程度上增加了中兴通讯向移动通信 3G 技术转变的阻力。2003 年前后，国家为提高中国移动通信产业的国际竞争力，鼓励企业研发 3G 的 TD-SCDMA 技术。但中兴通讯的许多员工认为公司凭借类似于 PHS 业务的"差异化"产品经营模式就可以获得持续竞争优势，没有必要在 3G 主流市场上耗费精力。中兴通讯最终为这种洞察力惰性付出了代价，突出表现即为与竞争对手华为的差距进一步拉大。但由于中兴通讯一贯坚持创业导向，这种组织惰性很快得以纠正。侯为贵指出，中国市场足够大，足以支撑一个标准的发展，更何况政府给了100 多兆频谱的宝贵资源。在侯为贵的坚持下，中兴通讯最终在 3G 和 4G 技术领域实现突破并达到世界先进水平。

　　公司创业导向在中兴通讯克服对国内市场的过度依赖和实施国际化转型方面同样具有重要作用。中兴通讯尽管早在 20 世纪 90 年代中期就已开始国际化探索，但经营重心长期集中于国内，很长一段时间里并未真正重视国际市场。如 1995 年中兴通讯因沟通问题而中断开辟印度尼西亚市场的努力；1998 年中兴通讯获得巴基斯坦电信的交钥匙工程，这是当时中国通信制造企业在海外获得的最大通信工程项目，但中兴通讯仍然仅将海外市场当作订单的提供者，而非战略市场；中兴通讯内部甚至没有独立的国际业务部门。在 2002 年中兴通讯第一次公开明确其国际化战略后，由于当时中兴通讯的 CDMA 和 PHS 国内销售异常火爆，国际化虽然提到战略高度但仍然进展缓慢。2004 年中兴通讯的海外订单的执行率只有 30%，而该年度华为的海外订单执行率已达到 70%；2005 年华为海外销售额超过国内销售额，中兴通讯却因国内 CDMA 和 PHS 业务的萎缩以及海外市场后劲不足而陷入停滞。面对国内市场的萎缩和竞争对手华为在海外市场的成功，中兴通讯才真正开始实施国际化转型。中兴通讯通过"五一"、"十一"等公司重要会议① 不断强化国际化战略理念，最终在公司内部营造了浓烈的国际化氛围，形成了几乎所有中兴通讯员工都为提高国际化绩效而努力的局面。2007 年中兴通讯的海外收入首次超过国内收入，达到 58%。

　　此外，中兴通讯在程控交换机业务发展过程中从 ZX-60 不断升级到

---

① 中兴通讯每年的"五一"和"十一"期间都要召开全公司管理层的会议，分别称为"五一会议"与"十一会议"，以便对经营状况进行了解与反思。

ZXJ10，在移动通信业务发展中从 2G 技术不断升级到 3G 和 4G 技术，CDMA 和 PHS 业务模式的完善，为改进组织绩效而进行的体制和管理创新等，也都与公司创业导向的驱动作用密切相关。基于上述分析可以看出，公司创业导向不仅为增加中兴通讯的环境洞察力，为中兴通讯打破旧的组织惯例并最终建立新的惯例进而实现业务转型创造了条件，同时也为中兴通讯不断改进技术和完善业务模式进而提升组织绩效创造了条件。由此我们得到：

命题 3-1：公司创业导向能够增加组织的环境洞察力并促进业务转型，从而能够有效克服组织的洞察力惰性；公司创业导向还能不断改进技术和完善业务模式从而有效克服组织的行动惰性。

2. 组织学习与组织惰性

探索式学习是指企业探索新知识而不是更有效地利用旧知识的能力，具有更高的不确定性和不可预测性；利用式学习是指企业利用、整合和提炼企业现有的知识与经验，以拓展已有的能力、技术和范式，通常能够产生渐进性知识积累（March，1991）。中兴通讯始终是一个学习氛围非常浓厚的企业。公司明确要求员工将 15% 的工作时间用于学习，鼓励员工接受继续教育，经常开展跨部门的合作与交流，并积极向摩托罗拉、微软、英特尔和通用电气等企业学习先进的管理理念。在中兴通讯 30 多年的发展历程中，每次重大的组织变革背后都有一个较长时期的探索式学习的过程。在 1989 年正式向程控交换机业务转型之前，中兴通讯早在 1986 年就成立 8 人研发小组，并于 1987 年公司研制出中国第一台自主研发产品 ZX-60 程控空分交换机，这为中兴通讯克服来料加工阶段形成的组织洞察力惰性，实现向程控交换机业务转型奠定了基础。同样，中兴通讯于 2003 年获得 CDMA 和 PHS 业务的成功也与其长期探索式学习相关。在行业内很少有人看好 CDMA 业务前景的情况下，中兴通讯 1995 年便开始对该技术进行探索，1997 年又在上海、北京、西安、广州 4 个城市推出 CDMA 的试商用网络，并于 1999 年加大投入，这为中兴通讯最终克服程控交换技术时期所形成的组织洞察力惰性，实现向移动通信业务转型创造了条件。中兴通讯 PHS 业务的成功亦是如此。PHS 业务因技术含量较低，并不为大多数通信企业所重视，华为就是主动放弃该业务的代表性企业。但侯为贵隐约察觉到在 3G 技术短期内难以取得突破性进展的情况下，PHS 业务作为过渡性产品其背后隐藏的商机，所以中兴通讯并没有直接放弃 PHS 业务，而是抱着"试试看"的心理坚持研发。2002 年底，国家相关管制政策松动后，小灵通需求瞬间呈现爆炸性增长，许多竞争对手措手不及，中兴通讯则因前期的"低成本尝试"而迅速获得成功，成为约 40%的系统设备的供应商。另外，中兴通讯 2006 年能够迅速从国内市场的衰退中走出并成功实现国际化转型，也与其多年来尝试开拓海外市场这一探索式学习行为所积累的经验密不可分。中兴通讯在 20 世纪 90 年代中期便开始进行国际化探索，后来在国内市场萎缩的压力下有意识学习华为的国际化成功经验，如采取将资源和决策权放到国际市场一线，将国内市场骨干"赶"到海外市场去"挑大梁"等措施，最终改变过于依赖国内市场的不足并实现国际化转型。此外，探索式学习在改进和完善中兴通讯的技术和管理、提高效率方面也发挥重要作用。如中兴通讯在向程控交换机业务转型的过程中，在 ZX500 业务取得成功时，因体制不完善而导致的内部利润分配问题几乎导致公司陷入瘫痪状态[①]。为摆脱困境，侯为贵联合部分技术和管理人员集资创立民营科技企业——深圳市中兴维先通设备有限公司，并于 1993 年入股新成立的中兴新通讯设备有限公司，首创"国有民营"经营机制，从而为中兴通讯的持续成长奠定了制度基础。在新体制下中兴通讯当年成功研制出 ZXJ2000，局用数字交换机装机量居国内同行业厂家同类产品之首。由此，可以得到：

命题 3-2：探索式学习能够为企业寻找新的技术、产品和市场，有利于克服组织的洞察力惰性；同时探索式学习还能为提高企业效率寻找新的解决方案，有利于克服组织的行动惰性。

中兴通讯在每次完成重大的组织变革后，仍然能够持续地完善技术和提高管理效率，则与公司一贯重视利用式学习相关。在完成向程控交换技术转型后，中兴通讯能够不断实现程控交换技术，从 ZX-60 到 ZX500 和 ZX500A，再到 ZXJ2000 和 ZXJ10 的转变，正是持续利用式学习的结果。如在 ZXJ2000 热销时，公司员工沉浸于交换机业务的繁荣景象中，开始出现抵制变革、满足现状与反应迟缓等现象，结果导致竞争对手华为在万门交换机上超过中兴通讯。但中兴通讯通过加强利用式学习，很快成功开发

---

① 1992 年，中兴通讯实现利润近 2000 万元，虽然按事先约定的分配方案第一大股东 691 厂应分得较多利润，但面对巨额利润，其他股东要求重新分配并导致矛盾激化，公司经营因此一度陷入瘫痪状态。

出 ZXJ10 等新产品。类似地，中兴通讯在完成向移动通信业务转型后，也是通过利用式学习使 CDMA 和 PHS 业务在既定技术路径下不断实现技术突破和更新，并获得满意的市场绩效。尤其值得一提的是，中兴通讯在开发 PHS 业务这一探索式学习过程中所积累的成功经验，通过利用式学习逐渐发展为中兴通讯独特的"弯道超车"模式①。2014 年，中兴通讯在 5G 技术短期内不能有实质性进展的情况下，成功推出的"Pre-5G"业务，可以认为是对基于 PHS 业务的"弯道超车"模式的进一步完善和应用。在组织结构与过程对组织绩效产生不良影响时，中兴通讯能够通过利用式学习加以改进。中兴通讯在不同时期都存在不同程度的组织管理工作粗放问题并因此导致组织的行动惰性大量滋生。2012 年，一位曾在巴西和哥伦比亚为中兴通讯工作的员工说，总部对海外的监管过于放松，只要一个项目赚钱，其他亏钱都无所谓。海外代表处权力很大，私自签单、不向总部汇报的情况时有发生。有些代表处为提升本部销售业绩甚至"不惜一切代价拿单"，导致境外子公司净利大幅下降，给企业带来巨大损失。针对这些现象，2012 年下半年中兴通讯开始合并多个海外代表处，提高企业的执行力与办事效率，公司还加强了对海外人员考核和项目风险评估，注重风险的控制与有考核的放权等措施，这对公司摆脱危机起到积极作用。由此可见，持续的利用式学习能够不断优化组织原有的技术和管理路径，从而有利于克服组织的行动惰性。

然而，利用式学习在使企业提高管理效率和获得良好市场绩效的同时，基于利用式学习所积累的成功经验往往也是导致公司忽略环境变化和战略变革滞后的主要原因之一。有充分证据显示，中兴通讯发展的不同阶段都有利用式学习阻碍战略变革的案例。在向移动通信业务转型阶段，由于前期对主营的程控交换机业务投入过多，加之组织成员已习惯于业已证明成功的模式（特别是 ZXJ10 或 ZXJ2000 研发的成功），在真正的市场危机发生前他们很难改变这种固有的认知。类似情况在移动通信业务成长过程中也同样存在。随着 CDMA 和 PHS 业务的成功（2003 年 PHS 销售额占到中兴通讯年度总收入的将近一半），公司内部许多人认为无须在 3G 业务上与华为和西方企业进行激烈的竞争，只要充分发挥基于 PHS 业务的

① 所谓"弯道超车模式"，即在根本性的技术突破在短时间内不能发生的情况下，在技术与市场的中间地带捕捉并把握机会。

商业模式优势，开发出能够避开竞争的"差异化"产品，就可以获得竞争优势，这种错觉最终导致中兴通讯 2005 年销售额大幅下降。在中兴通讯发展历程中，利用式学习导致战略变革滞后的典型案例是在"大国大 T"战略框架下于 2012 年出现的"巨亏"事件。如果将中兴通讯 2006 年模仿华为的国际化战略的行为界定为探索式学习行为，那么 2007 年乃至以后（直至 2012 年出现巨亏）的国际化战略成功实施则是探索式学习后吸收与消化的结果，因而更具有利用式学习的特征。2010 年，中兴通讯为实现迅速赶超华为这一战略目标，利用其掌控的 4G 技术标准，同时改进和完善从华为学来的，并在亚非等非主流市场被证明是成功的国际化低成本扩张经验，制定出中兴通讯低成本国际化扩张的"大国大 T"战略①。该战略在 2011 年取得一定程度的成功，中兴通讯凭借 TD-LTE 技术的领先优势进入欧美市场，其 4G 手机在美国市场占据第四的位置。但由于市场竞争格局发生根本性的变化，市场利润已经非常低，中兴通讯采取的低价策略尽管承接了大量项目，但在财务上并未能获得预期的成功。加之免费互联网通信技术的冲击和公司内部管理成本的上升等原因，中兴通讯最终为其洞察力惰性付出沉重代价，2012 年出现上市 15 年来的首次亏损，亏损额高达 28.41 亿元。对于此次"巨亏"的原因，正如后来侯为贵总结指出，"如果太相信自己的经验，就会失去好的信息。企业和人一样，经验多了，如果跳不出来就可能走向反面"。由此，可以得到：

命题 3-3：利用式学习虽然能够促进企业改进与完善现有技术和管理路径，克服组织的行动惰性；同时也会因此而导致严重的路径依赖，强化组织的洞察力惰性。

3. 公司创业导向、组织学习与组织惰性

命题 3-1 和命题 3-2 分别解释了公司创业导向和组织学习对组织惰性的影响，但公司创业导向、组织学习和组织惰性三者的关系机理又是怎样的？通过案例分析发现，以侯为贵为代表的公司高管团队长期坚持鼓励创新和大胆尝试的经营管理理念，这种理念渗透在中兴通讯的组织文化中便体现为"每位员工要成为开拓者、创新者，只有不断地开拓创新，才能永葆企业的活力和兴旺"。公司创业导向的组织文化为中兴通讯的探索式学

---

① "大国大 T"战略的核心观点是，认为中兴通讯在国际化竞争过程中，如果抓住大公司和大国，就抓住了主流技术和市场。

习提供了驱动力。正是在公司创业导向的驱动下，中兴通讯形成了强大的探索式学习能力。如中兴通讯从来料加工业务向程控交换机业务转型的成功，得益于之前三年左右的对程控交换机技术的探索与积累；中兴通讯在CDMA 和 PHS 业务上之所以能取得巨大成功，也与始于 1995 年的对CDMA 和 PHS 技术的探索式学习密切相关；中兴通讯在 2006 年以后推行的国际化战略和 2010 年实施的"大国大 T"战略，都可以视为始于 20 世纪 90 年代中期的国际化探索的结果。中兴通讯在 2012 年"巨亏"之后为适应互联网时代要求而进行的探索，可看作是公司创业导向影响探索式学习的最新的典型事件。近年来，在免费互联网通信技术的冲击下，传统通信运营商普遍出现利润缩水和投资缩减的现象，这种现象的连锁反应是作为上游供应商的通信设备商利润下滑，中兴通讯的传统业务因此出现萎缩。面对挑战，侯为贵指出，"大家都说日子不好过，其实全行业利润一点都没有减少，只是全行业利润在转移，比如转移到三星、苹果这样的终端厂商以及谷歌之类的互联网企业"。他认为通信行业已呈现出颠覆式变革的迹象，要求公司必须克服传统、理性的常态思维。"无论是传统的电信业还是新兴的互联网，都在发生着翻天覆地的变化。这种情况下，如果固守电信业或许还能赢得一席之地，但如果固守传统的电信思维，那么未来可能会一败涂地"。所以，"没有夕阳的企业，只有夕阳的思维。唯有永续创新变革和不懈追求的企业，才有'逆生长'的可能，实现持续成功并超越平凡"。公司总裁史立荣也指出"面对环境的变化，我们必须加快转型，拥抱互联网思维"。正是在这种公司创业导向下，中兴通讯成立 CGO 创新实验室（重塑 cool 公司、技术上更 green、组织和心态上更 open），并开始新一轮的探索式学习。2012 年中兴通讯开发出独立手机品牌 Nubia，并将其定位于"互联网手机"；中兴通讯积极参与京东推出的 JDPhone 计划，与淘宝、eBay 等知名电商进行合作，探索互联网背景下新的营销模式；中兴通讯还探索 M-ICT（万物移动互联技术）和新能源汽车无线充电技术。目前，中兴通讯已成为全球领先的汽车无线充电厂商，对智慧城市建设进行的探索也取得可喜成绩。

　　中兴通讯的公司创业导向强化了探索式学习，并且中兴通讯不同时期在面临环境变化时能及时克服组织惰性和成功实现组织变革，几乎都是得益于公司通过探索式学习所积累的资源和能力。如 3G 技术开发，中兴通讯对 3G 技术的探索实际上在 CDMA 和 PHS 业务取得巨大成功之时就已经开始，这种由公司创业导向驱动的探索式学习，为公司在环境发生变化时能够及时克服洞察力惰性创造了条件；中兴通讯在国际化转型的过程中也是如此，公司自 1996 年起就已经开始国际化探索，并且在 1998 年获得了当时中国通信制造业企业在海外获得的最大工程项目——巴基斯坦电信交钥匙工程。尽管中兴通讯仅将海外市场当作订单的提供者而非战略市场，但这些探索式学习实践为中兴通讯最终突破市场洞察力惰性和完成国际化转型积累了经验。2012 年的"巨亏"之后，在明确的公司创业导向下所进行的互联网营销模式探索、M-ICT 技术开发以及与知名电商合作等探索式学习行为，为中兴通讯的互联网转型提供了必要的资源和能力积累。正是在此基础上，2014 年中兴通讯正式对企业架构进行重大变革，除了传统的通信设备板块之外，以手机为主的消费终端，以万物互联为核心的政企网被独立出来，形成三大业务板块共同支撑企业的新格局。当然，中兴通讯在公司创业导向下的很多探索性行为最终以失败告终，但正是这种探索式学习使公司增强了环境敏感性，他们所采取的是"先期跟踪、弹性投入"的原则，即在技术发展方向不确定的情况下，只进行少量的分期投资，通过一定程度的市场参与来跟踪潜在机会的走向，在机会逐渐明朗时全力投入（谭新生和张玉利，2005）。实际上，中兴通讯允许"先期跟踪"的组织氛围和"弹性投入"的大胆探索，为克服组织的洞察力惰性，进而完成组织变革起到不可替代的作用。由此可以得到：

命题 3-4：公司创业导向能够促进企业进行探索式学习，并且在公司创业导向克服组织洞察力惰性的过程中，探索式学习具有明显的中介作用。

公司创业导向能够推进利用式学习，促使企业更主动和高效地利用现有资源信息，加速企业知识的整合、复制、流动与传播（Wiklund 和 Shepherd，2003）。通过案例分析发现，利用式学习在公司创业导向和组织惰性的关系中发挥着重要作用。具体而言，在中兴通讯发展的不同历史时期，中兴通讯在每次重大组织变革取得初步成功后，公司在技术和管理方面都会呈现出一定程度的安于现状的倾向。如在向程控交换技术领域转型阶段，中兴通讯在取得 ZX500A 开发成功后，对于是否继续研发 ZXJ2000，以及后来是否对 ZXJ10 等更新换代产品进行开发，内部存在明显的行动惰性；成功变革初期由新产品所带来的超额收益也使得公司对改进管理以提高效率的诉求处于相对停滞状态。然而，公司创业导向能够为中兴通讯的利用式学习提供动力，并通过利用式学习促进公司在技术和管理方面的改进与完善。实际上，公司技术和管理的改进与完善过程本身，如对ZXJ2000 和 ZXJ10 技术的开发，对 CDMA 和 PHS 业务的完善和优化，对3G 技术和 4G 技术的研发，以及不同时期所采取的若干结构变革措施，都可看作是利用式学习的过程和结果，并且这些改进与完善本身即是克服组织的行动惰性的过程。

利用式学习在改进与完善现有技术和管理路径的同时，也极易使企业忽略环境发生的根本性变化，甚至因路径锁定而导致企业面临生存危机。这方面的一个典型事件就是中兴通讯在 2010 年推出的"大国大 T"战略从早期成功至后期失败的转变。如前所述，中兴通讯在以前的国际化实践中，从竞争对手华为那里学到并加以改进的低成本扩张的国际化模式，以及在亚非等非主流市场上的成功经验被证明为"最佳实践"。2010 年以来面对来自竞争对手华为的压力[①]，中兴通讯在公司创业导向驱动下开始的新一轮国际化探索，主要是对以前形成的国际化扩张的"最佳实践"加以改进和完善，并借助自身在全球 4G 技术标准领域的领先地位，大胆地制定和实施"大国大 T"战略。这一战略在 2011 年曾取得骄人的业绩，并且中兴通讯完善 4G 技术和国际化模式的利用式学习仍然在进行，但在2012 年却导致中兴通讯出现上市以来的首次亏损，且亏损额高达 28.41 亿元。究其原因，中兴通讯忽略了全球移动通信行业市场竞争环境的变化以及免费的互联网通信技术对整个行业的冲击。可见，在公司创业导向的作用下，加之积极的利用式学习的作用，中兴通讯的路径依赖现象被进一步强化，这在一定程度上不利于公司敏锐感知环境的根本性变化。由此我们得到：

命题 3-5：公司创业导向为利用式学习提供动力，公司创业导向能够通过利用式学习的中介作用强化对行动惰性的积极作用，但利用式学习会削弱公司创业导向对洞察力惰性的积极作用。

4. 环境变化与组织惰性

中兴通讯基于国际化扩张成功模式于 2010 年制定的"大国大 T"战略并未取得预期的绩效，但基于 PHS 业务的"弯道超车"模式于 2014 年推出的"Pre-5G"业务却取得成功。这说明组织惰性并不必然导致组织绩效下降或组织衰退，组织惰性对组织持续成长究竟会产生何种影响主要取决

---

① 2009 年中兴通讯的市场规模只占到华为的 1/3 左右。

于环境及其变化程度。一般而言，如果环境未发生根本性改变，公司在既定组织惯例下惰性运行即可获得稳定收益；只有在环境发生非连续变化时，组织惰性的不利影响才会产生（Tushman 等，1985）。中兴通讯的"大国大T"战略，可以认为是公司在其全球领先的 4G 技术范式下惰性地复制其在 2G 时期在国际化战略过程中积累的成功经验的结果。如果产业竞争格局没有发生根本性变化，或者没有免费互联网通信技术的冲击，"大国大T"战略的成功仍然可期。但事与愿违，市场竞争环境的变化以及互联网通信技术的冲击等原因最终导致中兴通讯 2012 年"巨亏"的发生。

在案例分析中发现的另一个有趣现象是，尽管中兴通讯有着优良的公司创业导向和组织学习传统，但往往只有在环境变化对组织生存的威胁已经发生时，企业才能真正能够有效克服组织惰性和进行适应性组织变革。如中兴通讯在向移动通信业务转型的过程中，尽管公司在 1996 年就提出突破单一产品结构的转型战略，但直到 1999 年公司的主要业务仍然集中在传统的固定电话领域。主要原因是这一时期正值公司在 ZXJ10 研发和市场方面都取得成功，危机在当时并未真正发生，甚至公司内还滋生出盲目自大、反对变革的骄傲情绪；与此同时，以机构臃肿、员工作风散漫等大企业病为特征的组织行动惰性开始侵袭中兴通讯。但最终促使中兴通讯向移动通信领域转型的关键因素是环境变化，这主要表现为程控交换机市场的迅速萎缩和竞争对手华为在移动通信领域的成功。1999 年中兴通讯的销售目标是 70 亿元，但只完成了 50 亿元；而同期华为因在万门交换机上的突破，销售额已做到 120 亿元，并且华为在新兴的移动领域也比中兴通讯行动得更为迅速。面对华为在移动通信领域的突破性进展，中兴通讯才开始对 GSM 进行积极探索，并在公司内部掀起一场规模宏大的管理与文化"整改运动"，最终促使中兴通讯克服了洞察力惰性和行动惰性，企业绩效得到提高。中兴通讯国际化转型成功也是因为 CDMA 和 PHS 业务国内市场的萎缩，以及同一时期竞争对手华为的国际化战略成功带来的压力。2005 年，华为获得英国电信 21CN 的优选供应商地位，得到国际顶级运营商的深度认可，这最终促成中兴通讯决定实施国际化战略转型。中兴通讯 2013 年的组织变革和重大结构调整（向互联网模式转型）也是发生在中兴通讯上市以来 2012 年史无前例的巨额亏损之后。

不仅如此，环境变化压力下中兴通讯的组织学习行为明显增加。在中兴通讯的公司创业导向中始终隐含着应对环境变化的"危机"或"忧患"

意识，这种意识在一定程度上构成了公司强化组织学习的动力。而在环境真正发生变化时，中兴通讯的组织学习行为又被进一步激发。如在国际化战略转型阶段，公司将大量的市场骨干派往国外进行市场开拓，这种探索式学习行为为公司战略转型提供了能力保障。在环境变化时，公司的利用式学习行为也明显增强。在中兴通讯发展的不同阶段均有环境压力下不断改进产品和技术、重新审视与完善组织结构和业务流程等行为。如中兴通讯在 2012 年的"巨亏"之后，开始合并多个海外代表处，提高企业的执行力与办事效率，公司还加强对海外人员考核和项目风险评估，注重风险的控制与有考核的放权等措施，这对公司摆脱危机起到积极作用，这些利用式学习对中兴通讯迅速摆脱困境发挥了重要作用。所以，环境变化后的绩效压力，迫使中兴通讯更加重视公司创业导向和组织学习的作用，也迫使中兴通讯对原有的成功经验进行反思。由此，可以得到：

命题 3-6：在高度变化环境下，公司创业导向对克服组织的洞察力惰性和行为惰性的积极作用明显增强，此时公司创业导向对探索式学习和利用式学习的积极影响也明显增强，探索式学习和利用式学习的中介作用仍然明显。

五、研究结论

1. 研究结论

通过对中兴通讯案例的纵贯考察和多时点比较研究，本章基于公司创业导向和组织学习的视角对组织惰性克服机制展开了深入研究。主要研究结论包括：

（1）公司创业导向是影响组织惰性的重要因素，能够有效克服组织的洞察力惰性和行动惰性。研究结果表明，公司创业导向能够在组织内营造一种创新、提前行动和风险承担的组织氛围，这对组织成员突破现有认知模式，敏锐感知环境变化，克服洞察力惰性以及改变僵化的行为方式具有积极意义。该研究结论与 Godkin 和 Allcorn（2008）、薛红志和张玉利（2006）关于创新导向的企业文化有利于突破认知惰性束缚的观点相一致。该结论也实证了创业精神能够有效克服组织惰性的相关理论命题（白景坤，2008）。此外，组织惰性是与组织柔性相对立的概念，公司创业导向克服组织惰性的过程同时也是提升组织柔性的过程，能够使组织及时洞察环境的变化，增强自身的变革更新能力，因而与焦豪和魏江等（2008）提出的公司创业导向能够提升企业的动态能力具有内在一致性。

（2）探索式学习和利用式学习是影响组织惰性的重要因素，但两种组织学习对组织的洞察力惰性和行动惰性的作用机制不同。探索式学习有利于产生或发现新技术、新产品、新机会或新的组织方式，因而有利于克服组织洞察力惰性，同时也能够激发组织对现有技术和管理路径进行改进与完善，从而对克服行动惰性也有积极作用。利用式学习有利于直接改进与完善企业的技术和管理路径，因而有利于克服组织的行动惰性；但利用式学习强调"埋头苦干"，所以可能会因路径依赖而导致路径锁定，最终强化组织的洞察力惰性。该结论实证了 Levinthal 和 March（1993）、Lewin 和 Volberda（1999）、Shimizu 和 Hitt（2004）所提出的适应性学习或利用式学习可能会导致学习路径依赖，容易形成"学习陷阱"的观点。在这里，关于利用式学习在弱化组织的行动惰性的同时会强化洞察力惰性的观点，是本章的创新之处。

此外，本章关于探索式学习和利用式学习对组织惰性作用机制的研究，在一定程度上拓展了 Gilbert（2005）关于组织惰性演化的研究。Gilbert 发现，在非连续变革情况下，企业对环境的威胁认知能够有效克服或减少资源惰性，但会增加惯例惰性。以此为基础，本章认为适应性学习或利用式学习是导致惯例固化的重要前因，而试误性学习或探索式学习则有利于克服组织的资源刚性。所以，该结论将 Gilbert 的研究向前推进一步，将组织惰性克服的实证研究扩展到了组织学习等前因变量方面。

（3）公司创业导向通过探索式学习的中介作用能够进一步强化对克服组织的洞察力惰性的积极作用，通过利用式学习的中介作用强化对克服组织行动惰性的积极作用；但利用式学习对组织洞察力惰性具有强化作用，这在一定程度上弱化了公司创业导向对克服组织惰性的积极作用。该结论回答了 Zahra 等（2006）所提出的创业精神对组织能力影响机理不清的问题。同时也实证了 Nason 等（2015）对创业精神、组织学习和组织惰性关系的理论推测，对三者的关系机理进行了深入剖析并得出新的见解。同时，本章关于利用式学习对组织的洞察力惰性强化作用的结论，解释了同样具有公司创业导向或组织学习能力的企业在克服组织惰性方面却产生不一样结果的原因。

（4）环境变化在公司创业导向和组织学习、组织惰性关系中具有调节作用。在高度变化的环境下，公司创业导向对组织学习的积极作用得到强化，公司创业导向对克服组织惰性的积极作用也得到强化。也就是说，尽管公司创业导向对组织学习和组织惰性克服都有影响，但当环境发生明显的变化时，上述关系更具有显著性。在中兴通讯发展历程中发生的诸如进入程控交换机领域、转战移动通信、实施国际化战略和迎接互联网技术挑战等，都是发生在环境发生明显变化之时，并且在这些重大变革之后的改进和完善也与竞争环境变化（特别是竞争对手华为的成功）相关。该结论在一定程度上印证了 Cyert 和 March（1963）等提出的观点。

2. 管理启示

中国在改革开放后成长起了诸如联想、海尔、华为和中兴通讯等一大批优秀的企业。经过 30 多年的发展，这些企业都已进入成熟期，也都不同程度地面临组织转型或"再创业"等艰巨任务。中兴通讯的成功经验对面临同样背景下的其他企业具有重要启示作用。

（1）营造公司创业的组织氛围。提倡公司创业导向，形成鼓励公司创新、创业和风险承担的组织氛围，能够增强组织对环境变化的适应能力。中兴通讯发展历程中的几次重大的组织变革，无论是进入程控交换机领域，还是转战移动通信开发 CDMA 和 PHS 业务，乃至于实施国际化战略和向互联网转型，得益于几乎在每次组织变革前都能进行至少 3 年的探索和尝试，而支撑企业探索和尝试的是公司创业导向的组织氛围。所以说，公司创业导向增强了中兴通讯的组织洞察力，并为其在环境变化时克服组织惰性和成功实施组织变革创造了条件。

（2）鼓励双元学习。通过中兴通讯的案例分析可知，不同类型的组织学习对组织惰性具有不同的影响机制。探索式学习尽管能够同时弱化不同类型的组织惰性和推动组织变革，但其更适用于非连续变化的环境。相对而言，成熟期企业更乐于从事渐进性、风险较低的利用式学习，因为利用式学习可以带来技术完善和管理效率的提高，这正是连续变化的环境下企业所追求的目标；但在非连续变化的环境下，利用式学习反而会增强组织的洞察力惰性，这不是企业所期望的结果。所以，企业可在公司创业导向所营造的有利情境中积极培养双元学习能力，在双元学习的平衡中，获得组织惰性导致的高效率，及时克服组织惰性，推动组织变革和实现企业的持续成长。

（3）选择恰当的组织变革时机。本章的研究还发现，环境变动在公司创业导向对组织学习和组织惰性的关系中均具有明显的调节作用。那么，在公司创业导向的企业中，当所面临的环境发生明显变化时，强化组织学习的作用，或者发动组织变革，显然更有利于克服组织惰性和提高组织变革成功的概率。由此还可进一步推论，在企业所面临的环境不确定性日益增加的情境下，增强组织成员对环境威胁的感知，显然更有利于增强组织柔性，避免组织惰性对企业持续发展产生不良影响。

第四章　作为情境的组织惰性

第一节　组织惰性、双元学习和创新绩效

一、引言

在不确定环境下，技术创新日益成为影响企业持续成长的重要因素，组织学习则被预设为提升企业创新绩效的有效方式。然而，学术界对企业在何种情境下如何进行组织学习更有利于提高创新绩效问题的研究并未取得共识。Argris 和 Schön（1978）将组织学习分为"单环学习"和"双环学习"，前者是指发现并纠正错误，使之与规定的标准运作规程趋于一致的学习；后者是指对个体或组织行为的正确与否进行反思的学习，强调不确定环境下"双环学习"对企业成长的积极意义。与此相类似，March（1991）将组织学习划分为探索式和利用式学习，认为探索式学习是以"搜寻、变异、冒险、试验、尝试、应变、发现、创新"等为特征的学习行为，利用式学习则是以"提炼、筛选、生产、效率、实施、执行"等为特征的学习行为。Levinthal 和 March（1993）发现，受探索式学习所固有的高风险特征的影响，过于强调探索式学习容易陷入"试验—失败—试验"的恶性循环；利用式学习倾向于挖掘和利用现有知识，而单纯强调利用式学习容易因"路径依赖"而陷入"成功陷阱"。既然如此，企业能否同时进行两种学习，即双元学习？早期研究认为双元学习很难发生，但后来的研究却发现企业能够同时探索新的知识和利用、精练旧的知识（Kang 和 Snell，2009）。

然而，现有对双元学习和创新绩效关系的研究存在明显分歧。有研究认为，双元学习会对企业绩效产生负向影响（Atuahene-Gima 和 Murray，2007）；也有研究认为，双元学习能为企业带来最佳创新效果（He 和 Wong，2004）。通常而言，研究结果存在分歧可能是由于主要变量的维度构成和测量方法、关系机理或考察情境等方面的差异所致。显然，现有研究对双元学习的测量存在明显差异，同时尤其缺少组织情境对双元学习与创新绩效关系影响的研究成果。至于后者，基于权变理论，双元学习的实施效果会受到组织情境因素的影响，其中，组织惰性是一个重要的情境变量，目前已引起学术界的关注。所谓组织惰性，是指企业在面临重大的外部变化时，没有能力实施组织内部的变革（Tushman 等，1985），反映的是企业维持自身发展状态稳定的内在要求（Hannan 和 Freeman，1984）。Ahuja 和 Katila（2001）研究发现，组织学习与组织惰性密切相关。那么，不同企业内组织惰性的程度差异是否会对双元学习与创新绩效的关系产生影响，以及产生何种类型和程度的影响？基于此，本章立足于组织层面，借鉴 He 和 Wong（2004）、王凤彬等（2012）关于双元的维度划分与测量方法，探讨双元学习的平衡和交互与企业创新绩效的关系以及组织惰性的调节作用。

二、文献回顾与研究假设

1. 双元学习与创新绩效

许多研究者发现，由于探索式学习与利用式学习间存在悖论，两种学习行为会竞争稀缺的组织资源，当更多的资源集中于一种学习时，就意味着留给另一种学习的资源减少，所以双元学习会对组织绩效产生消极影响（March，1991；Atuahene-Gima 和 Murray，2007）。不过，也有许多学者认为，维持适度的探索式学习与利用式学习的平衡是企业生存和繁荣的关键。Levinthal 和 March（1993）认为，企业既要通过探索式学习来开拓新技术和业务领域以保证未来收益，又要通过利用式学习深度挖掘现有的技术和业务领域以确保当前的收益。Tushman 和 O'Reilly（1996）认为，有能力进行双元学习的企业比那些以牺牲一类学习为条件而重视另一类学习的组织绩效更高。近年来，双元学习研究的重心逐渐转向前因方面，已有研究发现，基于冗余资源的过程管理、团队架构及高管团队的整合、战略联盟与外部关系以及公司创业导向和组织文化等都是促进双元学习的重要前因变量（白景坤等，2015）。双元学习的构成与测量研究也逐渐得到关注，最具代表性的是 He 和 Wong（2004）从调节匹配（fit as moderating）和平衡匹配（fit as matching）两个维度展开的研究，其为双元学习的测量提供了基本框架。以此为基础，Cao 和 Zhang（2009）将双元学习的构成维度设计为平衡和互补，此后相关研究多从这两个维度展开（焦豪，2011）。但到目前为止，学术界对双元学习与创新绩效关系的研究仍然存在分歧。

双元学习的平衡维度用来表示企业所进行的探索式学习和利用式学习的平衡程度与水平。现有文献对双元学习平衡与创新绩效的关系研究主要集中于不平衡和平衡两个方面。对于双元学习不平衡与企业创新绩效的关系，多数研究得出负相关的结论。对于双元学习平衡与企业创新绩效的关系，多数学者指出相较于不平衡而言，双元平衡有利于提高企业的创新水平或创新绩效（Kim 和 Huh，2015），增强企业的长期竞争优势（焦豪，2011）。在该方面，近年来开始有学者关注双元学习平衡的水平（高和低）对企业创新绩效的影响。比如，王凤彬等（2012）采用有机平衡观将双元学习界定为不平衡、低能平衡和高能平衡三种状态，发现双元平衡相较于不平衡而言对组织绩效有明显的提升作用，并且发现高能的双元平衡更有利于企业绩效的提高。杨学儒等（2011）研究发现，双元平衡与组织绩效显著正相关只有对成熟期的企业才成立，但对新创立企业而言并不成立。本章认为，对于存在资源冗余的企业而言（通常是处于成熟期的企业），探索式学习和利用式学习的平衡有利于控制经营风险，比不平衡更有利于创新绩效的提高，并且高水平的平衡比低水平的平衡更有利于创新绩效的提高。由此，提出以下假设：

H1：双元学习平衡与企业创新绩效正相关。

双元学习的交互维度用来表示企业的探索式学习和利用式学习相互补充、相互促进的程度。学术界对探索式学习和利用式学习关系的研究的重心经历了从排斥向互补的转换。近年来有越来越多学者关注二者的互补性，认为这两种学习之间存在回归和共同演化的关系（Zollo 和 Winter，2002）。具体而言，由于探索式学习的高成本性，决定企业的探索性活动需要利用性活动的支持，而对现有技术领域知识的学习与挖掘，可以促进企业更有效地探索全新的领域，从而实现企业技术创新水平的不断提升，所以认为对现有知识的挖掘和对新的互补知识的探索是共同发展的（朱朝晖，2008）。对于双元学习的交互和创新绩效的关系，Atuahene-Gima 和 Murray（2007）认为，双元学习的交互与企业的创新绩效负相关，但更多研究发现二者具有正相关关系。Colbert（2004）认为，探索式学习与利用式学习之间的相互作用所产生的复杂能力，能超越任何一种单独的创新活动为公司的竞争优势提供额外的来源。Fang 等（2010）指出，探索式学习与利用式学习的互补能提高企业对外部知识的吸收能力，对创新和绩效具有正向作用。Colombo 等（2015）指出，探索式学习与利用式学习的联合对企业创新绩效的效果要大于单一行为的效果。Wei 和 Guo（2014）的实证研究结果表明，探索式学习与利用式学习的交互作用对新产品开发绩效具有正向影响。本章研究认为探索式学习能够增加企业的知识存量，从而促进利用式学习与创新更好地发展，而利用式学习能为探索式学习与创新提供低成本的支撑，二者交互作用，共同促进企业创新绩效的提升。由此，提出以下假设：

H2：双元学习交互与企业创新绩效正相关。

2. 组织惰性及其调节效应

组织生态学者 Hannan 和 Freeman（1984）认为，在激烈的市场竞争中存活下来的组织必须具有可靠性和可解释性，这两种特性必须在一个高度可复制的结构内才会发生，而具备高度可复制能力的组织将会产生高度的结构惰性。他们认为，环境选择有利于那些结构惰性高的组织，并且单个组织为求生存需向组织种群内部结构惰性强的成功者学习。由此可见，机械式结构更具结构惰性特征。Tushman 和 O'Reilly（1996）认为，机械式结构中的权力集中化会降低组织结构的自主性，其严格的等级制度和标准化的程序及正式的沟通渠道都会限制组织内信息和知识的自由流动，不利于企业的探索与创新。Su 等（2011）研究发现，不同类型的组织结构对双元学习具有不同的影响，在机械式结构中，探索式学习与利用式学习互相替代；而在有机式结构中，探索式学习和利用式学习互相补充。他们还指出，探索式学习与利用式学习的相互作用在有机式结构中正向影响企业绩效，而在机械式结构中负向影响企业绩效。Derbyshire（2014）的研究也发现，在科技研发等相对柔性的部门中，探索式学习与利用式学习相互促进并且能够提高相关绩效；而在其他部门中，则经常出现某种特定学习方式被强化和另一种学习方式被弱化的现象。

组织认知惰性是指管理者因依赖以往成功经验而形成既定的思维模

式，以致不能察觉外部环境变化进而失去适应这些变化的能力的一种组织特性（Hodgkinson，1997），是组织惰性研究的重要方面。Tushman 等（1985）认为由于认知惰性的存在，企业往往意识不到外部环境的变化，甚至即使意识到外部环境变化对组织生存构成威胁时，组织仍可能坚持既定的战略方向并按照现有的组织模式运转而不做任何调整。Christensen 等（1996）认为，组织惰性会使企业将其资源投入到原有习惯的业务领域而不是新领域，进而造成探索式学习与利用式学习之间的张力，从而不利于双元学习的平衡。Levitt 和 March（1988）也指出，在充满惰性的组织中，组织成员会按照既定成习的政策方向、主导逻辑、心智模式及策略观念等行事，以确保将探索式学习所带来的不确定性降到最低。Gilbert（2005）通过对新闻报刊业务的分析指出，即使纸质报刊业务出现衰退，企业还是有排斥新颖的在线业务的倾向，主张在原有领域内不断地改进与提高。

由此可见，结构层面的组织惰性因更易于导致企业专注于某一种学习方式而不利于双元学习平衡的形成；而认知层面的组织惰性也会使企业倾向于选择具有路径依赖特征的利用式学习，排斥具有高不确定性和高风险性的探索式学习。尤其重要的是，组织惰性所固有的对环境变化的不敏感特性，会导致企业专注于原有业务领域的开拓而阻碍对新技术、新市场等方面的探索，造成探索式学习与利用式学习之间的张力，进而削弱双元平衡与交互效应的发挥。由此，提出以下假设：

H3a：双元学习平衡与创新绩效的关系受到组织惰性的负向调节，组织惰性高时，双元学习的平衡效应将减弱。

H3b：双元学习交互与创新绩效的关系受到组织惰性的负向调节，组织惰性高时，双元学习的交互效应将减弱。

基于以上研究假设，本章的理论框架如图 4-1 所示：

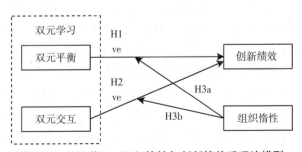

图4-1 双元学习、组织惰性与创新绩关系理论模型

三、研究设计

1. 样本与数据收集

为了获得真实有效且具有典型性与代表性的高新技术企业数据，本节的样本选择基于以下三个标准：第一，企业规模在 200 人以上；第二，成立时间在 3 年以上；第三，调研对象主要是辽宁、山东、河北和京津等环渤海地区的高新技术企业。本次问卷总共发放 600 份，问卷发放时间和回收时间分别为 2015 年 3 月初和 4 月底，历时两个月。回收问卷 234 份，剔除数据缺失、答案呈明显性及前后矛盾的问卷，最后有效问卷为 183 份，总体有效回收率为 30.50%。样本企业的规模在 200~500 人的占 25.13%，500~2000 人的占 42.62%，2000 人以上的占 32.25%；样本企业主要分布于高新技术行业，其中高技术服务行业占 24.58%、电子信息技术行业占 20.77%、生物工程医药占 46.45%，新能源行业占 8.20%。样本企业成立时间为 3~5 年的占 33.33%，5~10 年的占 33.88%，10 年以上的占 32.79%；被访问者设定为企业高管成员或在研发、战略等关键职能部门且具有 3 年以上管理经验的中层管理者，最终数据中两类管理者分别占样本量的 65.03% 和 34.97%。

2. 变量与测量

为确保测量的信度和效度，本节对变量的测量都采用国内外成熟的量表。对双元学习的测量主要参考 Atuahene-Gima 和 Murray（2007）所开发的量表，国内很多研究都借鉴了该度量体系，本节也采纳该量表，探索式学习与利用式学习各用 6 个题项来测量。在双元学习的平衡和交互维度测量方面，现有研究对交互维度的测量学界很少争议，均采用探索式学习与利用式学习乘积；但对平衡效应的测量始终存在分歧，如 Cao 和 Zhang（2009）基于 He 和 Wong（2004）的研究，用两种学习的差和绝对值（即 "$|x-y|$"）来测量平衡程度，但这种方法不能考察低水平的平衡状态与高水平的平衡状态对企业绩效影响的变化。对此，国内学者王凤彬等（2012）提出用 $1-|x-y|/(x+y)$ 来测量平衡效应的程度差异，该测量方法得到后来研究者的肯定（本节采用该方法测量双元学习的交互维度。对组织惰性的测量首先采纳 Godkin 和 Allcorn（2008）的研究建议，将组织惰性分为认知惰性、行动惰性与心理惰性三个维度，并采用 Huang 和 Lai

（2013）开发的 13 个题项的量表来对组织惰性进行测量。对创新绩效的测量，本节参考 Ritter 等（2003）开发的关于高新技术企业的创新绩效量表，用 6 个题项测量创新绩效。所有测量题项均采用五点李克特量表。此外，本节以公司规模、成立时间和所在行业作为控制变量。

由于问卷发放和回收时间间隔较短，所以不存在应答偏差问题。此外，由于在问卷调查时，所有问项均由同一填写者填写，因而有可能会出现同源偏差问题。对此，本节采用 Podsakoff 和 Organ 建议的统计方法进行样本数据检验，主要是运用 Harman 单因子检验方法对问卷所有条目一起做因子分析，在未旋转时得到的第一个主成分，反映了数据同源偏差的量。在本节中，问卷所有条目一起做因子分析，在未旋转时得到的第一个主成分，占到载荷量的 17.06%，不存在同源偏差问题。

3. 信度和效度检验

本节中探索性因子分析按照特征值大于 1，采用主成分分析法，探索式学习提取的一个因子解释了总方差的 50.74%，各测项的因子载荷均大于 0.60，6 个条目的 KMO 值为 0.80，Bartlett 的球形度检验近似卡方为 332.81（df = 15，p < 0.00），Cronbach'α 系数为 0.81；利用式学习提取的一个因子解释了总方差的 51.67%，测项的因子载荷最小为 0.57，其余均大于 0.70，6 个条目的 KMO 值为 0.81，Bartlett 的球形度检验近似卡方为 327.83（df = 15，p < 0.00），Cronbach'α 系数为 0.81。组织惰性提取了 3 个因子，经正交化旋转后，各条目的因子载荷最小为 0.67，其余均大于 0.70。提取的三个因子累计解释总方差的 69.68%，测项的 KMO 值为 0.79，Bartlett 的球形度检验近似卡方为 1247.24（df = 78，p < 0.00），Cronbach'α 系数为 0.71。创新绩效提取的一个因子解释了总方差的 53.80%，测项的因子载荷最小为 0.58，其余均大于 0.60，KMO 值为 0.79，Bartlett 的球形度检验近似卡方为 196.83（df = 15，p < 0.00），Cronbach'α 系数为 0.74。

四、实证分析

1. 相关分析

本节所涉及的主要变量的相关分析结果如表 4-1 所示。从表 4-1 中可以看出，自变量（探索式学习、利用式学习）与因变量（创新绩效）显著相关。本节采用层次式多元回归方法进行回归分析,逐步加入控制变量、自变量的层次回归模型进行数据分析。为了避免加入交互项而带来的多重共线性问题,本节按照惯常做法,分别对变量进行中心化处理,而后再计算交互项并代入回归方程中。

表 4-1 双元学习、组织惰性和创新绩效相关分析

变量	均值	标准差	1	2	3	4	5	6	7	8
岗位层级	1.50	0.76	1							
公司规模	2.10	1.13	0.14	1						
成立时间	2.87	1.01	0.10	0.57**	1					
所在行业	2.77	1.27	0.01	−0.04	0.12	1				
探索式学习	3.66	0.61	0.06	−0.16*	−0.20**	0.02	1			
利用式学习	2.05	0.69	−0.06	−0.00	0.07	0.05	−0.52**	1		
组织惰性	3.29	0.49	0.02	0.03	−0.05	0.12	−0.01	−0.06	1	
创新绩效	3.30	0.47	0.05	0.09	0.12	−0.10	−0.41**	0.49**	−0.06	1

注:***、** 和 * 分别表示在 0.001、0.01 和 0.05 水平(双侧)上显著相关。

2. 回归分析

表 4-2 是各变量和因变量(创新绩效)的层次回归分析结果,其中模型 1 是控制变量对因变量的回归模型;模型 2 和模型 3 分别是双元学习的平衡维度与交互维度对创新绩效的回归模型;模型 4 与模型 5 分别是加入调节变量的回归模型。通过模型 1~5 的 F 值可以看出,除模型 1(只有控制变量)外,各模型都具有显著性。

表 4-2 组织惰性调节作用的回归分析

变量	因变量				
	模型 1	模型 2	模型 3	模型 4	模型 5
职位级别	0.21	0.04	0.04	0.03	0.04
公司规模	0.01	0.02	0.00	0.02	0.00
成立时间	0.06	0.01	0.01	0.01	0.01
所在行业	−0.04	−0.03	−0.03	−0.03	−0.03
探索式学习			−0.16**		−0.16**

变量	因变量				
	模型 1	模型 2	模型 3	模型 4	模型 5
利用式学习			0.32***		0.31***
平衡效应		1.66***		1.60**	
交互效应			0.23***		0.23***
组织惰性				−0.05	−0.03
平衡×惰性				−1.44*	
交互×惰性					−0.20
R²	0.03	0.38	0.36	0.40	0.36
调整后的 R²	0.01	0.37	0.33	0.38	0.33
F	1.38	22.00***	13.94***	16.94***	10.87***

注：***、** 和 * 分别表示在 0.001、0.01 和 0.05 水平（双侧）上显著相关。

表 4-2 中，模型 2 是对假设 H1 的检验，从回归系数可见探索式学习和利用式学习的平衡与创新绩效显著正相关（β=1.66，$p<0.001$），因此 H1 得到验证。模型 3 是对假设 H2 的检验，从回归系数可见探索式学习和利用式学习的交互作用与创新绩效也是显著正相关（β=0.23，$p<0.001$），因此 H2 也得到验证。但此时我们注意到探索式学习与创新绩效的关系显著为负（β=-0.16，$p<0.01$），这似乎与实际不符。通过阅读大量文献，本节发现探索式学习与创新绩效存在着倒 U 形关系（Kim 和 Huh，2015）；由此，我们还对其二次项进行检验，回归结果显示二次项系数显著为负（β=-0.24，$p<0.001$），这还解释了模型 3 与模型 5 中探索式学习系数为负的原因（一次项只是衡量倒 U 形关系的右侧部分，而其之所以显著通过作散点图可以清晰看见样本数据大多分布在倒 U 形关系的右侧部分）。模型 4 是对假设 H3a 的检验，模型中双元学习平衡与创新绩效的关系受到组织惰性的负向调节（β=-1.44，$p<0.05$），因此 H3a 得到验证。模型 5 是对假设 H3b 的检验，模型中双元学习交互与创新绩效呈正向关系，但组织惰性的负向调节作用并没有通过统计学意义上的显著性检验。这可能是因为虽然组织惰性导致了两种学习方式的不平衡，但由于探索式学习与利用式学习具有交互作用，致使这种不平衡所引起的交互效应在组织惰性的调节下并没有发生显著的变化（$\Delta\beta$=0.00）。尽管如此，由于其回归系数仍为

负数（β=-0.20），因而仍具有一定的实践意义。

五、研究结论

本节不同于以往分别研究探索式学习和利用式学习与创新绩效的关系，重点探讨了探索式学习与利用式学习的平衡和交互维度与创新绩效的关系，并将这种研究置于组织惰性情境之中，剖析组织惰性对双元学习与创新绩效关系的调节作用。本节得出的研究结论与启示如下：

（1）双元学习的平衡维度对企业创新绩效具有正向促进作用。本节的研究不仅在中国情境下检验了相对于双元学习不平衡而言，双元学习平衡对创新绩效的积极作用，而且实证双元学习平衡水平的差异对创新绩效的影响，发现了高水平的平衡更有利于提高创新绩效这一事实，这是本节的重要创新之一。该结论对企业实践的指导意义在于，企业应积极推动双元学习并在两种学习方式间平衡地分配资源，充分发挥双元学习的平衡效应对企业创新成长具有重要作用。同时，双元学习的交互作用同样能显著促进企业的创新绩效，因此实践中企业应该充分发挥双元学习对企业创新成长的交互效应，而不应人为地将探索式和利用式两种学习方式割裂开来。

（2）研究结果表明，组织惰性在双元学习与创新绩效的关系中起到负向调节作用，但这种负向调节只在平衡维度与创新绩效关系中达到显著水平，而交互维度与创新绩效之间的负向调节作用没有得到验证。这说明组织惰性的存在确实使得组织往往有偏好于利用式学习的倾向，进而导致探索式学习与利用式学习之间的张力，阻碍了二者间的平衡。可见，组织惰性对双元学习的平衡效应影响较大，较高的组织惰性不利于组织双元性的构建；但同时也发现，双元学习的交互效应受组织惰性的影响较小。该结论的实践意义在于，对试图通过双元学习提高创新绩效的企业而言，需充分重视组织惰性的消极影响，应尽量避免或克服组织惰性以达到双元学习和创新成长的目的。

本节的样本主要来自学习和创新能力较强的高技术行业且集中于中国环渤海地区，未来可以进一步拓宽研究样本的地域和产业覆盖范围，以提高研究结论的普适性；样本主要选取处于成熟期的高技术企业，因而研究结论对初创企业是否具有适应性有待检验。本节研究所使用的样本数据是横截面数据，未来研究可以采用跨期时间序列数据来研究变量的因果关系。

第二节 结构惰性、公司创业导向和战略变革

一、引言

随着环境不确定性增加，公司创业和战略变革日益成为影响成熟期企业持续成长的重要因素（Worch 等，2012），近年来创业理论和战略管理理论呈现出融合态势（Yang，2015），公司创业导向和战略变革的关系逐渐引起学者的关注。通常的观点认为，公司创业导向作为成熟企业重要的战略导向必然会对企业战略变革产生重要的影响（Covin 和 Slevin，1989；Guth 和 Ginsberg，1990）。然而，通过对现有国内外相关文献的梳理发现，对公司创业与战略变革的关系有正相关（Salavou 和 Lioukas，2003；Tayauova，2011）和不相关（Green 等，2008；Li 等，2011）两种对立的观点。深入分析后发现主要由两个方面的原因导致：一是相关文献对战略变革的界定和测量存在分歧，二是忽略了组织情境对二者关系的作用。

企业所特有的组织结构不仅影响其对外部环境的认知，也决定了该企业回应环境的方式（Hall 和 Salas，1980）。高度正式化的组织结构具有内在的、保持稳定的、抵抗外来变化的惰性特征（Hannan 和 Freeman，1984）；相较而言，柔性的组织结构有利于企业对外部变化快速做出反应（Covin 和 Slevin，1989）。那么，组织结构作为重要的内部因素，是否会对公司创业导向与战略变革的关系产生影响？对此，本节在对现有相关研究成果进行梳理的基础上，构建公司创业导向、战略变革发生和结构惰性关系的概念模型，并以中国东北和华北地区的企业为调研对象进行实证检验。

二、文献回顾与研究假设

1. 公司创业导向与战略变革

Miller（1983）较早提出公司创业的概念，特指那些参与产品或市场

创新，愿意承担风险投资，通过创新的行为来击败竞争对手的企业。Covin 和 Slevin（1991）用创业战略姿态反映创业导向，指企业的总体竞争导向，包括在面对不确定性时采取风险性投资决策和战略行为的倾向，为在技术上领先于竞争对手而进行技术创新，并且采取超前的行为领先竞争对手的倾向。Lumpkin 和 Dess（1996）明确提出公司创业导向的概念，指能够引发新企业创建和新进入行为的过程、实践及其决策制定的过程。魏江和焦豪（2008）认为，公司创业导向不但描述了企业追逐新事业、应对环境变化的一种特定心智模式，而且也提供了一个分析企业总体精神氛围的有用框架。Ansoff（1965）将战略变革定义为企业对产品、市场领域的选择和对其组合的重新安排。Ginsberg（1988）将战略变革看作对产品与市场领域选择的定位指导以及对未来的决策和展望，并从"战略"和"变化"两个维度将战略变革分为四种不同类型。Van de Ven 和 Poole（1995）认为，战略变革是企业随着时间的推移在与外部环境契合的过程中，在组成、品质或者状态上的不同。芮明杰等（2005）认为，战略变革是企业与外部环境之间的匹配性在形式、质量与状态上随时间发生的特定变化。冯海龙（2010）认为，战略变革应该包含战略、变革及时间三个方面，通常表现为企业定位或观念在不同时间段以及在程度和模式两个层面的差异。

通常关于公司创业导向和战略变革关系的预设前提是，公司创业导向作为企业重要的战略导向会对企业战略变革产生重要的影响（Covin 和 Slevin，1989；Guth 和 Ginsberg，1990）。目前学界针对该命题的文献相对较少，并且存在明显分歧。有学者认为公司创业导向与战略变革正相关，代表性的有 Zahrat 和 Ireland（2000），他们认为，实施创业导向的国际企业为增加其自身的独特性会及时针对外界环境做出战略适应或是调整；Atuahene-Gima 和 Ko（2001）指出，公司创业导向程度越高，越倾向于对企业外部环境进行更为深入的扫描，从而促使企业更积极地面对外部环境所带来的挑战以及其所带来的风险，因此越有可能及时地对企业内部的资源与结构进行调整；Salavou 和 Lioukas（2003）通过对芬兰高技术企业的实证研究发现，公司创业导向的创新性、超前性以及风险承担性三个维度都会激发业务层面的战略变革；Tayauova（2011）发现国际创业导向与公司战略适应正相关。另外，也有少数学者指出公司创业导向与战略变革不相关，代表性的有 Green 等（2008）通过对 110 家制造企业的实证研究指出战略变革与公司创业导向不相关，认为企业战略变革意识、组织结构以及公司决策风格会对公司创业导向产生交互影响，如果组织结构与企业决策风格不匹配，企业即使有很强烈的战略变革动机，也无法实施公司创业导向；唯有实现组织结构与企业决策风格相互匹配，公司创业导向才与战略变革正相关。Li（2011）认为，企业战略变革尽管会受到公司创业导向的影响，但还与企业中资源的灵活性有关，如果资源的灵活性很低，即使企业实施很强的公司创业导向，但资源配置的速度和效率很难得到提升，战略变革也无法快速地实现。本节认为，之所以出现不一致的研究结果，一方面可能是因为对测量工具的选择不同所致，如没有区分公司创业导向整体及各维度对战略变革的影响，或者没有明确区分战略变革的发生和结果等；另一方面可能是因为忽视企业内外部的情景变量，在不同情境下公司创业导向可能会对战略变革产生不同影响。所以，从整体而言，公司创业导向内在要求企业以创新为核心，势必会打破企业当前资源配置方式，对企业经营业务数量和相应资源投入状况进行重新规划，进而提高企业凭借新的产品和服务把握市场机会的能力，帮助企业树立行业优势地位（Van Doorn 等，2013）。由此，提出研究假设：

H1：公司创业导向与战略变革正相关。

创新性作为公司创业导向的核心维度之一，体现在企业新思路的产生、新产品的开发、新工艺的研发等方面，反映了企业创造和把握新机会并主动与外部环境变化保持一致性的重要倾向（Lumpkin 和 Dess，1996）。创新性有利于构建企业内部创新的企业文化和创业氛围，鼓励企业进行技术创新，进而提高新产品和服务的研发能力，有助于打破企业当前战略对企业非常规发展的束缚（易朝辉，2010），该过程所导致的企业资源的重新整合、资源配置方式的显著改变、经营理念的调整都属于战略变革的范畴。由此，提出研究假设：

H1a：公司创业导向的创新性维度与战略变革正相关。

企业为获取竞争优势会对当前产品业务组合进行创新，企业内部资源组合的调整必然会带来较大的风险（Narver 等，2004）。风险承担性是指企业在识别和利用潜在市场机会、进行产品技术开发活动的过程中，对于其所伴随的风险的承受程度。若企业属于风险规避型，就会限制新产品的开发，以减少企业内部资源配置、经营业务状况改变所带来的风险，放弃潜在的市场机会；而具有高风险承担性的企业，更倾向于高风险和高回报

(Dess 和 Lumpkin，2005)，表现在进行决策和行动时乐于不断地投入资源来开发高风险和有可能带来高回报的新业务（胡望斌，2012），倾向于企业内部资源的重新配置，将企业资源更多地集中于能为企业带来高回报的产品业务组合，因而有利于企业在技术、业务或组织结构层面的战略变革。由此，提出研究假设：

H1b：公司创业导向的风险承担性维度与战略变革正相关。

超前性要求企业通常较竞争对手更早地创造、界定、发现和开拓新的市场机会（Miller，1983）。在企业外部环境发生改变时，具有超前性的企业往往是一个行业的领导者而不是追随者（Lumpkin 和 Dess，1996），它们会及时对外部环境进行扫描，最早察觉市场信号和顾客需求，并不断地对企业市场定位或业务范围等进行调整，先于竞争对手识别并把握市场机会，迅速开发新的产品和服务以获得市场的先入优势，进而增强企业的竞争优势（Hughes 和 Morgan，2007）。因此，本节提出以下假设：

H1c：公司创业导向的超前性维度与战略变革正相关。

2. 结构惰性的调节作用

组织生态学者 Hannan 和 Freeman（1984）将结构惰性定义为组织保持现存结构状态不变的特性，他们认为组织无法及时对环境变化做出回应，就是因为组织结构存在无法任意改变的、维持旧有形态的惰性。Levinthal 和 Myatt（1994）认为，随着组织不断发展，组织结构趋于正式化，日渐复杂的组织结构形成大量惯例，致使组织对外界环境的变化视而不见。白景坤（2014）研究认为，在制度化和正规化的基础上形成的组织惯例为组织提供了应对未来变化的具有可预测性和可重复性的结构，企业倾向于保留惰性而不愿变革。与这种结构不同，柔性的组织结构所带来的多向型沟通对组织变革具有明显的促进作用，且结构有机性往往能够发挥调节效应，进一步强化公司创业导向对创业效果的作用（王重鸣，2006）。Covin 和 Slevin（1989）指出，有机的组织结构促进创业导向转化为创业行为，使得组织可以对其他组织的竞争性行为快速做出反应。可见，在充满敌意的环境中，组织需要将公司创业导向和有机结构有效整合来实现高绩效。不过，Yener 等（2008）研究发现，尽管有机结构在小型家族企业里会对公司创业导向产生显著的正面影响，但机械结构对公司创业导向的负面影响并不显著。本节认为结论的差异可能与企业的环境等情境因素有关，不确定环境下任何存在危机感的企业都会积极主动地寻求适应环境变化，但机械式结构中更容易发生渐进式变革与创新行为，事实上该结论也并没有改变负向调节的方向。由此，提出以下假设：

H2：结构惰性负向调节公司创业导向与战略变革的关系。

创新性通常表现为企业内部创新性的企业文化或创业氛围，使企业更倾向于将资源分配到能为企业带来的高收益的创新和研发活动中。相较于僵化的组织结构，柔性的组织结构较灵活，具有高度的适应性，对组织创新以及创业精神的需求更为强烈，更具有开拓精神，能够根据需要迅速做出调整，对创业导向效果产生积极的影响（Zahra 等，2006）。可见，相较于柔性的组织结构，僵化的组织结构对于创新行为需求不足，会弱化组织创新精神对战略变革的积极影响。由此，本节提出以下假设：

H2a：结构惰性负向调节创新性与战略变革的关系。

风险承担性反映企业开展新产品研发活动以及把握潜在市场机会的过程中勇于承担其伴随的风险的行为倾向，是企业获取和保持竞争优势的必要条件（Narver 等，2004）。具有承担风险性的企业能够优先把握潜在的市场机会，并及时对现有产品和服务组合与定位进行重新定义，这些都能够帮助企业在激烈的竞争环境中占有优势地位（Porter，1985）。僵化的组织结构以效率为导向，具有根深蒂固的观念和知识体系，倾向于维持企业当前绩效水平的稳定性，会规避能为企业带来高风险的创业行为（陈建勋等，2011）。由此，本节提出以下假设：

H2b：结构惰性负向调节风险承担性与战略变革的关系。

超前性有利于对企业外部环境进行实时监测并能够优先识别并把握潜在的市场机会，率先满足市场需求进而成为行业的领导者。柔性的组织结构相对于僵化的组织机构固定的、纵向的知识与信息交流渠道，提高了企业处理信息的能力，使企业更易于快速地从外部环境中获取并利用技术等资源为创业活动的开展创造条件，从而帮助企业积极应对外部环境的变化（Kumar 等，2008）。因此，本节认为僵化的组织结构不利于组织信息处理能力的提升，阻碍组织及时识别和把握创业机会，继而影响组织战略变革活动的开展。由此，本节提出以下假设：

H2c：结构惰性负向调节超前性与战略变革的关系。

三、研究设计

1. 样本与数据收集

研究中所涉及的公司创业导向、结构惰性以及战略变革等数据无法从企业公开数据中获得，因此本节采用大样本问卷调查法进行相关数据搜集。问卷采取网上发放（以此为主）和到企业发放两种形式，由企业高管或对企业整体状况都比较熟悉的中层管理人员填写。本次调查自 2016 年 5 月初开始，7 月初结束，历时两个月。问卷发放范围包括中国华北和东北地区的主要城市。期间共发放 350 份问卷，实际收回 246 份，问卷的回收率为 70.3%。剔除了答卷信息不完整、填写信息前后矛盾、受访者工作年限少于 3 年的问卷，最终收回有效问卷 166 份，有效问卷的回收率为 67.5%。样本的描述性统计特征如表 4-3 所示。

表 4-3　样本描述性统计分析

	样本特征	样本数	百分比(%)		样本特征	样本数	百分比(%)
企业年龄	3~5 年	28	16.87	企业性质	国有企业	29	17.47
	6~10 年	28	16.87		民营企业	90	54.22
	11~25 年	74	44.57		外资企业	33	19.88
	25 年以上	36	21.69		合资企业	14	8.43
企业规模	50~200 人	47	28.31	受访者工作年限	3~5 年	35	21.09
	201~500 人	13	7.83		6~10 年	67	40.36
	500~1000 人	18	10.84		10 年以上	64	38.55
	1000 人以上	88	53.02	受访者岗位层次	高层管理者	121	72.89
					中层管理者	45	27.11

为了避免无应答偏差，本节将问卷按照回收的先后顺序分为两部分，其中第一阶段回收 53 份样本，第二阶段回收 113 份样本。本节将两阶段数据中公司创业导向、战略变革、结构惰性三个变量分别进行 t 检验，结果显示所有变量在前后两个阶段样本数据的总体均值并无显著差异，因此不存在无应答偏差。由于问卷设计基于主观评价指标，数据可能存在共同

方法差异，本节采用 Harman 单因子检测法对样本数据的共同方法变异程度进行检验，对该问卷中的所有题项进行了因子分析，在未对因子分析结果进行旋转的前提下，总共抽取 7 个因子，并且第一个因子的方差贡献率为 35.817%，不超过 50%，因此共同方法偏差不严重。此外，本节还对回归模型中的变量进行共线性分析，结果显示各回归模型中方差膨胀因子均小于 5，由此可知解释变量之间不存在多重共线性问题。

2. 变量测量

关于公司创业导向，Covin 和 Slevin（1989）认为，由 Miller（1983）提出的创新性、超前性和风险承担性可构成一个三维度的创业战略导向的构念，并在此基础上开发出一个量表来测量企业的创业战略姿态。该量表后来经过多次修订，成为学术界最常用的比较成熟的公司创业导向测量量表。国内学者胡望斌等（2014）、李雪灵等（2010）对公司创业导向的相关研究中均借鉴该量表，故本节也采用该量表。关于战略变革，冯海龙（2010）借鉴 Ginsberg（1988）关于四种战略变革操作性定义，认为战略变革应包含战略、变革及时间三个方面，将战略变革分为定位差异和观念差异两个维度，并开发出测度战略内容变革的量表。本节侧重将企业战略内容是否变化作为测量战略变革的标准，可从战略变革应包括观念差异和定位差异两个方面来测量。因此对于战略变革的测量主要参考了冯海龙（2010）提出的二维度量表。关于结构惰性，刘海建等（2009）借鉴 Reimann（1973）、Pugh（1968、1969）、Giogia 和 Thomas（1996）的研究，同时结合中国国情，将结构惰性划分为正式化、整合化、集权化、复杂化和制度化五个维度，其中前四个维度得到学界更广泛的认可（Hanks 等，1993；陈家声和郑仁伟，1997）。本节以该量表为基础，从正式化、整合化、集权化、复杂化四个维度来表征结构惰性。本节设计的所有量表均采用 likert 7 分法进行测度，要求企业中高层管理者评价本企业近 3 年在多大程度上表现出条目所描述的状态，其中 1 代表完全不符合，7 代表完全符合。

此外，企业规模不仅会影响组织产品创新（Ettlie 和 Rubenstein，1987），更会影响对企业内部现有资源的分配（施瑞龙，2010）。规模较大的企业一般会拥有更多的资源以及官僚体制，两者都会对其战略变革的实施产生影响。经营年限较长的企业可能会因为经营中的惰性思维、以往成功的经验等因素而对存在风险的创新活动进行规避（Zahra，1991）。企业的性质也可能对企业文化和企业变革产生影响。所以，为保证研究的有效性，本节选取企业规模、年龄和性质作为控制变量。

3. 信度和效度检验

对公司创业导向量表的探索性因子分析显示，代表样本充分水平的KMO检验值为0.887，系数大于0.7，超过了因子分析的样本限制条件，代表条目间相关程度的Bartlett检验值为637.155（p<0.001），说明各条目之间相互关联，适合提取公共因子。采用主成分分析法，分析出三个公共因子，根据以往理论分别命名为创新性、超前性和风险承担性，分别解释了变异量的28.057%、22.329%、19.320%，累计解释该量表的变异量为69.706%。所提取出的三个因子的信度系数分别为0.758、0.711、0.772，可见量表的信度高。对战略变革量表的探索性因子分析显示，代表样本充分水平的KMO检验值为0.945，系数大于0.7，超过了因子分析的样本限制条件，代表条目间相关程度的Bartlett检验值为2571.144（p<0.001），说明各条目之间相互关联，适合提取公共因子。采用主成分分析法，分析出两个公共因子，根据以往理论分别命名为定位差异和观念差异，分别解释了变异量的32.905%、31.197%，累计解释该量表的变异量为64.102%。所提取出的两个因子的信度系数分别为0.939、0.933，可见量表的信度高。对修订后的结构惰性量表的探索性因子分析结果显示，代表样本充分水平的KMO检验值为0.807，系数大于0.7，超过了因子分析的样本限制条件，代表条目间相关程度的Bartlett检验值为1406.086（p<0.001），说明各条目之间相互关联，适合提取公共因子。采用主成分分析法，分析出四个公共因子，根据以往理论分别命名为正式化、集权化、整合化、复杂化，分别解释了变异量的25.533%、23.525%、14.356%、12.559%，累计解释该量表的变异量为75.973%。所提取出的四个因子的信度系数分别为0.947、0.867、0.749、0.830，可见量表的信度高。

四、实证分析

本节运用SPSS19.0统计分析软件对大样本问卷调查所得数据进行描述性统计分析、相关性分析和回归分析，系统地剖析各变量之间的关系，从而检验假设。

1. 相关分析

如表 4-4 所示，控制变量中企业年限和企业性质与战略变革均不存在显著相关关系；但企业规模与战略变革的相关性已达到显著水平，说明其与战略变革关系密切。公司创业导向的三个维度与战略变革均显著相关，适合做回归分析。

表 4-4 公司创业导向、结构惰性和战略变革相关分析

变量	均值	标准差	1	2	3	4	5	6	7
1. 企业年龄	3.70	1.018	1						
2. 企业性质	2.19	0.823	−0.010	1					
3. 企业规模	3.75	1.535	0.507**	0.134	1				
4. 创新性	5.25	1.232	0.162*	0.110	0.256**	1			
5. 风险承担性	4.88	1.244	0.012	0.123	0.162*	0.578**	1		
6. 超前性	5.14	1.210	0.084	0.080	0.241**	0.707**	0.645**	1	
7. 结构惰性	5.08	0.725	0.231**	0.001	0.254**	0.136	0.164*	0.233**	1
8. 战略变革	4.92	1.032	0.036	0.076	0.239**	0.630**	0.545**	0.593**	0.175*

注：** 表示在 0.01 水平（双侧）上显著相关；* 表示在 0.05 水平（双侧）上显著相关。

2. 回归分析

本节运用多元线性回归方法分析对假设 1 进行检验，如表 4-5 所示，模型 1 仅把控制变量作为自变量，分析其与战略变革之间的关系；模型 2 在模型 1 的基础上，引入自变量公司创业导向，将公司创业导向作为解释变量分析其与战略变革的关系；模型 3 在模型 1 的基础上，引入公司创业导向的三个维度，分别探讨其与战略变革的关系。

表 4-5 公司创业导向及其维度对战略变革影响的回归分析

	模型 1	模型 2	模型 3
企业年龄	−0.111	−0.091	−0.105
企业性质	0.036	−0.020	−0.021
企业规模	0.290*	0.123	0.124
公司创业导向		0.656***	
创新性			0.376***

续表

	模型 1	模型 2	模型 3
风险承担性			0.194*
超前性			0.183*
F	3.950**	35.305***	24.001***
R^2	0.068	0.467	0.475
调整后的 R^2	0.051	0.454	0.455

注：*** 表示 $p<0.001$；** 表示 $p<0.01$；* 表示 $p<0.05$。

由表 4-5 可知，公司创业导向对战略变革的回归系数为 0.656，且 t 值的显著性水平为 0.000（$p<0.001$），表明公司创业导向与战略变革呈显著正相关关系，假设 H1 得到验证。模型 3 中，F 值为 24.001，显著水平小于 0.001，表明该模型的总体回归效果显著；创新性对战略变革的回归系数为 0.376，且 t 值的显著性水平为 0.000（$p<0.001$），表明创新性与战略变革具有显著的正相关关系，从而支持假设 H1a。风险承担性对战略变革的回归系数为 0.194，t 值的显著性水平为 0.013（$p<0.05$），表明风险承担性与战略变革是显著正相关的关系，进而假设 H1b 得到支持。超前性对战略变革的回归系数为 0.183，且 t 值的显著性水平为 0.043（$p<0.05$），支持假设 H1c 关于公司创业导向的超前性与战略变革显著正相关的猜测。

3. 结构惰性的调节效应分析

在相关性分析中，结构惰性与战略变革的相关系数为 0.175（$p<0.05$），说明结构惰性作为调节变量与因变量战略变革存在很强的相关性。本节采用偏相关分析法对公司创业导向、结构惰性及战略变革三个变量的关系进行分析，以考察三者之间相关关系的强弱程度，结果如表 4-6 所示。将结构惰性作为控制变量对公司创业导向与战略变革进行偏相关分析时，公司创业导向与战略变革的偏相关系数为 0.663，说明二者之间高度相关；将公司创业导向作为控制变量对结构惰性与战略变革进行偏相关分析时，结构惰性与战略变革的偏相关系数仅为 0.052，说明二者之间没有相关关系，以剔除结构惰性对战略变革的直接影响，这为结构惰性调节效应结果的可信性提供了保障。

表4-6 公司创业导向、结构惰性与战略变革的偏相关分析

控制变量			战略变革
结构惰性	公司创业导向	相关性	0.663
		显著（双侧）	0.000
		Df	163
公司创业导向	结构惰性	相关性	0.052
		显著（双侧）	0.507
		Df	163

为进一步检验组织结构惰性对创业导向和战略变革的调节效应，本节采用多元回归模型对其进行解释，其中模型1是控制变量对战略变革的回归模型，模型2、模型3是分别将公司创业导向及公司创业导向三维度与控制变量共同作为自变量对战略变革的回归模型。模型4、模型5是分别在模型2、模型3的基础上加入交互效应后的全效应回归模型，如表4-7所示。

表4-7 结构惰性调节作用的层级回归分析结果

	模型1	模型2	模型3	模型4	模型5
企业年龄	−0.112	−0.096	−0.113	−0.101	−0.126
企业性质	0.045	−0.018	−0.020	0.014	−0.007
企业规模	0.195**	0.118	0.117	0.116	0.111
公司创业导向		0.650***		0.557***	
创新性			0.382***		0.347***
风险承担性			0.191**		0.182*
超前性			0.172*		0.120
结构惰性		0.035	0.048	0.051	0.040
创业导向×结构惰性				−0.224***	
创新性×结构惰性					−0.083
风险承担性×结构惰性					0.080
超前性×结构惰性					−0.237*
F	3.950**	28.192***	20.608	27.565***	18.203***
R^2	0.068	0.468	0.477	0.510	0.540
调整后的 R^2	0.051	0.452	0.454	0.491	0.510

注：*** 表示 $p < 0.001$；** 表示 $p < 0.01$；* 表示 $p < 0.05$。

表4-7中模型4和模型5检验了结构惰性在公司创业导向和战略变革关系中的调节作用。模型4的结果显示结构惰性对公司创业导向整体变量与战略变革的关系具有显著负向调节作用（β=-0.224，p<0.001），假设H2得到验证。模型5的结果显示，结构惰性对公司创业导向不同维度与战略变革关系的调节作用不同。结构惰性对创新性、超前性与战略变革的关系均具有负向调节作用，但只有在超前性维度上具有显著性，所以假设H2c成立，假设H2a没有得到验证。结构惰性对风险承担性与战略变革关系调节作用为正且不显著，这与假设H2b不相符，因此假设H2b不成立。

五、研究结论

1. 结论

本节基于组织惰性视角，以中国华北和东北地区的166家企业为样本，对公司创业导向和战略变革的关系进行了探讨，得出以下研究结论：

首先，公司创业导向与战略变革显著正相关。无论将公司创业导向作为整体变量，还是通过创新性、风险承担性和超前性三个维度表征公司创业导向，均与战略变革显著正相关。也就是说，实施公司创业导向的企业通常具有积极创新、先于竞争对手应对市场或需求变化并勇于承担这一系列行为所带来的风险的特点，更容易形成浓厚的创新文化和创业氛围，鼓励企业对新技术和新市场进行探索，并对企业内部的资源、业务进行重新分配，而这些特性恰恰为企业对当前战略的变革提供了契机。该结论与Atuahene-Gima 和 Ko（2001）、Salavou 和 Lioukas（2003）以及 Tayauova（2011）的研究结论相互印证。同时，也在一定程度上指出现有研究存在分歧的原因，即公司创业导向能够促进战略变革行为的发生，但并不能保证战略变革实施结果是否必然取得成功。

其次，结构惰性作为重要的情境因素对公司创业导向和战略变革的关系存在显著负向调节作用。研究表明，在高结构惰性的企业中，公司创业导向和战略变革的正向关系被减弱；而在低结构惰性的企业中，公司创业导向和战略变革的关系有所增强。这说明结构惰性会抑制公司创业活动的结果对企业的作用，进而对战略变革产生不利的影响。同时研究还表明，结构惰性对公司创业导向三个维度和战略变革关系的调节作用不尽相同。组织结构惰性显著负向调节超前性维度与战略变革的关系，这与假设一致，主要是因为组织超前性建立在趋势未形成之前，落实到企业实践层面需要灵活的组织结构与之匹配，结构惰性明显抵制这种超前行为。另外，结构惰性对创新性与风险承担性和战略变革的关系并无显著阻抑作用，这与假设不符。可能是因为创新性和风险承担性的提出以相对可预测的事实为前提，从而增加了获得结构认可的可能性，可见僵化的组织结构并不会降低组织创新、勇于承担风险性对战略变革行为的积极影响，战略变革的发生仍然主要取决于组织创新精神的强弱程度。不过，从总体上看，在将公司创业导向作为整体变量时，结构惰性对二者的关系仍然具有显著负向调节作用。可能的原因是结构惰性对于公司创业导向的超前性的影响最为强烈，对其实施的效果具有显著抑制作用。

2. 管理启示

首先，处于竞争行业中的企业应积极提倡公司创业导向，通过公司创业搜寻、识别和把握市场机会，适时发动战略变革，以实现持续成长。研究结果表明，公司创业导向会积极促进战略变革的发生，所以当前企业应以公司创业导向作为重要的战略导向，营造一个创新、超前以及勇于承担风险的企业氛围，积极应对外部环境和市场的变化，为战略变革提供强有力的动机。由于公司创业导向的三个维度对于战略变革均具有显著影响，所以，当前企业无论从整体上增加公司创业导向的强度，还是根据企业的具体情况增加企业的创新性、风险承担性或超前性的强度，都有利于为企业实施战略变革塑造一个积极的环境。

其次，充分重视结构惰性对企业创新创业和战略变革的负面影响。尽管现有的结构惰性是企业现有业务效率的来源，但对于成熟期企业而言，这种效率之源也恰恰是抵制创新和变革的根源。本节表明，结构惰性会弱化公司创业导向对战略变革的影响，使企业不能及时把握外部环境变化，从而降低企业决策信息传递的速度和资源整合的效率。具体而言，企业可以通过增加组织的整合化程度，提升组织机构之间的协同作用以及组织整体的灵活性来降低组织结构过度正式化、机构设置冗余等僵化特征，从而达到降低结构惰性和避免其消极影响的目的。

3. 研究局限

研究局限主要体现在变量测量和样本的代表性方面。现有文献对结构惰性测量尽管已开发出客观量表和主观量表，但相对不成熟，缺乏学界较为一致认可的量表，本节只是部分借鉴国内学者刘海建（2009）针对中国企业开发的量表，其信度效度还需在后续研究中进一步检验。同时，本节的样本主要选取中国华北和东北地区主要城市的企业进行研究，在样本分布上无法代表我国其他地区企业的实际情况，且回收的有效调查问卷数量有限，这可能会影响本节研究结论的普适性，后续研究应拓宽调研的地域范围。在研究内容方面，由于结构惰性的研究仍具有很强的探索性，虽然本节发现结构惰性对公司创业导向和战略变革的关系具有负向调节作用，但是对于如何控制或削弱结构惰性，本节未做出深入的研究。此外，公司创业导向和战略变革之间可能存在环境动态性和高管团队特征等干扰因素，后续可针对这些因素对公司创业导向与战略变革关系的影响展开研究。

第三节　知识惰性、公司创业导向和双元创新

一、引言

在经济深度全球化和网络信息化背景下，企业环境不确定性日益增加，双元创新——通过利用式创新改进现有技术、拓展现有产品和服务以满足现有顾客需求，通过探索式创新开发新技术、拓展新市场以满足未来顾客需求——逐渐成为企业获得竞争优势的基本要求（Winter 和 Szulanski，2001）。然而，对于双元创新能否兼得的问题，学术界一直处于争论状态。有研究认为，探索式创新和利用式创新在思维方式和组织管理等方面完全不同，在同一企业内同时进行两种活动几乎不可能（March，1991）；也有研究发现，企业可通过组织结构或时间顺序上的安排使探索式创新和利用式创新同时存在、相互补充（Tushman 和 O'Reilly，1996；He 和 Wong，2004）。近年来，学术界争论的焦点逐渐集中于双元创新是否存在共同的前因变量方面，如国内学者焦豪（2011）通过实证研究发现，企业动态能力是能够同时促进探索式创新和利用式创新的重要前因变量。此外，公司创业导向与双元创新的关系研究逐渐引起学者的关注，如 Kollmann 和 Stockmann（2010）认为公司创业导向与双元创新显著相关，Atuahene-

Gima 和 Ko（2001）也认为公司创业导向作为一种战略导向是企业创新的重要推动力量。但现有文献关于二者关系实证研究的结论并不一致。实践中，公司创业导向型企业成功实施双元创新的案例很多，但最终以失败告终的案例也不鲜见。那么，公司创业导向究竟与双元创新关系如何？目前仍缺乏系统的实证研究成果。对此，Lumpkin 和 Dess（1996）建议，要更好地理解公司创业导向与结果变量之间的关系，需考虑情境因素的作用。

基于知识管理视角，创新可理解为企业知识交流、积累与创造的过程（Grant，1996）。然而，现有知识管理研究文献多侧重于企业为什么需要知识管理以及如何获益于知识管理，很少关注知识管理过程中可能存在的知识惰性问题。所谓知识惰性，是指在知识管理实践中企业往往会出现过分依赖现有知识资源和先前经验，并惯例性地采用现有流程知识来解决所遇到的各类问题的现象（Liao，2002）。在相对稳定的环境下，知识惰性是企业竞争优势的来源，但企业可能会因此而强化对现有知识的使用，甚至会抑制内部知识创新，阻碍新知识的有效转移（Zhou 和 Chen，2011）；而在动态环境下，这种因路径依赖而导致的知识锁定现象并不利于企业的变革与发展（王向阳等，2011）。那么，知识惰性是否会对公司创业导向与双元创新关系产生影响？目前缺少相关实证研究成果。本节在整合公司创业理论和组织双元理论相关研究成果的基础上，构建公司创业导向、知识惰性和双元创新关系的概念模型，考察公司创业导向不同维度与双元创新的关系及知识惰性可能发挥的作用，并以沈阳和大连地区处于成熟期的高技术企业为调查对象进行实证检验。

二、文献回顾与研究假设

1. 公司创业导向和双元创新

公司创业导向研究源起于对产品创新影响因素的分析（Miller 和 Friesen，1982），现已成为公司创业理论研究的核心构念，指公司创业活动中所采取的创新、冒险和率先行动等企业层面的精神（Lumpkin 和 Dess，1996），用以反映企业的战略取向或从事创业活动的强度或倾向（Covin 和 Slevin，1989）。March（1991）较早提出企业中存在"双元"（探索和利用）活动方式的差异，其中探索是指寻求新的可能性，涉及搜寻、冒险、实验、柔性、创新等内容；利用是指在现有基础上进行改进，涉及提炼、选择、生产、效率、执行等内容。Danneels（2002）将双元式活动引入创新领域，并根据创新程度和知识基础的不同将企业创新活动分为探索式创新和利用式创新两种。探索式创新被界定为企业不断探索新知识、研发新技术、开拓新业务以满足新的顾客和市场需求；利用式创新被界定为企业对现有产品进行渐进式改变，拓展现有产品市场，稳步改善企业运营以满足现有的顾客和市场需求（Wei 等，2011）。对于两种创新的关系，有学者认为由于探索式创新和利用式创新所需要的组织管理和思维方式存在本质差异，所以在特定企业中存在双元创新"悖论"（March，1991、2006）；但也有学者认为两种创新能够并存且互相补充（He 和 Wong，2004），并将同时具备两种创新能力的组织称为"双元组织"（Benner 和 Tushman，2003），认为双元创新是企业获得和保持持续竞争优势的关键因素（Jansen 等，2006）。

就公司创业导向和双元创新关系而言，学术界的基本共识是公司创业导向作为一种战略导向是实现双元创新的重要保障，是企业创新的重要推动力（Atuahene-Gima 和 Ko，2001），但对二者关系机理的认识仍存在分歧。如国内学者孙永风等（2007）发现，公司创业导向更加注重探索式创新并通过战略控制对其进行管理；公司创业导向虽与利用式创新没有直接关系，但可以通过财务控制方式鼓励企业利用式创新。李泓桥（2013）发现，公司创业导向的三个维度（创新性、超前性和风险承担性）对突破创新均存在正向影响。Dess 和 Lumpkin（2005）认为，公司创业导向及其构成维度对探索式创新和利用式创新有着显著但方向不同的影响；Kollmann 和 Stockmann（2010）认为，公司创业导向的不同维度对双元创新的影响方向相同，但影响的显著性程度有所差异。由此，可以推断公司创业导向的不同维度对双元创新可能存在不同影响。

首先，公司创业导向的创新性是指企业支持新观点、新思想、新经历和体验创造性流程的倾向，体现企业积极尝试从当前技术或实践脱离出来的愿望，是公司创业导向的核心维度（李雪灵等，2010）。创新性具有不断开发新产品以及在经营和服务中产生新想法的特点（Miller 和 Friesen，1982），能不断超越现有技术的当前状态，为企业进入新市场或者在现有市场中推广新产品提供强劲动力（Lumpkin 和 Dess，1996）。具有创新性的企业不仅驻留于利用现有优势，更会积极涉猎新机会，并促成企业创新出现（Menguc 和 Auh，2006）；不仅可以促进企业不断研发新技术、新产品，进行探索式创新，也有利于企业更新现有产品、拓宽现有市场，进行利用式创新（Cho 和 Pucik，2005；Kollmann 和 Stockmann，2010）。因此，本节提出如下假设：

H1a：公司创业导向的创新性与探索式创新正相关。

H1b：公司创业导向的创新性与利用式创新正相关。

其次，公司创业导向的超前性是指企业在预知未来的基础上先行采取行动的倾向，体现的是企业的前瞻性视野。采用超前性战略是企业快速学习新的游戏规则，利用最新的技术，持续开发新技术，积极参与全球市场竞争，不断改善企业的管理经验、管理能力和财务资源状况并适应新的制度环境的必然选择（Peng 和 Health，1996）。具有超前性的企业能提高对市场信号和顾客需求的识别能力（Hughes 和 Morgan，2007），更倾向于通过积极的市场研究，不断调整其产品或者市场定位，增强技术或组织系统的灵活性等，以先于竞争对手和顾客认知开发新的流程与技术、引入新的产品与服务（Slater 和 Narver，1995）。Lumpkin 和 Dess（1996）认为，超前性能促进企业在未来的竞争中引入新技术或改进产品，抓住新的机会，这与现有产品线的运营可能相关也可能不相关，其实质在于在战略性地避免产品陷入衰退的同时，还能探测消费者未来的需求趋势；Zahra 和 Covin（1995）也认为，超前行动的强烈意愿会促使企业通过"寻求与现有经营相关或不相关的机会，先于竞争对手引入新产品"。因此，本节提出如下假设：

H2a：公司创业导向的超前性与探索式创新正相关。

H2b：公司创业导向的超前性与利用式创新正相关。

最后，公司创业导向的风险承担性是指企业在追逐与把握潜在市场机会和进行新产品研发活动时愿意承担相应风险的倾向。具有较高风险承担倾向的企业更喜欢高风险和高回报（Dess 和 Lumpkin，2005），因而会倾向于探索式创新。相对而言，具有较低风险承担倾向的企业往往会认为快速决策阻碍对现有产品和技术的优劣势的分析，并且盲目行动还可能导致降低现有产品的可靠性（Cardinal，2001），因此会推迟进行探索式创新，推迟利用式活动，保守地应对环境变化（Hughes 和 Morgan，2007）。可见，风险承担性既保证了企业探索式创新中资源的可用性，也减少了以往创新过程中的路径依赖性，从而对两种创新会产生不同的影响。因此，本节提出如下假设：

H3a：公司创业导向的风险承担性与探索式创新正相关。

H3b：公司创业导向的风险承担性与利用式创新负相关。

2. 知识惰性的调节作用

知识惰性、组织惰性、能力惰性等概念的共同之处在于都关注企业在运营过程中保持稳定不变的特性，不同之处是知识惰性特指企业在知识管理过程中，在面对生产、运营与管理问题时，经常出现的过于依赖现有知识来源和先前经验，采用现有流程惯例性地解决当前问题的特性（Liao，2002；Liao 等，2008）。Sternberg（1985）认为，组织中高水平的问题解决方案产生于该组织过去经验中所掌握的知识及其在适应新形势过程中的拓展；如果这种解决问题的方案被证明有效，那么在重复执行时可能转化为惰性的规则或惯例，而且随着这种特定知识的不断应用，其惰性程度逐渐增强。Zhou 等（2011）将知识惰性界定为对特定知识的依赖性（倾向于认可并选择那些能为企业带来竞争优势和稳定经营收益的知识）、知识流动抗性（对存在于企业内部和外部环境中其他同类知识的排斥）和知识结构惰性（排斥新知识对企业现有知识结构的改变）三个方面；他们还通过案例研究发现，知识时效性、知识效用强化和知识选择机制中的沉没成本是导致知识惰性形成的主要因素。Liao（2002）在早期的理论探讨中将知识惰性划分为程序惰性（指解决问题时会使用过去例行解决问题的程序）、资讯惰性（指解决问题时会使用僵化的知识来源寻求知识）和经验惰性（指处理问题时会使用过去的经验来解决问题）三个维度，但在后来的实证研究中，Liao 等（2008）将知识惰性概括为学习惰性和经验惰性两个维度。

Lumpkin 和 Dess（1996）认为，公司创业导向与创新绩效等结果变量关系的研究应该考虑到组织和环境两类情境因素的作用，而 Liao（2002）认为在情境研究中企业知识管理的结构和流程及其惰性程度是应该重点考虑的因素。Grant（1996）认为，企业的知识管理结构和过程因关乎新知识的取舍与利用而不断被认为是不确定环境下影响企业创新方向和程度的重要因素，也有学者发现知识惰性可能会导致创造性思维和创新行为的缺乏（Fang 等，2011），抑制企业对新产品开发市场的学习（Adams 等，1998），甚至抑制内部知识创新，阻碍新知识的有效转移（Zhou 和 Chen，2011），促进或阻碍组织学习和解决问题的能力的提升。由于 Liao 等（2008）有关知识惰性的二维度划分得到了较多学者的实证支持，故本节也将知识惰性划分为学习惰性和经验惰性两个维度并提出相关假设。

首先，学习惰性是指企业运用固定的知识来源或常规流程来解决问题的倾向，表现为企业不重视其内部的新知识创造、新技术研发，也忽视从外部吸收、采纳新知识，削弱企业知识吸收能力。公司创业导向的创新性、风险承担性和超前性都会产生大量新知识（包括探索式知识和利用式知识），但在僵化的知识管理流程中这些新知识可能被排斥，而学习惰性尤其具有这样的特性（Liao 等，2008；Sharifirad，2010）。所以，尽管公司创业导向会导致企业知识结构发生改变并促进创新的发生，但学习惰性所具有的排斥任何改变的僵化特性，可能会对公司创业导向所带来的变化产生阻抑。因此，本节提出如下假设：

H4a：学习惰性对公司创业导向与探索式创新的关系有负向调节作用。

H4b：学习惰性对公司创业导向与利用式创新的关系有负向调节作用。

其次，经验惰性是指企业依照先前的经验和知识解决问题的知识管理特性。公司创业导向下产生的探索式知识以打破现有路径为前提，而这种知识往往与企业原有的知识管理经验相悖。Bierly 等（2007）发现，技术关联程度与探索式创新的知识运用负相关；相对而言，新产生的利用式知识更容易为企业现有的知识管理经验所接受（March，1991；Levinthal 和 March，1993），Dess 和 Lumpkin（2005）认为，利用式创新是基于过去活动的学习效应，过去使用的方法或产品使企业放弃冒险的选择。因此，在高经验惰性的企业中，公司创业导向可能会导致企业倾向于选择继续留用原有的知识，强化利用式创新的发生，减弱公司创业导向对探索式创新的影响。因此，本节提出如下假设：

H5a：经验惰性对公司创业导向与探索式创新的关系有负向调节作用。

H5b：经验惰性对公司创业导向与利用式创新的关系有正向调节作用。

基于以上假设，本节构建了知识惰性对公司创业导向与双元创新关系调节作用的关系模型，如图 4-2 所示。

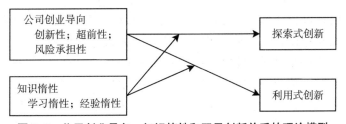

图 4-2 公司创业导向、知识惰性和双元创新关系的理论模型

三、研究设计

1. 研究样本与数据收集

本节之所以选择处于成熟期的高技术企业为研究对象，主要原因有两点：一是公司创业导向和知识惰性多发生于进入成熟期后的企业；二是高技术企业的市场竞争性强、创新要求高、创新成果相对集中。综合已有研究文献后，本节将处于成熟期的高技术企业界定为成立时间在 5 年以上的企业。研究样本从沈阳和大连地区处于成熟期的高技术企业中选取，以大样本问卷调查的形式收集研究所需数据。本节研究得到了沈阳和大连科技部门（科技局）的支持，为研究团队提供了两地区高技术企业的基础数据并协助完成调研活动。研究团队在两地的高技术服务业、电子与信息、生物工程医药、软件开发和光机电一体化等 8 个高技术领域中，随机选取了成立时间在 5 年以上的高技术行业中的各 300 家企业。

在两地科技部门协助下建立联系后，研究团队以电子邮件或派团队成员亲自上门的方式发放问卷，选取两种方式的依据是通过电话联系优先选择亲自上门发放问卷，在对方时间不允许或主动提出采取电子邮件方式时选择该方式，最后选择两种方式的问卷各占 50%左右。问卷由企业熟悉知识管理和技术创新工作的中层以上管理人员填写，每家企业选择 1 位管理人员，问卷填写完成后，由被调查者直接发送回指定邮箱或直接交给研究团队成员。在 2014 年 6~8 月，共发放问卷 520 份，回收问卷 289 份（回收率为 55.58%）。剔除明显回答不认真和不完整的无效问卷，最终确定有效样本 214 个，有效回收率为 41.15%。为了避免回收误差，本节从企业规模和年龄两方面对回收企业和未回收企业进行 t 检验，结果显示两类企业的基本特征在 0.01 水平上没有显著差异，说明未回收误差不会给研究带来威胁。

问卷调查过程中可能会存在共同方法偏差。为避免该类问题的发生，一方面，在问卷设计时将内容相近的题项分开放在不同的位置，本节试图通过题项顺序的恰当安排降低共同方法偏差；另一方面，采用 Harman 单因子检验方法，将所有题项放在一起进行未旋转的探索性因子分析，共提取出 7 个因子，这 7 个因子共解释总方差的 62.856%，其中第一个因子的总方差解释率为 23.714%，低于总方差解释率 30%的判定要求（Podsakoff

等，2003），所以不存在严重的共同方法偏差。

2. 变量与测量

关于公司创业导向的测量，Miller（1983）把创业研究的焦点从个体创业行为转移到企业层面的创业行为，并开发出首份测量公司创业导向的三维度量表。Lumpkin 和 Dess（1996）在 Miller（1983）三维构念的基础上，增加了自治性和竞争积极性两个维度，并开发出五维度量表。不同于 Miller（1983）的量表，Covin 和 Slevin（1986）将创业战略姿态概念划分为三个维度（包括创新性、风险承担性和超前性），并开发了新的测量量表，他们于 1989 年和 1991 年先后两次对该量表进行了改进。目前，Covin 和 Slevin（1991）开发的三维度 9 题项量表最成熟，国内关于公司创业导向的测量多采用该量表，本节也采用该量表。双元创新是包括探索式创新和利用式创新两个维度的组合概念。对双元创新的测量，本节主要参考 Jansen 等（2006）及 He 和 Wong（2004）的研究，分别用 7 个题项测量探索式创新和利用式创新。

对知识惰性的测量，Liao 等（2008）开发了包含学习惰性和经验惰性的二维量表，分别用 7 个题项代表学习惰性和经验惰性，Sharifirad（2010）、Fang 等（2011）和赵卫东等（2012）的实证研究都采用了该量表。但由于该量表在开发时并未对其适用层次进行明确界定，以致出现了在组织层面和个体层面都使用该量表进行实证研究的情况，研究团队在征求本领域 7 位专家的意见和对 27 位 EMBA 学员的预测试的基础上，对部分题项的用语进行了修改并形成正式的问卷，使之更适合于组织层面。

本节涉及的所有量表均采用 Likert 5 分法进行测度，要求企业高管评价本企业近 3 年在多大程度上表现出条目所描述的状态，其中 1 代表"非常不同意"，5 代表"非常同意"。本节还选取企业年龄、规模、所有制和行业类型等变量作为控制变量，以控制其对双元创新可能产生的影响。

3. 信度和效度检验

对公司创业导向量表的探索式因子分析显示，代表样本充分水平的 KMO 检验值为 0.779，系数大于 0.7，超过了因子分析的样本限制条件；代表条目间相对关联程度的 Bartlett 球形检验值为 641.666（p<0.001），说明各条目间相互关联，适合提取公共因子。采用主成分分析法，共析出 3 个公共因子，根据以往理论分别命名为创新性、超前性和风险承担性，分别解释了变异量的 23.133%、22.052%、20.567%，累计解释该量表的变异

量为 65.752%。所提取出的 3 个因子的信度系数分别为 0.674%、0.775% 和 0.746%，量表信度高。对探索式创新和利用式创新量表的探索性因子分析发现，KMO 检验值为 0.908，超过了因子分析的样本限制条件；Bartlett 球形检验值为 1395.446（p<0.001），适合提取公共因子。采用主成分分析法，共提出 2 个公共因子，根据以往理论分别命名为探索式创新和利用式创新，分别解释了变异量的 28.964%、27.314%，累计解释该量表的变异量为 56.28%。两因子的信度系数分别为 0.867% 和 0.866%，量表信度高。对修订后的知识惰性量表的探索性因子分析结果显示，KMO 检验值为 0.890，超过了因子分析的样本限制条件，说明样本充分；Bartlett 球形检验值为 1630.440（p<0.001），说明各条目间相互关联，适合提取公共因子。采用主成分分析法，共提出 2 个公共因子，根据以往理论分别命名为学习惰性和经验惰性，分别解释了变异量的 35.534%、24.037%，累计解释该量表的变异量为 59.571%。两因子的信度系数分别为 0.929% 和 0.819%，量表信度高。

四、实证分析

本节运用 SPSS 21.0 统计分析软件，对大样本问卷调查所得数据进行描述性统计分析、相关分析和回归分析，系统地剖析各个变量之间的关系，从而检验假设。

1. 描述性统计和相关分析

表 4-8 总结了各变量的均值、标准差和 Pearson 相关系数。表 4-8 中，公司创业导向的三个维度与双元创新的两个维度显著正相关。学习惰性与利用式创新存在显著的正相关关系，与探索式创新存在正相关关系但不显著；学习惰性与公司创业导向的三个维度相关性不显著。经验惰性与利用式创新和探索式创新存在显著的负相关关系；经验惰性与公司创业导向的三个维度存在负相关关系，但只与风险承担性关系显著。企业年龄、企业规模和所属行业与双元创新不存在显著相关关系；但企业所有制类型与探索式创新的相关性达到了显著水平，说明与探索式创新关系密切。

表4-8 公司创业导向、知识惰性和双元创新的相关性分析

变量	均值	标准差	1	2	3	4	5	6	7	8	9	10
1. 企业年龄	3.27	0.962	1									
2. 企业规模	2.93	1.170	−0.020	1								
3. 所有制类型	2.24	0.867	−0.092	0.024	1							
4. 所属行业	1.60	0.674	0.184**	0.011	0.049	1						
5. 创新性	3.73	0.822	−0.034	0.047	−0.089	0.135*	1					
6. 超前性	3.52	0.919	−0.053	0.063	−0.069	0.135*	0.378**	1				
7. 风险承担性	3.450	0.904	−0.032	0.033	−0.094	0.059	0.331**	0.572**	1			
8. 探索式创新	3.87	0.776	−0.062	−0.030	−0.151*	0.040	0.332**	0.494**	0.537**	1		
9. 利用式创新	3.93	0.732	−0.109	0.022	−0.073	0.072	0.731**	0.337**	0.380**	0.557**	1	
10. 学习惰性	2.94	1.075	0.036	−0.062	−0.070	−0.085	−0.026	0.013	0.103	0.108	0.181*	1
11. 经验惰性	3.40	0.716	−0.048	0.034	−0.068	−0.014	−0.064	−0.011	−0.132*	−0.171**	−0.264**	−0.137*

注：** 表示在0.01水平（双侧）上显著相关；* 表示在0.05水平（双侧）上显著相关。

2. 假设检验

本节采用回归分析方法对所提假设进行验证。为检验所提出的理论假设，本节在进行数据分析时采用了逐步加入控制变量、自变量、调节变量、自变量与调节变量的乘积项的回归模型。为避免加入乘积项后带来的多重共线性问题，本节先对连续自变量和调节变量进行中心化处理，然后再计算其交互项，并代入回归方程进行分析（Friedrich，1982）。回归分析结果如表4-9所示。模型1和模型5是控制变量对探索式创新和利用式创新的回归模型，模型2和模型6是控制变量和自变量（创新性、超前性和风险承担性）对探索式创新和利用式创新的主效应回归模型，模型3、模型4和模型7、模型8是加入交互效应后的全效应回归模型。

表4-9 知识惰性调节作用的回归分析

因变量	探索式创新				利用式创新			
	模型1	模型2	模型3	模型4	模型5	模型6	模型7	模型8
企业年龄	−0.072	−0.040	−0.024	−0.042	−0.136*	−0.081	−0.079	−0.093*
企业规模	0.021	0.000	0.006	−0.001	0.021	−0.015	−0.003	−0.016
所有制	−0.146	−0.093	−0.091	−0.104	−0.091	−0.005	0.003	−0.020

续表

因变量	探索式创新				利用式创新			
	模型1	模型2	模型3	模型4	模型5	模型6	模型7	模型8
行业类型	0.074	−0.017	−0.011	−0.017	0.101	−0.012	0.004	−0.002
创新性		0.116*	0.198	−0.039		0.683***	0.682***	0.164
超前性		0.243***	0.670**	0.289		−0.016	0.174	−0.073
风险承担性		0.351***	0.370	0.097		0.161**	0.190	0.133
学习惰性			0.850**				0.517*	
经验惰性				−0.436				−0.758**
学习惰性×创新性			−0.141				0.024	
学习惰性×超前性			−0.732*				−0.319	
学习惰性×风险承担性			−0.108				−0.124	
经验惰性×创新性				0.207				0.690*
经验惰性×超前性				−0.044				0.095
经验惰性×风险承担性				0.283				−0.002
F	1.921	17.750***	13.122***	12.066***	1.669	40.174***	29.813***	31.436***
R^2	0.034	0.363	0.403	0.383	0.029	0.563	0.605	0.618
调整后的 R^2	0.016	0.343	0.372	0.351	0.012	0.549	0.585	0.598

注：*** 表示在 0.001 水平上显著相关；** 表示在 0.01 水平上显著相关；* 表示在 0.05 水平上显著相关。

　　表 4-9 的模型 2 中，F 值为 17.750，显著水平小于 0.001，表明该模型的总体回归效果显著；公司创业导向的创新性（β=0.116；p<0.05）、超前性（β=0.243；p<0.001）和风险承担性（β=0.351；p<0.001）均与探索式创新显著正相关，从而证明假设 H1a、H2a、H3a 成立。模型 6 中，F 值为 40.174，显著水平小于 0.001，表明该模型的总体回归效果显著；公司创业导向的创新性（β=0.683；p<0.001）与利用式创新显著正相关，因此假设 H1b 成立；公司创业导向的超前性（β=−0.016；p>0.05）与利用式创新负相关但不显著，说明 H2b 不成立；公司创业导向的风险承担性（β=0.161；p<0.01）与利用式创新显著正相关，与风险承担性和利用式创新显著负相关的假设不符，因此假设 H3b 不成立。

　　表 4-9 的模型 3 和模型 4 分别检验了知识惰性的两个维度在"公司创

业导向—探索式创新"关系中的调节作用。模型 3 的结果显示，学习惰性对公司创业导向的三个维度与探索式创新的关系均具有负向调节作用，但只在超前性维度（β=−0.732；p<0.05）上具有显著性，因此，假设 H4a 得到验证。模型 4 的结果显示，经验惰性对公司创业导向的创新性维度和风险承担性维度与探索式创新的关系具有正向调节作用，与假设 H5a 不符；经验惰性对超前性维度与探索式创新的关系具有负向调节作用，与假设一致。假设 H5a 得到部分验证。

表 4-9 的模型 7 和模型 8 分别检验了知识惰性的两个维度在"公司创业导向—利用式创新"关系中的调节作用。模型 7 的结果显示，学习惰性对公司创业导向的超前性维度和风险承担性维度与利用式创新的关系具有负向调节作用，与假设 H4b 一致；但对创新性维度与利用式创新的关系却具有正向调节作用，这与假设不一致，因此假设 H4b 部分成立。模型 8 的结果显示，经验惰性对公司创业导向的创新性维度与利用式创新的关系具有显著的正向调节作用，对超前性维度与利用式创新的关系具有正向调节作用，与假设 H5b 一致；但对风险承担性维度与利用式创新的关系具有负向调节作用，与假设不一致，因此假设 H5b 得到部分验证。

通过表 4-9 中的模型 2 与模型 3、模型 4 的对比可以发现，模型 3 在引入学习惰性和公司创业导向的交互项后，方差解释力显著地从 36.3%增加到 40.3%；模型 4 在引入经验惰性和公司创业导向的交互项后，方差解释力也显著地从 36.3%增加到 38.3%。类似地，通过表 4-9 中的模型 6 与模型 7、模型 8 的对比可以发现，模型 7 在引入学习惰性和公司创业导向的交互项后，方差解释力显著地从 56.3%增加到 60.5%；模型 8 在引入经验惰性和公司创业导向的交互项后，方差解释力也显著地从 56.3%增加到 61.8%。

为了进一步显示知识惰性对公司创业导向和双元创新关系的调节作用，本节以学习惰性对公司创业导向的超前性维度与探索式创新关系的调节作用、经验惰性对公司创业导向的创新性维度与利用式创新关系的调节作用为例，采用简单回归分析法对变量关系进行分析，并通过坐标的形式表示出来，如图 4--3 和图 4--4 所示。具体做法是首先将样本数据按照高于学习惰性（经验惰性）均值和低于学习惰性（经验惰性）均值分为两组，然后对两组子样本数据分别进行回归分析。图 4-3 表示学习惰性对超前性维度与探索式创新关系具有负向调节作用，其中在学习惰性高的组中

超前性的回归系数 β 值为 0.320（p<0.01）；在学习惰性低的组中超前性的回归系数 β 值为 0.560（p<0.01）。这说明在学习惰性高的情况下，超前性与探索式创新的相关性比在学习惰性低的情况下要弱。图 4-4 表示经验惰性对创新性维度与利用式创新关系的调节作用，其中在经验惰性高的组中创新性的回归系数 β 值为 0.791（p<0.01）；在学习惰性低的组中创新性的回归系数 β 值为 0.540（p<0.01）。这说明在经验惰性高的情况下，创新性与利用式创新的相关性比在经验惰性低的情况下要强。

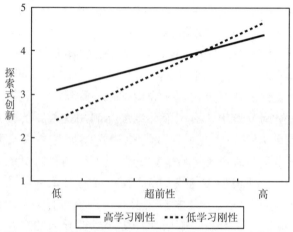

图 4-3 学习惰性对超前性和探索式创新关系的调节作用

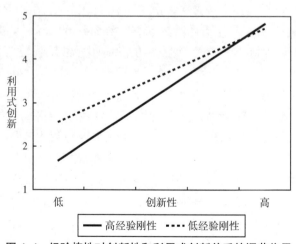

图 4-4 经验惰性对创新性和利用式创新关系的调节作用

五、研究结论

1. 研究结论

本节探讨公司创业导向和双元创新的关系以及知识惰性的调节作用。研究表明,公司创业导向与探索式创新和利用式创新的关系不同,知识惰性对二者关系具有调节作用。

首先,本节的研究发现公司创业导向的创新性、超前性与风险承担性维度和探索式创新显著正相关;公司创业导向的三个维度和利用式创新的关系则比较复杂。公司创业导向的三个维度之所以与探索式创新显著正相关,可能是因为在公司创业导向的企业中更容易形成浓厚的创新文化和创业氛围,鼓励员工提出新想法,支持员工对新技术与新市场进行探索和尝试,能更大程度上容忍新产品与新市场拓展的不确定性。同时,公司创业导向的创新性和风险承担性维度与利用式创新显著正相关,而超前性与利用式创新负向相关但不显著。这可能是因为利用式创新强调在已有知识、技能、流程和结构基础上进行拓展、改善和提高,以保持现有市场的竞争地位,而公司创业导向的创新性倾向激发了企业利用式创新的热情;风险承担性在一定程度上也能促进利用式创新,可能是因为在现有路径依赖的前提下从事一定程度的高风险活动能够被企业所允许。但本节对超前性与利用式创新不显著负相关的结论与 Cardinal(2001)的显著正相关的结论不一致,这可能是因为超前性的快速立即决策倾向与基于路径依赖的利用式创新的稳健性属性相悖。

其次,尽管公司创业导向的不同维度与双元创新的关系不同,但从总体上看并无明显的冲突性关系。也就是说,公司创业导向与探索式创新和利用式创新的关系可以认为具有正的同方向性。这与以往研究中认为双元创新是由不同的因素驱动,因而存在"双元悖论"的观点(March,1991、2006)相冲突,本节研究所得出的结论却发现公司创业导向是双元创新的共同促进因素,该结论与 Kollmann 和 Stockmann(2010)的结论相印证,因而本节研究的结论为双元创新"互补性"的观点提供了中国情境下的实证证据。

最后,本节关于知识惰性对公司创业导向和双元创新关系的调节作用研究拓展了现有理论。研究发现,学习惰性对公司创业导向和探索式创新、利用式创新的关系均具有负向调节作用，这与本节的研究假设一致，原因可能是学习惰性强调常规流程的稳定和知识来源的不变，这种僵化不利于任何变革的发生，因而产生负向调节效应，该结论与 Huff 和 Huff（2000）的知识惰性将阻碍组织创新观点一致；但经验惰性对公司创业导向和探索式创新、利用式创新的关系倾向于具有正向调节作用，原因可能是经验惰性建立在路径依赖基础之上，对公司创业导向下基于现有路径的完善或改进的变化更容易接受，因而对利用式创新产生正向调节效应。该结论改变了现有文献关于动态环境下知识惰性不利于创新的一般观点。

2. 管理启示

首先，企业在推动双元创新的管理实践中应充分发挥公司创业导向的积极作用。动态环境下企业获得竞争优势需要实现双元创新，但长期以来双元创新的不易获得性是困扰企业的难题。许多研究认为，双元创新悖论主要是因为探索式创新和利用式创新有着异质性的前因变量（尤其在组织方面）。本节的研究结论显示，公司创业导向是能够同时促进探索式创新和利用式创新的重要前因变量。企业可考虑通过实施公司创业导向推动双元创新，以期在动态环境中获得持续竞争优势。

其次，企业在基于公司创业导向的创新实践中应高度重视知识惰性的促进和阻抑作用。在知识管理已成为"时尚"的大背景下，多数企业都能够认识到知识对于创新的重要意义，但对知识惰性及其对企业创新的影响机理认识不足。研究发现，企业要想进行更多的利用式创新就应该充分发挥经验惰性的作用，以利于公司创业导向对利用式创新的积极影响；而对于想要进行更多探索式创新的企业而言，减少或避免经验惰性的影响是非常必要的。

最后，值得一提的是，在日益充满不确定性的环境下，企业对探索式创新的需要不断提高，因此，克服经验惰性、打破路径依赖变得尤为重要。企业可考虑通过鼓励员工采用新思路解决问题等克服经验惰性；同时，无论是进行何种类型的创新，企业都应努力克服或避免学习惰性，具体可考虑通过降低标准化操作程序的程度来降低学习惰性。

3. 研究局限

本节研究的局限主要体现在数据方面。数据样本来源于辽宁省沈阳和大连地区，这可能会影响到研究结论的普适性，后续研究应拓宽调研的地域并据此进行分地区的比较研究，以检验和完善所得出的结论；同时，创新具有明显的时滞性，已有研究也发现公司创业导向对创新的长期影响大于短期（Zahra 和 Covin，1995），后续研究可考虑采用动态跟踪调研方法，开展纵向的时间序列研究，这样会使研究结论更具有说服力。

本节对知识惰性的研究仍然具有很强的探索性。虽然发现了知识惰性在公司创业导向和双元创新关系中具有正向或负向的调节效应，但对如何控制或削弱知识惰性本节并未做深入的研究。同时，本节只是探讨了公司创业导向和知识惰性的交互作用与双元创新的关系，但对于探索式创新和利用式创新如何相互促进的问题并未做深入探讨，这也为后续研究提供了合适的选题。此外，在公司创业导向和双元创新之间可能还存在其他干扰变量，如环境的动态性等，建议以后的研究可采用其他干扰变量进行探讨，以了解公司创业导向和双元创新之间是否还受到其他因素影响。

第五章 组织惰性的后果

一、引言

持续成长是企业的永恒主题，但企业"有成长无持续"的难题始终困扰着研究者和实践者。面对日益加剧的环境变化，组织变革对企业持续成长的影响引起广泛关注。然而，大量的实证研究发现许多关键的组织变革（如战略变革、结构变革和文化变革等）却是无效的或者没有达到预期的效果（Schwarz，2012）；在实践中的组织变革也产生了截然不同的结果，IBM、英特尔和苹果公司通过组织变革取得成功，而宝丽莱公司和柯达公司却走向衰败。显然，现有研究在解释组织变革与企业持续成长的关系机理时，有些重要的因素可能被忽略了。

组织惰性是组织模式不易改变的特性，其强度会随着组织的年龄、规模和复杂性不断增加。作为由战略、结构和文化等多因素构成的复杂系统（Gurkov 和 Settles，2011），组织是偏好惯例和静态结构的惰性实体（Hannan 等，2003），变革组织模式的行动可能会使组织变得不稳定，进而可能导致组织衰败（Zenger 等，2002）。这主要是因为一种变革或调整可能会牵连到其他多方面因素，当多种变革或调整同时发生时组织整体可能面临危险甚至瓦解（Iansili 和 Khamwan，1995）。由此可见，组织惰性是导致组织变革对企业持续成长影响的结果具有不确定性的重要因素。本章基于组织惰性视角，首先从理论层面构建组织的战略、结构和文化变革及其与企业持续成长关系的理论框架，然后通过对柯达公司的纵向单案例研究，揭示动态环境下企业持续成长的机理。

二、文献回顾与理论框架

1. 组织惰性及其与环境的关系

组织惰性（organizational inertia）的内涵非常丰富，Hannan 和 Freeman（1977）最早提出结构惰性的概念，用以表示组织结构的正规化和制度化等不易改变的特征。与之相似的概念还有认知惰性、战略惰性、核心刚性、知识惰性和行为惰性等。Schwarz（2012）指出，虽然对组织惰性的解释不尽相同，但无非是以不同的方式将它描述成一种停滞的形式、一种类型的阻力以及一种取得组织效益的手段。本章研究认为，组织惰性是组织的战略、结构和文化等高度耦合所形成的组织模式不易改变的特性（白景坤，2008）。许小东（2000）认为，组织惰性行为表现在组织结构与组织文化两个层面，前者源自组织内在的结构系统和操作流程，后者根植于组织长期形成的群体非正式规范、价值观念及群体意识等之中。赵杨和刘延平等（2009）则将组织惰性归结为组织结构惰性和组织战略惰性，认为结构惰性根植于组织的内在结构系统和流程之中，是组织在结构、政策和管理理念中的惰性；战略惰性是指组织的竞争惰性，即企业在改变其竞争态势中所表现出来的活动的层次。刘海建和李虎等（2012）认为，竞争能力惰性包括管理者的认知惰性、组织结构惰性和组织文化惰性；Huang 等（2013）认为，组织惰性包括洞察惰性、行动惰性和心理惰性三个方面。本章研究认为，组织惰性由战略惰性、结构惰性和文化惰性构成，其中战略惰性是指战略认知的路径依赖；结构惰性是指固有的正式组织结构系统、操作流程、工作行为方式等方面的惰性；文化惰性是指价值观念、群体非正式规范、群体意识和思维方式等方面的固化。

组织生态学者认为，拥有可靠的完成重复任务能力的组织在适应环境的过程中更容易生存下来，而为了具备这种能力，组织变得越来越复杂化和正规化并具有维持现状的惰性特征（Kelly 和 Amburgey，1991）。然而，在环境发生变化时组织惰性反而会使其缺乏灵活性和适应性，从而影响其长远发展。这是因为组织惰性的存在，组织行为会受到规则和习惯性行为的约束而变得固化，跟不上环境的变化（Edmondson 等，2001），这会使组织在面对外部环境变化时变得反应迟钝。组织在适应环境的过程中形成的复杂的、相互依赖的关系网络使其不能及时对外部环境变化做出反应

（Aldrich，2008）。此外，也有学者强调，组织惰性会阻碍企业必要的变革以及对环境的及时响应（Godkin 和 Allcorn，2008），使得企业在面临外部环境的显著变化时无法制定内部战略以及实施结构变革（Zhou 和 Chen，2011）。由此，在相对稳定的环境下，组织惰性是组织效率的来源；当外部环境变化时，组织惰性将严重阻碍其创新和变革，是企业不能及时应对外部竞争的重要因素。

2. 组织惰性与组织变革

组织惰性使得组织变革困难重重，是对变革的一种持久的阻力（Tushman 和 O'Reilly，1996），即使企业意识到外部环境的变化，也常常不能有效地做出回应（Tripsas 和 Gavetti，2000）。究其原因，相对于变革而言，组织更喜欢稳定性，组织很少自发地做出实质性的适应性变革，而是依赖自然选择和适应（Hannan 和 Freeman，1984）；在制度化和正规化的基础上形成的组织惯例为组织提供了应对未来变化的可预测性和合适的重复性结构，组织倾向于保留惰性而不愿变革（Nelson 和 Winter，1982）；因为行动惰性的存在，企业往往依赖之前成功的运行模式，使其战略框架、组织流程、现有资源以及组织文化等变得僵化，阻碍组织的变革（Sull，1999）。组织往往会遵循既有的战略运作模式和组织惯例以保持可靠性、有序性和稳定性，所以尽管有多种因素驱动组织变革，但组织本身仍会表现出惰性特征（李海东、林志扬，2012）；组织惰性会阻碍企业对动态环境的适应性，具体表现为管理者的战略思维惰性以及企业中现有的认知风格、组织流程和关系阻碍战略创新进而形成战略盲点（弋亚群、刘益等，2005）。

近年来的研究还发现，组织惰性与组织变革关系的观点是混乱和矛盾的，惰性和变革同时存在是组织变革的正常特性，因为导致变革的因素也完全可以限制变革（Schwarz 和 Shulman，2007）。当组织监控其环境时会同时限制和鼓励变革，纵使是在同一个部门和机构中，组织在变革其结构的同时也在强化它（Palmer 等，2001）。正是二者之间的交互关系，才导致了组织变革结果的不确定性。Feldman 和 Pentland（2003）认为，当组织成员巩固和重构组织结构时，组织惯例同时是变革和稳定性的来源，基于现有惯例的新实践与行为模式的变异、选择和保留是一个持续的过程，惯例会产生多种结果，从当前的稳定性到相当大的变革。正是由于惰性深植于变革之中，才导致许多重要的变革无效或者没有达到预期效果。

3. 组织变革与企业持续成长

现有关于组织变革与企业持续成长关系的研究所得出的结论并不一致。部分研究认为组织变革能够促进企业持续成长，如 Worch 和 Kabinga（2012）通过对 Eskom 公司和南非电力供应商的多案例研究发现，基于对组织关键属性的重大变革的战略更新对企业能力的提升有着重要的影响，并通过商业模式、技术、组织结构、客户群和产品市场战略等不同方面的有效变革，促进企业生存和长远发展；McKeown 和 Philip（2003）认为，企业通过对业务流程进行再造、组织学习以及使用全面质量管理和信息技术，不断地实现自身业务的转型和升级，能够促进其可持续发展；Suarez 和 Oliva（2002）认为，在环境变化的压力下，企业会自觉地通过组织结构重组、业务类型和范围调整以及组织文化的更新以实现持续成长。国内学者李烨和李传昭等（2005）通过对格兰仕集团的案例研究发现，企业可以通过战略创新推动业务转型，以保持与变动的环境间的动态平衡；毛蕴诗（2005）认为，企业应该以"战略—结构—过程"为思路进行公司重构以实现企业的持续成长，具体措施包括企业战略调整、组织结构重组以及业务、财务等方面的调整与重构，达到从整体到局部的全面变革。然而，也有学者指出组织变革的负面作用，组织模式作为组织战略、结构和文化等因素的交互作用而形成的复杂系统，只有相互适应才能稳定发挥作用（李相银，2002），变革行动可能会使组织产生剧烈的震动而变得不稳定进而导致变革失败（Nickerson 和 Zenger，2002）；Gurkov 和 Settles（2011）认为，由于受到组织惰性的影响，当组织试图走出一条新的路径时，新战略就会面临着与当前组织设计的诸多不匹配，而这将严重危害企业的生存，他们强调当前的组织设计参数应该与企业当前的预期战略定位之间保持动态的匹配。

4. 理论框架

通过以上文献分析初步认为，在环境（主要指技术环境和市场环境）发生重大变化时，原有组织模式的惰性特征将阻碍企业持续成长，此时组织变革显得十分必要。然而，作为一个偏好惯例和静态结构的惰性实体，组织的变革能否最终促进企业的持续成长，还取决于变革后组织新的战略、结构和文化的匹配程度；而且，受环境动态变化的影响，在持续的组织变革过程中，只有实现组织战略、结构和文化之间及其与所处环境的动态匹配，企业的持续成长才能获得基本保证。由此，本章基于组织惰性视角，探索性地构建了动态环境下组织的战略、结构和文化变革对企业持续成长的影响机理研究的理论框架，如图 5-1 所示。

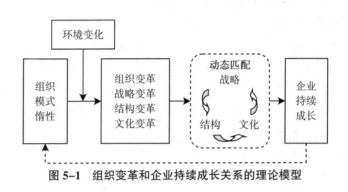

图 5-1　组织变革和企业持续成长关系的理论模型

三、研究方法

1. 方法选取

案例研究作为聚焦于理解某种单一情境下动态过程的研究策略，能够有效解释各种因素之间存在的复杂联系和验证探索性的理论（Yin，2010）。本章所研究的组织惰性、组织变革和持续成长等概念间存在复杂联系，涉及因素多且难以量化，适宜采用案例方法；企业持续成长机理的研究需较长时间的考察，而纵向单案例研究能够清晰地揭示某一过程的各个方面，有利于充分了解案例背景以保证案例研究的深度。

2. 案例选取

本章选取伊士曼—柯达公司为研究对象，遵循的是案例选取的理论抽样原则：柯达公司在其 130 余年的发展历程中经历了多次组织变革，但只有少数几次变革达到预期目标，因而清晰地展现企业经营过程中的环境变化、组织惰性、组织变革和企业持续成长等各因素的有机联系，能够满足理论抽样与构建的要求，保证研究的内部效度；柯达公司发展历程中的各种成功和失败也可能存在于其他企业，具有普遍性，有很好的外部效度；作者长期跟踪该公司的发展动态，已经掌握了大量的数据，而且关于柯达公司的历史数据和研究文献较多，尤其是近两年关于柯达公司的数据特别丰富，信息便于获取。

3. 数据收集

受研究对象的地域和现存状态（已申请破产保护）的限制，本案例资料来源主要以二手数据为主。为保证信度与效度，通过多人、多种途径和来源获取信息。首先，通过长期跟踪和广泛查阅有关柯达公司的各种公开资料，并阅读大量与柯达公司有关的书籍和专著等，获得了丰富的文献资料；其次，通过公司网站、新闻报道、内部刊物、公司年报、产品介绍和高管的访谈记录等收集柯达公司的档案记录；最后，通过阅读行业相关刊物、查阅行业协会网站了解行业信息。同时，要对不同来源的资料反复对比印证，以确保准确性。

4. 数据分析

首先，采用时间序列法将收集到的资料按照"环境变化"、"组织惰性"、"组织变革"和"成长状态"等关键条目归类，形成了一系列的证据链，保证数据信息的准确性和全面性，提高研究的信度。其次，遵循模式匹配的逻辑，将建立在实证基础上的模式与建立在预测基础上的模式相匹配，增强研究结论的内在效度。最后，将所收集到的资料整理建立成案例资料数据库，进行翔实的数据分析，并建立各个条目的相互关联，探寻其内在逻辑和成长机制。

四、案例分析

柯达公司（Eastman Kodak Company）于 1880 年在美国创立，主要从事传统和数码影像产品、服务和解决方案的开发、生产和销售，曾是全球最大的影像产品及相关服务的生产和供应商，在影像拍摄、分享、输出和显示领域处于世界领先地位。柯达公司创立之初主要利用其商用照相干版技术专利生产照相干版，并以此为核心产品实现了早期的快速成长。但随着胶片技术的发展，柯达公司很快开始了从干版业务向胶片业务的转变，本章即以此为组织变革的起点进行案例分析。

1. 胶片模式形成（1889~1945 年）

（1）技术环境变化：1886 年伊士曼研制成胶片，1888 年柯达公司的研发团队配制出使胶片可以用卷轴卷起来销售（即胶卷）的片基，标志着作为公司核心产品的照相干版已经走到末路。

（2）组织惰性表现：由于公司成立时间不长，组织惰性相对较弱。在战略方面，许多员工认为照相干版利润丰厚且销售良好无须立刻停产，同时对胶片业务是否会成功存在疑虑；但公司创始人伊士曼对环境变化有着清醒的认知，能够洞察到胶片技术是摄影业的未来，并已做出向胶片业务转型的决定。结构惰性相对较强，因经过近十年干版模式的塑造，员工已经习惯于干版生产的流程而不愿改变。在文化方面，在伊士曼创新精神影响下的组织文化处于创立阶段，尚未形成惰性。

（3）组织变革措施：在战略方面，以胶片业务为核心实施相关多元化和国际化战略。1896 年柯达公司首次推出专为拍摄 X 光而设计的相纸，进入 X 光商业摄影领域；随着电影摄像机的出现，柯达进入电影胶片领域；创办专门生产胶片片基甲醇的田纳西伊士曼公司；"一战"后，柯达开始服务于好莱坞的专业电影制作，随后研发出电影摄像机和投影仪并进入业余电影业。20 世纪 30 年代，柯达的研发范围已经涵盖照相机、胶片片基、乳剂、镜头和化学药剂等广泛领域。柯达公司还实施了国际化战略，1889 年在英国伦敦成立伊士曼摄影材料有限公司，随后相继在巴黎和柏林成立柯达法国分公司和德国分公司。20 世纪初，柯达的销售网点已经涵盖美洲、欧洲、大洋洲、非洲和亚洲。在结构方面，与多元化和国际化战略相适应，柯达公司的组织结构实现了由直线职能制向事业部制的演变。柯达公司于 1913 年开始设立的研发机构是美国最早的商业研究实验室之一，之后又设立多个研究机构、实验室和专门的业务部门。在文化方面，柯达公司正式确立"尊重个人、正直不阿、相互信任、信誉至上、自强不息和论绩嘉奖"六大价值观作为公司的核心文化。

（4）组织变革效果：公司由以照相干版业务为核心向胶片业务的转变是一次根本性的组织转型，但由于公司成立时间较短，组织惰性相对较弱，通过一系列组织变革，柯达公司最终形成"胶片模式"：即以胶片产品为核心业务所制定的相关多元化和国际化战略、与战略相适应的事业部制组织设计和以六大价值观为核心的组织文化相匹配的模式。"胶片模式"适应了当时摄影技术由专业领域向大众领域转变的外部环境，柯达公司也因此实现了持续成长。1930 年，柯达公司已获得世界摄影器材市场 75% 的份额和 90% 的利润。

2. 胶片模式的复制与扩散（1945~1975 年）

（1）市场环境变化："二战"结束后，摄影行业以胶片技术为主导的技术环境并未发生变化，但全球摄影市场需求急剧膨胀，对柯达公司的发展极为有利；同时，柯达公司在战争期间因生产战争用品而获得的知名度和美誉度为其产品扩张提供了帮助。

（2）组织惰性表现："二战"后环境朝有利于柯达公司的方向发展，所以该阶段柯达公司的组织模式相对稳定。尽管柯达公司战前所形成的"胶片模式"已呈现出明显的惰性特征，但在这种有利环境下仍能为公司带来高绩效。

（3）组织变革措施：该阶段组织变革措施主要是对"胶片模式"的完善和自我强化。在战略方面，柯达公司继续扩大产品领域和市场领域，1957年推出自动布劳尼相机；1958年研发出第一台全自动投影仪和第一部单镜头反光相机；20世纪60年代推出瞬时自动相机并生产用于航空拍摄的器材。柯达公司还拓展了业务领域，20世纪50年代先后成立田纳西伊士曼公司、得克萨斯伊士曼公司和卡罗来纳伊士曼公司分别从事聚酯纺织纤维产品、石油和汽油合成化学产品以及有机化学产品的生产与销售；1963年进入医疗影像和图文影像行业，随后又大举进攻电视行业。在结构方面，柯达公司不断增加分公司和业务部门，完善公司的各种规章制度，组织结构的复杂化、正式化程度越来越高。在文化方面，以六大价值观为核心的组织文化进一步强化，同时官僚作风开始滋生，公司越来越强调效率和服从。

（4）组织变革效果：因该时期的组织变革实质上是对胶片模式的发展和完善，因而变革后的战略、结构和文化高度匹配，并且与外部环境高度匹配，柯达公司实现了持续成长。统计数据显示，20世纪60年代中期，柯达拥有员工数量超过10万人，世界总销售额首次突破40亿美元；到60年代末，柯达全球员工数达到13.56万人，年收入近百亿美元。

3. 胶片模式的拓展（1975~1993年）

（1）市场环境变化：20世纪70年代后摄影行业竞争格局发生巨大产业化，柯达公司遭到以富士公司为代表的日本企业的挑战，海外市场份额缩减，美国本土市场不断被蚕食。柯达公司开始面临前所未有的竞争压力。

（2）组织惰性表现：在战略方面，长期的成功使柯达公司管理层认为其在影像业的垄断地位牢不可破，所以始终没有正视富士等竞争对手。如富士公司1976年推出的400度彩色胶卷的感光速度明显快于柯达的同类产品，富士相纸的价格比柯达便宜20%以上，但柯达公司管理层对此没有采取任何应对措施，以致市场份额不断流失。在结构方面，柯达公司依然延续高度集权的官僚体制，等级森严、部门间缺乏横向协调、信息传递和决策效率低下。最突出的是20世纪80年代的维特摩尔时期，管理层极少与基层沟通，几乎不离开办公室，事先规定好总裁去的地方和说话内容，甚至其所到之处的走廊和楼梯等都需要重新装修。在文化方面，柯达公司的六大价值观逐渐教条化和流于形式，同时滋生了骄傲自大和盲目排外的不良文化倾向，这种不良倾向几乎成为柯达公司在该时期甚至整个发展历程中的"顽疾"。

（3）组织变革措施：在战略方面，为寻找新的盈利增长点，柯达公司采取了后来被证明是不恰当的非相关多元化发展战略。1983年成立图像和信息管理部门以开发新的影像技术；收购IBM的复印机业务和生产软盘存储介质的MaSSMemory公司。1988年收购美国斯泰林制药公司，进军制药业；收购Clinical Diagnostics的血液分析仪技术以及其他开发生命科学的研究所和公司，将投资领域拓展到生命科学领域。在结构方面，随着不断收购与兼并以及投资领域的继续扩大，柯达增设了相应的组织机构、研发机构和分公司。在文化方面，柯达公司在该阶段没有实质性变化。

（4）组织变革效果：柯达公司该阶段的组织变革，实际上是将其"二战"后已经强化了的胶片模式在非相关领域进行复制和扩散。然而，在非相关多元化战略的背后，柯达公司官僚式的组织结构和流程、固化了的六大价值观以及后来形成的盲目自大和严重排外等不良文化并未得到改善。柯达公司没有建立起与新业务相匹配的组织结构和文化，致使其新业务没有带来额外的收益，原有核心业务在某些重要领域的领先优势也受到影响。这一时期，柯达公司的影印机业务给公司带来巨额损失；锂电池业务计划也没有带来实质性的收益；对斯泰林制药公司的收购和之后的管理使柯达公司有史以来第一次背上巨额债务，财务陷入巨额亏损。

4. 胶片与数码模式共存（1993~2003年）

（1）技术环境变化：从20世纪90年代开始，数码技术对胶片产业的影响日益明显，全球胶片消费市场以每年10%的速度缩减。1990年柯达公司每股股价仅有2.17美元，1991年每股纯收入甚至只有5美分，而负债总额却达到63亿美元。

（2）组织惰性表现：在战略方面，尽管柯达公司早在1976年就研制出第一部数码相机，1987年推出世界上第一台1000万像素的商用数码相机，而且 1981 年在做一项内部调研时就预计到数码摄影技术有可能在十年内取代胶片业务，但面对当时胶片业务的丰厚利润和数码相机的微薄利润，柯达管理层始终认为以胶片为核心的模式不应该改变。1981~1991 年的十年中，柯达公司的业务结构几乎没有发生任何变化。在结构方面，长期的稳定形成的庞大官僚机构仍然缓慢运行；"员工很看重等级和权威，它的等级倾向是如此的强烈，以至于每个人都需要根据他的上级来决定自己做什么"；员工依循固有的惯例和程式从事工作，强调做任何事情都要根据公司的规则。在文化方面，在传统组织文化的熏陶下，员工始终抱有"柯达就意味着胶片"的坚定信念，"二战"后形成的骄傲自满和盲目排外文化倾向仍然存在，管理层和员工厌恶与抵制变革。

（3）组织变革措施：尽管 CEO 费舍尔已认识到数码化的变革方向，但由于强大组织惰性的存在，他采取的是折中的组织变革策略，即同时推进传统的胶片冲印业务和新的数字成像业务。在欧美市场上，通过合作与战略联盟等方式引进核心技术和知识，大力发展数码产品。例如，与摩托罗拉公司达成联盟研发生产更小、更轻和电池寿命更长的数字照相机（1997 年），与美国在线公司 AOL 合作推出在线照片发送服务（1998 年）以及与英特尔公司合作共同开发数字成像产品（1998 年）等；柯达公司还通过输出知识和能力获取最大化收益，如向惠普公司和佳能公司提供数据压缩与颜色管理软件技术，向奥林巴斯公司提供 CCD、CMOS 图像传感技术等。同时，柯达公司选择中国作为传统胶片业务的新市场。1998 年与中国政府签署了著名的"98 协议"，柯达公司承诺投入 12 亿美元开启对中国感光业的全行业合资项目以提升中国感光业的整体水平，并且积极参与中国感光行业的结构调整以及国有企业改革。在结构方面，费舍尔根据战略变革需要调整了组织机构；还着手改革绩效评价体系，将薪酬的大部分改为浮动制，把津贴与客户满意度等因素联系起来；建立培训机制并为员工制定个人职业发展计划。在文化方面，费舍尔提出了"消费者满意、员工满意、股东满意、供应商满意以及公司所在社区满意"五项满意原则以及"维护员工的个人尊严、对员工绝对诚实、充分信任员工和为员工提供可持续发展的机会"四种价值观。

（4）组织变革效果：费舍尔同时推进传统胶片业务和新的数字成像业务的战略变革取得暂时的成功，原因在于费舍尔对数码业务和胶片业务分别采用了不同的结构与文化。在数码业务领域，采用合作和联盟等网络化的组织形式，并很好地贯彻了与之匹配的以"五项满意原则"和"四种价值观"为核心的组织文化；而在传统胶片业务领域，仍然是以官僚等级结构和胶片模式下的传统组织文化为主。正是这种二元分立的战略、结构和文化的分别匹配，柯达公司在数字领域占有了一席之地，也延续了传统胶片业务的生命周期，柯达公司得以持续成长。1997 年的市值达到 310 亿美元的历史新高；1999 年柯达在纽约罗彻斯特的数码相机生产量是 1998 年的 300%，数字产品的销售和服务同比增长了 46%。自"98 协议"签署后至 2003 年，柯达公司在中国市场的占有率以及经营利润都遥遥领先于其他竞争对手。

5. 数码模式转型（2003~2012 年）

（1）技术环境变化：21 世纪初，网络信息技术的迅速发展加速了数字化的进程，数码成像技术在影像业中越来越多的应用几乎使以银盐成像技术为代表的传统影像业遭受了灭顶之灾。2000 年柯达公司股价从 1999 年最高的 80.38 美元下跌到 35.31 美元；2001 年公司的净利润同比下降95%。2003 年，公司传统胶片业务继续萎缩，数码产品利润率也没有达到预期。

（2）组织惰性表现：在战略方面，长期以来柯达公司对数码业务始终持有非常矛盾的态度，而费舍尔在 20 世纪 90 年代组织变革的短暂成功，尤其是在中国市场的成功，使管理层相信"胶片行业最后的晚宴远没有结束"，甚至要继续开发欧洲市场和以中国为代表的新兴国家的市场，并在中国投入了 10 亿美元的资金来开发新市场。事实上这一时期柯达公司的大量资金仍用于传统胶片工厂生产线和冲印设备的简单重复投资。在结构方面，尽管在数码业务部门建立了扁平化和网络化的组织形式，但在胶片业务部门柯达公司的管理者多数还按原来的方式行事。在文化方面，虽然费舍尔时期的文化治理取得了一些成效，但主要局限于数码业务部门；而在胶片业务部门，传统组织文化并未发生实质性变化，骄傲自满和盲目排外等负面因素仍在发挥作用。费舍尔后来承认，他始终未能将这种数码信念扩展到整个组织，尽管更换了很多高管，但中层管理人员和员工始终无法过渡到数字化思考的方式。

（3）组织变革措施：在战略方面，该时期柯达公司进行了两次数码化战略重组。2003 年柯达公司正式公布为期四年的"全力以数码为导向"的战略调整计划，力求利用数码技术将公司业务扩展到一系列商业领域并成长为数码影像市场的领导者。由于重组后销售利润和股价仍然不见明显好转，2007 年柯达公司决定实施为期四年的第二次战略重组，目标是把公司的业务重点从传统的胶片业务彻底转向数码产品。然而，2008 年柯达公司又重新定位数码业务，决定加大消费用和商用喷墨打印机及企业工作流程软件等核心业务的投资力度。CEO 彭安东认为，如果能利用柯达公司的研发和技术优势，喷墨打印机系列业务将为其利润收入贡献巨大。在结构方面，柯达公司根据数码化战略要求将原来的业务部门重组为商业影像、商业冲印医疗影像、数字及胶片影像系统、显像、零部件五大数字科技部门。柯达公司还进行大规模的裁员和人事调整，2003 年柯达宣布了其在全球裁员 20%的计划；引进曾在惠普公司担任过高级管理职务的詹姆斯和技术专家 Lloyd、奥林巴斯原执行董事兼影像事业分公司的副社长小岛佑佳等，2005 年任命彭安东接替邓凯达担任新的 CEO。

（4）组织变革效果：该阶段柯达公司的两次数码化组织变革均未能取得成功，技术环境恶化固然是重要原因，但根本原因是柯达公司在适应新环境的组织变革过程中未能构建起基于新的战略、结构和文化匹配的新模式。在网络化和信息化背景下，柯达公司的数码化战略变革虽然值得肯定，但需要有网络化和扁平化的新组织结构以及崇尚合作和创新的组织文化与之相适应。柯达公司简单的部门重组和机构调整并没有改变长期以来行动缓慢、反应迟钝的机械式结构的僵化本质特征；胶片模式下形成的六大价值观等优良的文化却逐渐被遗弃，"骄傲文化"被不断定格、强化和传承；尤其重要的是，费舍尔时期在数码业务部门所建立的新的结构和文化还没来得及在柯达公司内部扩散，柯达公司便已被根本性的环境变化摧垮。2009 年柯达的销售额下降到 76.06 亿美元；2010 年由于新模式运行不良，柯达公司仍未走出低谷；2011 年 9 月，柯达公司开始借款以补充流动资金，同时其股价大幅下跌；2012 年 1 月，柯达公司宣布已在纽约申请破产保护。

五、研究结论

1. 研究结论

本章基于组织惰性视角，构建了组织战略、结构和文化变革对企业持续成长影响的理论框架，通过对柯达公司的纵向案例研究（见表 5-1），本章系统地证实了"组织变革后的战略、结构和文化及其与环境的动态匹配是企业持续成长的关键"这一核心命题，从而从理论上回答了动态复杂环境下企业持续成长的机理和路径。本章得出以下几点结论。

表 5-1　柯达公司的五次组织变革及其对持续成长的影响

阶段划分	环境变化特征	组织惰性表现	组织变革措施	变革匹配程度及成长状态
胶片模式形成阶段（1889~1945 年）	技术环境根本性变化：胶片技术对干版技术的替代	公司成立时间较短，战略惰性和文化惰性较弱；结构惰性相对较强，表现为对现有流程的依赖	基于胶片业务的多元化和国际化战略；事业部制结构，以六大价值观为核心的组织文化	匹配，处于组织生命周期的成长期，战略导向下的结构和文化逐渐形成并模式化，企业持续成长
胶片模式强化阶段（1945~1975 年）	市场竞争环境的变化："二战"后全球摄影市场需求急剧膨胀	胶片模式下组织的战略、结构和文化的惰性特征明显，在有利的环境下构成效率之源	胶片模式下战略、结构和文化的复制、扩散与自我强化	匹配，变革后的战略、结构和文化在有利环境下形成高效率的组织模式，并推动企业持续成长
胶片模式扩散阶段（1975~1993 年）	市场竞争环境的变化：富士公司等日本企业在全球和柯达激烈竞争	战略上忽视竞争对手；官僚结构对市场反应缓慢；价值观教条化、自满、排外文化倾向	采取非相关多元化策略，进入影印、制药和生命科学领域，增设研发机构和分公司	不匹配，进入非相关领域能够在正式结构上复制，但与公司文化不匹配。陷入并购陷阱，成长停滞
胶片和数码模式共存阶段（1993~2003 年）	技术环境变化：数码技术导致胶片市场萎缩，需开拓海外市场或转型	管理层始终坚持以胶片业务为核心的战略，传统的官僚体制本质未变；组织文化未变	同时推进数码业务（欧美）和胶片业务（中国）；调整结构和制度；提出新的价值观念	分别匹配，胶片业务部门维持原有模式；数码业务部门实施新结构、新观念。适应环境，持续成长
数码模式转型阶段（2003~2012 年）	数码成像技术的发展根本上改变了传统摄影方式，胶片业严重萎缩	管理层因中国市场的成功仍对胶片业务抱有幻想；传统官僚结构和文化仍居主导地位	两次数码化战略转型；业务部门重组；大规模精简部门、裁员和进行人事调整；推行数码文化	不匹配，简单的结构调整未改变官僚体制；数码文化被传统文化淹没。2012 年，申请破产保护

（1）组织的战略、结构和文化之间相互匹配是组织模式稳定运行的逻辑前提。组织惰性由战略惰性、结构惰性和文化惰性三部分构成，三者相互影响和渗透导致组织惰性极难改变。在相对稳定的环境下，组织惰性是组织效率的来源；在环境发生重大变化时，组织惰性也是阻碍企业持续成长的主要因素。柯达公司的发展历程中曾经形成不同的组织模式，

当环境发生根本性变化时，原有组织模式的惰性均成为持续成长的关键制约因素。

（2）动态环境下，组织变革是打破组织惰性和促进企业持续成长的重要影响因素，组织变革能否最终促进企业持续成长（或者变革成功的关键），则取决于变革后新的战略、结构和文化间的匹配程度（内在匹配）以及基于三者匹配的组织模式与外部环境的匹配程度（外在匹配）。柯达公司从干版模式向胶片模式的转变、"二战"后的组织变革和20世纪90年代的二元变革，都因形成与环境匹配的新模式从而促进了企业的持续成长。

（3）组织惰性对组织变革和企业持续成长的关系有重要影响。组织惰性是导致组织变革对企业持续成长影响结果存在不确定性的主要因素。在适应新环境的变革中，虽然战略、结构或文化的单方面变革可能会打破组织惰性，但如果未能形成新的功能，而只是破坏原有组织模式的功能，那么这种组织变革将会成为加速组织衰败的根源。柯达公司在20世纪80年代和21世纪初的组织变革以失败而告终，根源在于未能形成与环境匹配的新模式。

2. 管理启示

柯达公司经历了胶片技术的整个生命周期。柯达公司随环境的变化构建了不同的组织模式，并且每种模式在环境适应期内都提升了组织的效率，在环境发生变化后又不同程度地成为阻碍持续成长的因素。为了应对不同时期的环境变化，柯达公司进行了包括战略、结构和文化在内的多次组织变革，所取得的效果并不相同。本章研究发现，只有当变革后战略、结构和文化相匹配时，企业才实现了持续成长，反之则处于停滞或衰退的状态。本章的研究对动态环境下企业实现持续成长具有重要启示作用。①"成功乃失败之母"，企业的成功模式可能变成其持续成长的障碍。组织惰性对企业持续成长的影响主要取决于环境变化的方向和程度，如果环境朝有利于组织的方向发展，那么组织惰性将随着现有组织模式的复制和扩散而进一步得到强化；反之组织惰性将会被打破，组织将努力去寻求新的模式。②动态环境下企业为实现持续成长，需进行必要的战略、结构和（或）文化变革，但变革成功的关键在于变革后新的战略、结构和文化及其与组织环境的动态匹配程度，如果组织变革只是破坏原有组织模式而未建立起适应环境的新模式，那么变革将会加速组织的衰败。

3. 存在不足

尽管本章研究严格遵循案例研究的一般程序，保证了研究的信度和效度，但是仍然存在一些不足：对环境变化程度的界定不够清晰，有待细化；对组织惰性三个维度的划分有待进一步的量化处理，未来研究的重点是进行量表开发；单案例研究的局限决定了本章结论的普适性有待进一步的检验，未来将会在相关量表开发基础上通过大样本问卷调查进行定量的实证研究。

第六章 超越组织惰性：组织动态性与双元性

第一节 动态能力与持续成长

一、引言

战略管理理论演进过程中，对企业持续竞争优势形成的解释经历了从"定位逻辑"到"杠杆逻辑"，再到"机会逻辑"的转变（Eisenhardt 和 Martin，2000）。以 Porter（1980）为代表的产业分析学派指出，产业环境强烈影响企业竞争的游戏规则和可能的战略选择，认为产业结构分析和恰当的战略定位是企业获得持续竞争优势的关键，但这种"定位逻辑"未能有效解释变化环境下产业中长期利润的分散程度比产业间利润的分散程度要大得多这一事实（Rumelt，1982）。作为对产业结构理论的替代，资源基础观将注意力转向企业内部，认为持续竞争优势来源于具有 VRIN（价值性、稀缺性、难以模仿性和不可替代性）特性的资源（Wernerfelt，1984），当这些资源及相关的活动系统具有互补性时，企业创造持续竞争优势的潜力得到增强（Barney，1991）。以此为基础，Prahalad 和 Hamel（1990）认为，只有蕴藏在资源背后的能力才是企业的本质，而且在诸多能力中只有具有适用性、价值性和难以模仿性的核心能力才构成持续竞争优势的来源。资源基础观和核心能力观的侧重点虽有差异，但都认为持续竞争优势来源于企业所拥有的独特资源或核心能力对其他资源或能力的杠杆作用（Prahalad 和 Hamel，1994）。"杠杆逻辑"因未能清楚回答变化环境下这些资源或能力的动态管理问题，在提出后不久也受到质疑。Leonard-Barton（1992）认为，在变化环境下凭借核心能力所积累的竞争优势会被快速的技术创新所侵蚀，核心惰性将成为企业衰败的根源。Teece等（1997）通过对半导体、信息服务和软件等高技术行业企业的研究发现，尽管一些企业基于资源的战略积累了有价值的技术资产，但这并不足以支撑有效的竞争优势，在全球市场上获胜的始终是那些能及时响应环境变化、快速进行柔性产品创新，以及在管理上能有效协调与重新配置内部和外部能力的企业。由此，Teece等将环境动态性引入企业内在能力体系并提出持续竞争优势来源的动态能力观，认为动态能力是整合、建立和重构企业内部与外部能力以应对迅速变化环境的能力。其中，"动态"强调企业为适应不断变化的市场环境，必须具有不断更新自身能力的能力；"能力"则强调战略管理在更新企业自身能力以满足环境变化要求方面的关键作用。

动态能力观是战略管理领域正在发展的前沿理论，也是机会逻辑下持续竞争优势形成研究的主要理论，但动态能力研究尚处于多重视角并存的"丛林"阶段。动态能力的概念构成、形成和演化等问题尚未达成一致（冯军政、魏江，2011），动态能力与持续竞争优势关系研究的主导逻辑不清（Helfat 和 Peteraf，2009）。近年来，虽然产生了大量相关研究成果，但缺乏对已有研究成果的传承和对最新研究建议的整合（Barreto，2010）。本书尝试整合和拓展多重视角的研究成果，剖析动态能力的概念构成、形成与演化过程，探讨动态能力对持续竞争优势的影响机理，构建机会逻辑下持续竞争优势形成的一般性分析框架。

二、动态能力理论的代表性观点

自 Teece 等（1994）提出动态能力概念以来，动态能力理论得到广泛关注，形成了多重研究视角。代表性的有 Teece 等（1997）的整合观、Zollo 和 Winter（2002）的学习观以及 Eisenhardt 和 Martin（2000）的惯例观等。

1. 动态能力整合观

针对资源基础观和核心能力观研究所面临的困境，Teece 等（1997）在以往竞争优势理论基础上提出动态能力观，构建了动态环境下持续竞争优势的"位势""路径"和"流程"三维框架。其中，"位势"概念来自产业结构理论和资源基础观，指企业拥有的财务、技术、声誉和结构资源以及企业所处的行业和市场地位等，现在的"位势"决定企业对未来的决策能够实现的程度；"路径"概念来自演化经济学，指企业在一系列历史事件基础上编码形成的规则或惯例，包括企业的做事方式、组织管理或实践模式和组织学习模式等，"路径"代表企业历史，影响未来可供选择的战略；"流程"包括整合、学习和重构三个过程：整合指对企业内外部资源的静态组合，学习指企业运营的动态过程，重构则是企业适应环境变化的目的。该分析框架因既包含资源基础观所强调的静态要素，也涉及改变资源与能力基础的"动态性"特征，故而被 Schreyögg 和 Lkiesch-Eberl（2007）称为动态能力整合观。

　　整合观拓展了资源基础观的研究范式，为变化环境下持续竞争优势形成研究提供了基础性的分析框架。但受产业结构理论机会外生性假设的影响，Teece 等起初并未将环境感知和机会识别能力视为动态能力的构成部分，而是以机会客观存在和管理者能够理性感知为预设前提。实际上，由于战略主导逻辑（Bettis 和 Prahalad，1995）和认知惰性（Hodgkinson，1997）的存在，管理者并不能理性感知环境变化并识别机会。后来 Teece（2007）修正了原来的观点，将机会感知能力纳入分析框架，提出动态能力构成的"三分法"，认为动态能力由感知、塑造机会与威胁的能力（即通过系统学习，感知和识别市场与技术变革过程中存在机会的能力），捕获机会的能力（即对存在于组织内部与外部的资源和技能进行机会选择的能力）和通过提升、组合、保护、重组企业资源来保持竞争力的能力（即对资源与能力进行持续重构的能力）构成。然而，修正后的框架仍然仅指出动态能力构成的"应然"状态，并未对动态能力的形成与演化进行深入研究。同时，由于整合观以动态能力必然能够为企业带来持续竞争优势为预设前提，没有深入探讨动态能力和持续竞争优势的关系，这在某种程度上导致后来的许多研究混淆了动态能力演化和作为动态能力结果的特定形式竞争优势形成之间的界限。

　　2. 动态能力学习观

　　Zollo 和 Winter（2002）将动态能力界定为通过学习获得的稳定的集体活动方式，认为通过动态能力，企业能够系统地产生和调整其运营惯例，从而提高组织绩效。他们从演化视角出发，综合运用组织学习和知识管理理论相关成果，通过对经验积累、知识表达和知识编码三种学习机制以及探索式学习和利用式学习两种学习模式驱动组织知识演化的分析，构建了动态能力形成和演化的分析模型。该模型认为，动态能力的形成和演化由探索式学习、知识外显化、利用式学习和知识内隐化四种学习方式顺次推动，并顺次经历知识变异、知识选择、知识复制和知识保留四个阶段，在知识变异阶段，企业根据外部环境变化，通过探索式学习，对组织原有知识系统进行根本性变革，产生新的知识范式；在知识选择阶段，通过知识外显化将变异知识转化为组织共享的知识；在知识复制阶段，通过利用式学习将前一阶段形成的共享知识在组织内部复制，最终形成组织共享的知识体系；在知识保留阶段，通过知识内隐化，以规则或惯例的形式将组织知识固定下来，成为指导各项决策的依据。该模型因突出强调组织学习的作用而被称为学习观。

学习观将动态能力定义为由学习获得的稳定的集体活动方式，暗含了动态能力是变化环境下任何组织都需具备的共性能力，而对组织学习驱动动态能力形成和演化的研究则弥补了整合观相关研究之不足。但学习观没有对动态能力构成及其作用机理进行深入探讨，在动态能力演化研究中对知识内涵界定过于宽泛，没有对组织共性知识和作为动态能力的知识进行明确区分，以致与整合观相似，仍以动态能力必然形成持续竞争优势为预设前提，混淆了动态能力演化和作为动态能力结果的特定形式竞争优势形成间的界限。

3. 动态能力惯例观

Eisenhardt 和 Martin（2000）将动态能力界定为依附于诸如产品开发、战略决策制定与联盟等可辨识的、特定的组织和战略过程的惯例，认为通过这些惯例整合、重构、获取和释放资源，企业可不断获得新的竞争优势。她们认为，动态能力因市场动态程度差异而有不同的表现形式：在适度动态的环境中，动态能力类似于传统意义上的组织惯例，嵌入于具体的和稳定的组织和战略过程中，并具有可预测的结果；在产业结构模糊、市场变化无法预测的高度动态的环境中，动态能力表现为简单的、经验性的和多变的模式，具有不可预测的结果。通过对 Honda 公司的产品开发程序、Intel 公司的资源配置流程和 Hewlett-Packard 公司的并购整合流程的研究，她们发现动态能力具有共同特征，存在"最佳实践"，进而认为动态能力是构成持续竞争优势的必要而非充分条件，至于能否为企业带来持续竞争优势还取决于企业现在的资源格局以及能否比竞争对手更早或更准确地运用它。惯例观强调学习机制是驱动动态能力演化的根本手段，认为在适度动态的环境中，动态能力演化强调相似条件下的差异性，主要通过反复实践、明码化和试误等适应性学习修正组织策略和行为错误来适应环境；在高度动态的环境中，动态能力演化则强调不断调整成长路径，通过创造性学习对组织既有的假设产生质疑，进而修正甚至建立全新的心智模式。

惯例观明确指出，组织学习是动态能力形成和演化的影响因素，而不是动态能力的构成部分，弥补了整合观和学习观对组织学习和动态能力关系研究之不足；对动态能力"最佳实践"的探讨则凸显了动态能力的组织性特征；对动态能力并不必然形成持续竞争优势的研究则明确了二者之间的逻辑关系。但惯例观在探讨组织学习和动态能力关系时，忽略了组织学习也是动态能力构成部分这一事实。同时，惯例观过于强调环境变动性对动态能力的影响，实际的环境变化并不像 D'Aveni（1994）所描述的那样处于超竞争状态，即使在 Eisenhardt 和 Martin 用以证明其观点的 Intel 公司案例也是如此，从存储器厂商向微处理器厂商转变，Intel 所处的市场环境被认为是高度动态的，但此后的 10 余年里该公司并未发生类似的改变。此外，尽管惯例观对典型的动态能力的具体形式（如产品创新、战略决策制定和联盟等）进行了描述，但没有考虑到动态能力不同构成部分之间的内在关联，而这恰是整合观所强调的——动态环境下持续竞争优势的形成是具有递进关系的三种动态能力顺次作用的结果（Teece，2007）。

总体而言，三种动态能力观都致力于对变化环境下持续竞争优势形成做出解释，但研究的侧重点并不相同。整合观强调给定"位势"和"路径"下作为持续竞争优势来源的动态能力构成问题，但没有深入探讨动态能力的形成和演化及其对持续竞争优势的影响机理；学习观侧重组织学习驱动动态能力的形成与演化过程，但未能划清动态能力演化和作为动态能力结果的特定形式竞争优势形成之间的界限；惯例观则聚焦于动态能力的组织性特征和具体形式的动态能力研究，强调"最佳实践"，明确界定了动态能力和持续竞争优势的关系，但过于关注环境动态性对动态能力的影响，也忽略了动态能力不同构成部分间的内在关联。

三、动态能力的构成

1. 动态能力及相关概念界定

Teece 等（1997）关于动态能力的经典定义（"整合、建立和重构企业内部和外部能力以应对迅速变化环境的能力"）因有"同义反复"之嫌而备受诟病。为避免该类问题，Eisenhardt 和 Martin（2000）将动态能力定义为组织和战略过程中的惯例，从而开创了动态能力的惯例观。Winter（2003）则在 Collis（1994）能力阶层观的基础上，将组织能力划分为只能保证企业在市场上生存的零阶能力、适应环境变化的一阶能力和创造新能力的二阶能力，并指出后两种能力才是动态能力。能力阶层观避免了动态能力定义中"同义反复"的问题，但似乎又陷入了能力"无限回归"的泥潭。对此，Winter 指出尽管在逻辑上存在更高阶的能力，但组织能力作为高水平的组织惯例，必须具有组织惯例的基本特征，即通过学习获得的、高度程式化、可重复或准可重复的集体活动方式，而即兴发挥和解决特定问题的能力不是动态能力。然而，到目前为止，现有研究对动态能力和组织惯例、组织能力以及核心能力等概念及其关系仍然界定不清，有必要对这些基本概念进行辨析。

（1）组织惯例、组织能力和动态能力。Nelson 和 Winter（1982）将组织惯例视为企业的"基因"，是有序的和可预期的组织行为模式，并认为企业作为惯例体系，由短期惯例、投资惯例和调整运营的惯例等不同类型和层次的惯例构成。Feldman（2000）进一步指出组织惯例既不同于正式的规范和准则，也不同于行为学派的非正式规则，而是蕴含在组织过程的以正式规则为指导的实际的行为模式。Winter（2000）将组织惯例和组织能力联系起来，认为组织能力（动态能力）是一系列高水平的惯例或惯例集合。以此为基础，Zollo 和 Winter（2002）、Cepeda 和 Vera（2007）将组织能力分为运营能力和动态能力，运营能力即传统意义上的运营惯例，也即正式或非正式的运营规则和标准程序，涉及为产生当前收益而对已知的组织过程的执行；动态能力是改变原有运营惯例或创造新惯例的规则和程序，也即通过改变现有的运营惯例以提高未来收益的高等级的组织惯例。

结合组织惯例理论和组织能力理论，组织能力可划分为普通能力和动态能力两类。普通能力即传统意义上的组织能力，即 Zollo 和 Winter（2002）所指的运营能力或运营惯例，是由个别惯例、一组惯例组成的个别能力和个别能力的组合三个层次构成的能力体系（Lavie，2006），是较低层次的惯例或惯例体系；动态能力则是调整普通能力的惯例，是组织层面的概念，指存在于组织和战略过程中的较高层次的惯例（调整惯例）或惯例体系。

（2）核心能力和动态能力。传统能力理论强调组织能力的稳定性和共同性，并未涉及核心能力和动态能力等概念。依据核心能力观，当由个别能力组合而成的组织能力具有适用性、价值性和难以模仿性等特征时，便表现为核心能力。Prahalad 和 Hamel（1990）因此将核心能力定义为"组织中积累性学识，特别是关于如何协调不同的生产技能和有机结合多种技术流的学识"。但核心能力仍然强调组织能力的稳定性，是相对"静态"的概念。与之不同，动态能力"将研究的重点放在了企业用以积累影响学习与研究进程的概率和方向的机制上"（Markides 和 Williamson，1994），致力于通过持续改变资源或能力基础并实现能力组合方式的动态化，强调不断形成新的核心能力以适应动态环境。由此，核心能力可以看作是特定环境下动态能力作用的结果，是动态能力在某一时点的表现形式。

2. 动态能力的构成

以 Teece（2007）的动态能力构成"三分法"为基础，O'Reilly Ⅲ 和 Tushman（2008）对动态能力的内涵进行了拓展，认为机会感知能力包括跨越技术和市场边界进行扫描、搜寻和探索的能力；机会捕捉能力是指战略洞察以及制定和执行正确战略的能力；整合和重构能力是企业针对新的增长机会重新配置资源的能力。Wang 和 Ahmed（2007）则认为，动态能力由适应能力、吸收能力和创新能力构成。其中，适应能力是指高效的搜索能力；吸收能力是指识别、利用外部有价值的信息，并将其转化为商业结果的能力；创新能力是指通过创新行为和过程不断调整自身的战略创新定位，进而开发新产品或市场的能力。与 Teece 等从抽象层次研究动态能力的构成不同，也有学者探讨了具体形式的动态能力，如 Eisenhardt 和 Martin（2000）对产品开发、战略决策制定和结盟等的研究，Danneels（2008）对研发能力和新市场开发能力的研究，Drnevich 和 Kriauciunas（2011）对开发新产品或服务、实施新业务流程、创建新顾客关系和改变商业模式的研究等。整合 Eisenhardt、Martin（2000）的惯例观和 Teece

（2007）的"三分法"，本节认为，动态能力由具有递进关系的搜寻惯例、选择惯例和重构惯例三部分构成，如图6-1所示。

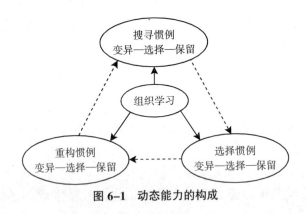

图6-1 动态能力的构成

（1）搜寻惯例是指改变现有资源与能力基础及其组合方式并搜寻多样性潜在机会的惯例。资源与能力基础的改变，既可以是来自内部的搜寻，也可以是对外部资源与能力的吸收，而多样性潜在机会产生于对改变后的资源与能力组合方式的市场探索。"三分法"中的机会感知能力与搜寻惯例相对应，在具体形式的动态能力中，团队研发、新产品开发和公司创业惯例等均属搜寻惯例的内容。

（2）选择惯例是指对因资源与能力基础改变而产生的多样性潜在市场机会进行选择的惯例。企业需在充分发挥原有"位势"和"路径"优势的基础上，综合考虑环境变化和改变后的资源与能力基础等因素，对多样性潜在机会进行选择并形成选择惯例。"三分法"中的机会捕获能力与选择惯例相对应，战略决策惯例则属于选择惯例的具体形式。

（3）重构惯例是指围绕新机会对改变后的资源与能力基础进行重新配置的惯例。重构惯例既涉及资源的获取和释放，也涉及基于新机会的运营惯例（新的核心能力）的扩散。"三分法"中的整合和重构能力与重构惯例相对应，在具体形式的动态能力研究中，并购、重组和联盟惯例等则属于重构惯例的内容。

3. 动态能力的演化

组织学习和动态能力的关系是三种动态能力观共同关注的内容，但三种观点存在明显分歧。整合观将组织学习视为动态能力的组成部分；学习观认为组织学习既是驱动动态能力演化的因素，也可看作是更高阶的动态能力；惯例观则将二者明确区别开来，认为组织学习是驱动动态能力演化的影响因素。本节的研究认为，三种观点分歧的根源在于混淆了作为驱动动态能力演化的学习和作为动态能力构成部分的学习（搜寻惯例）的区别。驱动动态能力演化的组织学习是对构成动态能力的搜寻惯例、选择惯例和重构惯例的反思式学习，是有准备的或经验性的学习，是高度程式化、可重复或准可重复的集体活动，具有路径依赖的特征。作为驱动动态能力演化的组织学习是动态能力的影响因素，但不是动态能力的构成内容。作为动态能力构成部分的组织学习，指搜寻惯例及其指导下的具体搜寻行为，搜寻惯例改变资源与能力基础及其组合方式，其结果是多样性潜在机会的发生。

对于动态能力的演化，学习观构建了知识变异、知识选择、知识复制和知识保留的知识演化循环模型（Zollo 和 Winter，2002；Cepeda 和 Vera，2007）。但该模型没有对构成动态能力的不同惯例的演化做出明确的区分和解释，同时对知识的理解过于宽泛，既适用于动态能力的演化分析，也适用于动态能力作用下具体的知识（如资源与能力基础及其组合方式的改变）的演化分析，针对性相对不足。本节的研究认为，动态能力作为嵌入组织与管理过程的调整惯例（体系），其演化由反思式或经验性组织学习驱动，并且导致动态能力的搜寻惯例、选择惯例和重构惯例的演化独立发生，分别进行变异、选择和保留，如图 6-1 所示。需强调的是，动态能力演化不同于机会导向下资源与能力基础及其组合方式的演化，如前所述，后者是特定形式竞争优势的形成过程，是动态能力作用的结果。

四、机会逻辑下持续竞争优势的形成机理

动态能力理论近年来虽然获得了迅速发展，但由于动态能力与持续竞争优势关系研究的主导逻辑不清，因而仍被认为处于初始阶段（Helfat 和 Peteraf，2009）。本节的研究认为，深入研究需明确基于动态能力的持续竞争优势形成的逻辑前提。现有研究在很大程度上混淆了核心能力观的"杠杆逻辑"和动态能力观的"机会逻辑"。前者强调以相对静态的核心能力为杠杆，撬动存在于组织内部和外部的其他资源与能力以获得持续竞争优

势（Bowman 和 Ambrosini，2003；Campbell 和 Luchs，1997）[①]。机会逻辑则强调通过持续改变现有的资源与能力基础及其组合方式，不断形成新的核心能力以获得基于新机会的一系列暂时的竞争优势。由此，机会逻辑下持续竞争优势形成机理可表述为：以机会为导向，通过搜寻惯例，持续改变资源与能力基础及其组合方式，形成多样性潜在机会；通过选择惯例，对多样性潜在机会进行选择并确立新机会；通过重构惯例，围绕新机会重新组合改变后的资源与能力，持续形成新的核心能力，从而不断获得时间 t_0，t_1，…，t_n 的一系列暂时的竞争优势，如图 6-2 所示。

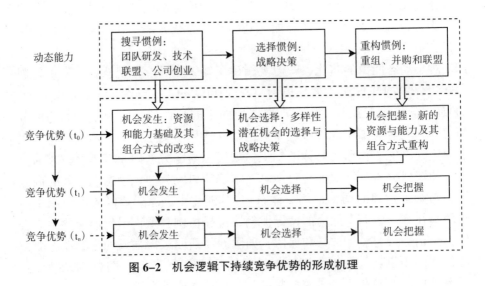

图 6-2　机会逻辑下持续竞争优势的形成机理

1. 搜寻惯例、资源与能力基础改变和多样性潜在机会发生

机会逻辑下持续竞争优势形成过程中，搜寻惯例演化和资源与能力基础改变属于不同层次的内容，前者指搜寻程序和规则的演化，目的是提高资源与能力基础改变的效率和潜在机会发生的概率，意味着更有效的搜寻惯例的形成；后者指搜寻惯例指导下的搜寻结果，具体表现为新技术、新产品、新管理实践或商业模式的形成以及多样性潜在机会的发生等。

搜寻可分为本地搜寻和创造性搜寻。本地搜寻与利用式学习相对应，是在现有资源与能力范围附近寻找答案（March，1991；Stuart 和 Podolny，

---

① 尽管"杠杆逻辑"也强调机会的重要性，但要以核心能力相对稳定或路径依赖为前提。

1996）。受有限理性和认知惰性等因素的影响，组织倾向于本地搜寻，并且以搜寻方案的边际努力不高于决策结果的边际改进作为继续搜寻的条件（Hodgkinson，1997）。创造性搜寻与探索式学习相对应，是有意识地搜寻机会、识别机会和进一步探索机会的认知过程（Pandza 和 Thorpe，2009）。本地搜寻因具有路径依赖特征而被认为是核心惰性形成的根源；创造性搜寻具有路径创造的特征，旨在打破核心惰性以适应环境变化。机会逻辑下的持续竞争优势形成过程中，作为动态能力构成部分的搜寻惯例体现在开拓性方面，强调通过创造性搜寻促进资源与能力基础的改变，以期为获得持续竞争优势提供长期基础（Christensen，1995）。

搜寻惯例能够促进资源与能力基础及其组合方式的改变，但搜寻惯例并不必然带来竞争优势，因为搜寻产生的结果仍以多样性潜在机会的形式存在，至于如何对多样性潜在机会进行选择以及被选择的新机会最终能否转化为竞争优势还取决于选择惯例和重构惯例等动态能力其他构成部分的共同作用。

2. 选择惯例和机会识别

对多样性潜在机会的选择是机会逻辑下持续竞争优势形成的关键环节。Plunket（2003）特别强调选择惯例的作用，认为组织内部变异如何被选择才是理解惯例和动态能力如何形成和演化，以及如何影响企业绩效的关键，但现有动态能力研究未能有效解释新机会的选择问题。在多样性潜在机会出现后，打破战略主导逻辑的束缚是构建有效选择惯例的核心。因为战略主导逻辑的"滤器"将滤掉那些目前缺乏内部效率但涉及未来竞争优势的潜在机会（如代表技术范式变革方向的新技术和新的市场机会等），为此组织需具备消除已有战略中不正常固化状态并减轻或消除决策惰性和战略固化的能力（Hodgkinson 和 Healey，2011）。同时，尽管新机会的选择可能会偏离原有的位势和路径，但并不等于否定现有的资源与能力基础，仍需以充分发挥原有的资源和路径优势为前提（Teece，1997），因为动态能力是企业在给定的路径和市场位势条件下获得新的或创新性形式的竞争优势的能力（Barton，1992）。Pandza 和 Thorpe（2009）也强调战略性建构的积极意义，认为应该不断精练新知识和新机会，并促进已有知识的升级，以提升其作为商业机会的适宜性与有用性。所以，有效的选择惯例既需充分考虑到企业现有的位势和路径优势，又要超越现行战略主导逻辑，能够不断审视或界定资源与能力的价值，评估潜在机会的前景，根据市场绩效做出适当的选择。

为避免认知惰性对选择的影响，Eisenhardt 和 Martin（2000）强调高度动态环境下战略决策应遵循简单原则，认为 Intel 公司依据"各业务部门的收益率"这一简单原则做出从存储器业务向微处理器业务转变的战略决策并获得成功。Schreyögg 和 Lkiesch-Eberl（2007）则从能力动态性的角度提出了包括能力递进过程和柔性监控过程的双重过程模型，认为柔性监控系统在探测到组织内外环境变化后，通过对路径依赖性、结构惰性和心理承诺惰性程度的评估做出能力调整决策，并最终作用于企业的日常能力实践，使能力得到提升。在实践层面，IBM 的商业领导力模型为多样性潜在机会的选择提供了"最佳实践"。该公司在投资决策过程中，形成了由技术团队、战略团队和整合与价值团队构成的投资决策主体，他们围绕"深潜"主题（如新技术或竞争市场的变化）进行专题研究来决定进入或退出某个市场。"深潜"主题通常由事业部总经理选定，技术团队提供该事业部技术进步线索，战略团队确保对战略的动态调整，整合团队提供全公司范围的沟通渠道。该机制提供了一个多方面的对环境变化的适时监控和评估系统、适时的投资决策系统和重新分配资源的系统。

3. 重构惯例和持续竞争优势形成

机会导向的重构通常沿着资源基础改变与能力基础改变两个维度展开[①]。资源基础改变是指企业所拥有的技术、设备、品牌等有形和无形资源及其结构的改变，能力基础改变是指原有整合资源的个别惯例或个别能力及其组合方式的改变所导致的能力结构的改变。根据资源与能力基础改变程度的不同，重构可分为改良重构、资源重构、能力重构和再造重构四种类型（如图 6-3 所示）。

（1）改良重构是指企业的资源基础与能力基础均不发生根本性改变（突变）的重构，是在原有位势和路径基础上的渐进改变或自我强化（渐变）。严格意义上说，改良重构不属于动态能力的范畴，而是战略主导逻辑不变前提下既定核心能力的完善，追求的是"杠杆逻辑"下的竞争优

[①] 资源基础观和核心能力观对资源和能力的理解不同，前者将核心能力作为企业资源的构成部分，而后者则强调对资源的配置和整合能力是核心能力的构成部分。本书主要参考了 Penrose（1959）的观点，认为资源本身从来不可能是生产过程的"投入品"，投入品只可能是资源所带来的服务（能力），组成一组潜在服务（能力）的资源可以在不涉及其使用的条件下被定义，而服务（能力）却不能在这个条件下被定义。

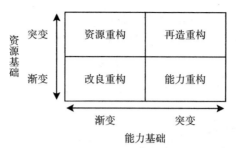

图6-3　基于资源与能力基础改变的重构类型

势。改良重构适用于相对稳定环境或把握新机会后的环境适应期，但环境发生本质变化时会呈现出惰性特征。

（2）资源重构是指企业的资源基础发生根本性改变，如通过突破性技术创新和新产品开发以及外部资源的引入等使原有的资源结构发生根本性变化，但原有的个别能力及其组合方式不发生根本性改变的重构。Intel公司从存储器厂商到微处理器厂商的转变，主要是公司的资源基础发生了根本性改变，但其原有的运营惯例，如研发惯例、生产惯例和营销惯例等未发生根本性变化。

（3）能力重构是指企业能力基础发生根本性改变，如网络信息技术条件下新的管理实践或商业模式的推行，以及由此导致的组织内部或组织间信任关系和合作惯例的改变等，但资源基础（特别是关键技术）并未发生根本性改变的重构。IBM公司从计算机生产商向服务商的转变，主要是企业的能力基础（战略决策和战略执行能力）发生了改变，但其资源基础并未发生根本性变化。

（4）再造重构是指企业的资源与能力基础都发生根本性改变的重构。尽管从长期看，企业的资源与能力基础都会发生根本性改变，但短期内二者同时发生根本性改变的企业往往很难成功。Kodak公司于2012年在美国申请破产保护，根源在于其资源与能力基础在短时间内的同时改变。迫于市场压力，该公司不得不从传统的胶片产品市场转向新兴的数码产品市场（资源基础发生根本性改变），同时不得不尝试构建与数码产品市场变化相适应的迅速反应能力（能力基础发生根本性改变），但因短时间内两种改变很难兼备，最终导致了重构失败。

作为动态能力的构成部分，重构惯例不是一次性重构行为，而是重构行为的惯例化。实践中已经出现重组惯例、并购惯例、联盟惯例和其他组织间合作惯例等大量重构惯例的"最佳实践"。在雅虎公司的在线服务业务联盟构建过程中，该公司遵循"没有专用的结盟协议以及提供的基本服务必须是自由的"等简单原则，结成广泛的在线服务业务联盟，最终获得了极大的成功（Eisenhardt 和 Sull，2001）。

五、研究结论

1. 研究结论

基于动态能力的持续竞争优势是战略管理理论关注的热点，但二者关系机理研究仍处于理论探讨阶段。通过文献回顾与理论推导，本节构建了机会逻辑下基于动态能力的持续竞争优势形成的分析框架，并得出以下结论：

（1）通过整合 Teece（2007）的动态能力构成"三分法"与 Eisenhardt 和 Martin（2000）的惯例观，提出动态能力由嵌入组织和战略过程的具有递进关系的搜寻惯例、选择惯例和重构惯例所构成。该界定厘清了作为动态能力的惯例演化和作为动态能力结果的特定形式竞争优势之间的关系；通过对动态能力组织性特征的探讨，发现动态能力是任何变动环境下组织能力的共性要求，进一步解释了"最佳实践"存在的可能性和"动态能力是持续竞争优势的必要但非充分条件"（还取决于资源和能力的异质性）命题，从而拓展了惯例观对动态能力在不同环境下具有不同适用性的研究。

（2）通过对三种动态能力观关于组织学习和动态能力关系研究的梳理，发现驱动动态能力演化的组织学习和作为动态能力构成部分的组织学习（即搜寻惯例）在持续竞争优势形成中具有不同作用。作为驱动动态能力演化的组织学习是"深思熟虑的"或"有准备的"学习，具有路径依赖的特征，其作用结果是构成动态能力的搜寻惯例、选择惯例和重构惯例有效性的提高乃至"最佳实践"的出现；而作为动态能力构成部分的组织学习指的是机会导向的搜寻惯例，尤其是创造性搜寻惯例，其作用结果是资源与能力基础发生改变和多样性潜在机会的发生。

（3）通过对竞争优势理论研究范式的比较，发现对"机会逻辑"和"杠杆逻辑"下的竞争优势形成机理的混淆，是现阶段动态能力与竞争优势关系机理不清的主要原因。资源基础观和核心能力观对竞争优势的研究遵循的是"杠杆逻辑"，强调持续竞争优势形成于相对稳定的核心能力及其对企业内部和外部的其他资源与能力的杠杆作用；基于动态能力的持续竞争优势研究遵循的是"机会逻辑"，强调给定路径依赖和市场位势条件下，以市场机会为导向，通过改变资源与能力基础及其组合方式，获得新的或创新性形式的竞争优势；通过对重构惯例类型的研究，发现尽管动态能力强调对现有位势和路径的"有意偏离"，但资源与能力的重构需以充分发挥组织现有的位势和路径优势为前提，如果组织在短期内对组织原有的资源与能力均进行根本性的改变（如再造重构），则势必增加企业衰败的概率。

2. 研究启示

机会逻辑下的持续竞争优势来源于动态能力，而动态能力作为嵌入组织和管理过程的惯例体系，其作用发挥需有相应的组织情境作为支撑。有利于动态能力形成和演化及其作用发挥的组织需具备崇尚学习和创新的组织文化、知识治理导向的企业制度和高度柔性的组织结构等情境特征。

（1）崇尚学习和创新的组织文化。组织文化是组织成员共享并作为标准传承给新成员的一系列价值观、信念、看法和思维方式的总和，其核心是组织价值观。根据组织价值观的变动性和多元化程度，组织文化可分为一元惰性文化（组织文化价值观单一且相对稳定）、一元柔性文化（组织价值观随环境变化会发生根本性改变，仍然是一元文化主导）、多元惰性文化（以某种价值观为主，允许异质性价值观存在）和多元柔性文化（多元价值观并存，主导价值观会随环境变化而动态调整）四种类型。惰性文化背景下的组织学习倾向于从成功中获取经验与更为确定和更为近期的回报。动态能力的形成与作用发挥，需构建崇尚学习和创新的多元柔性组织文化。多元价值观并存有利于打破路径依赖，促进创造性搜寻行为的发生，发现潜在的市场机会；而文化的动态性则有利于打破战略认知惰性的束缚，适时做出变革决策并重构资源与能力。

（2）知识治理导向的组织体制。传统的组织体制设计以物质资本拥有者为核心，知识资本的拥有者处于弱势地位。机会逻辑下持续竞争优势的形成，需构建以知识治理为核心的有利于知识拥有者价值实现的企业制度体系，包括有利于创造性搜寻的激励制度（如股票期和知识入股等制度创新），能够鼓励各级管理人员和知识型员工进行组织学习，促进企业资源与能力基础的改变，通过企业内部创业、风险投资和战略联盟等方式形成多样性潜在机会；有利于打破战略认知惰性的决策制度，从组织治理层面完善战略决策机制，特别是建立高管人员更替制度，以避免高管认知惰性可能带来的损失；有利于整合内外部资源的知识价值分享制度，在组织内部和组织间的网络化合作中，建立有效的运行机制，对知识创造可能涉及的利益相关者的利益进行协调，实现知识价值的最大化。

（3）高度柔性的组织结构。传统的机械式组织结构设计强调目标既定前提下组织效率的提高，比较适合相对稳定的外部环境，而变化环境下潜在机会的识别和把握需要有机式的、高度柔性的组织结构作为支撑。有利于动态能力作用发挥的高度柔性组织结构应具有分权化和网络化特征。分权化指决策权重心下移，拥有更大决策自主权的基层部门能够不断调整搜寻惯例，迅速改变资源与能力基础，进而感知和识别稍纵即逝的潜在机会。网络化包括组织内部的网络化（如内部市场和跨部门团队）和组织与外界关系的网络化（如模块化组织和战略联盟）。网络化以分权化为前提，能够促进跨越组织内部和组织间边界的自主合作，从而为整合、建立和重构组织内部和外部的资源与能力创造条件。

3. 研究不足

本节的研究仅从理论层面探讨机会逻辑下持续竞争优势形成机理，没有结合企业实践进行实证；所提出的理论框架还有需进一步细化之处，如对驱动动态能力形成与演化的学习机制构建、机会把握与战略转变的关系等，仍需结合实践进行深入的探讨；以大型多业务公司为预设对象，因此所得出的结论对只具有单一业务的中小型企业的解释力仍需进一步探讨。

第二节　网络能力与组织双元性

一、引言

动态环境下企业既需要改进现有技术、产品和服务，不断进行利用式创新以满足现有顾客和市场的需求，也需要探索新技术、拓展新市场，不断进行探索式创新以满足未来顾客或市场的需求（Floyd 和 Lane，2000）。

然而，学术界对双元创新的可获得性一直处于争论状态。有研究认为，探索式创新和利用式创新在思维方式和组织管理等方面的要求完全不同，在同一企业内同时进行两种活动几乎是不可能的（March，1991）；也有研究认为，企业可通过组织结构或时间上的安排使两种创新同时存在、相互补充（Tushman 和 O'Reilly，1996；He 和 Wong，2004）。最近有学者指出，双元创新的可获得性主要取决于是否存在同向影响两种创新的共同前因变量，如对公司创业导向（Kollmann 和 Stockmann，2010）和企业动态能力（焦豪，2011）与双元创新关系的实证研究等，目前这些研究均得出与探索式创新和利用式创新显著正相关的结论，为双元创新的可兼得性观点提供了理论依据。

随着网络信息技术的发展，企业网络日益成为企业获取资源和能力的重要平台，企业充分利用外部网络中存在的资源的能力逐渐成为影响企业创新的重要因素。那么，网络能力能否促进双元创新？有学者认为网络能力与探索式创新和利用式创新显著正相关（Jansen 等，2006）；也有学者认为网络能力与利用式创新正相关，而与探索式创新负相关（何建洪和贺昌政，2013）；还有学者认为网络能力的不同维度会对企业创新产生不同的影响（范钧等，2014）。究其原因，本节的研究发现，现有文献对网络能力等关键变量测量以及考察情境方面存在差异，同时也说明对网络能力和双元创新的关系机理需进一步探讨。近年来，环境动态性作为重要的情境变量对双元创新的作用逐渐引起关注。许多学者认为，动态环境下企业更可能发生探索式创新；而相对稳定的环境下企业则更倾向于利用式创新（Cabello Medina 等，2006），更有利于企业获取新的创意和想法，进行更多的技术探索和技术变革（Miller 和 Chen，1994），以及对创新和可替换的战略方向会进行更多的探索（Rowley 等，2000）。由此可见，网络能力和双元创新关系很有可能受到环境动态性的影响，所以本节引入环境动态性作为调节变量，构建环境动态性情境下网络能力和双元创新关系的理论模型，并以中国东部沿海地区高技术行业企业为样本进行实证检验。

二、文献回顾与研究假设

1. 网络能力和双元创新

现有文献对网络能力的界定主要有两种不同的观点：一种强调网络关系能力，认为网络能力是企业发展和维护与关键供应商、顾客和其他组织的关系以及维护和利用这些关系的能力（Ritter，1999；Hagedoorn 等，2006）；另一种则在关系能力维度基础上增加结构能力维度，认为网络能力是提高其网络综合地位和处理各种复杂网络关系的能力（Hakansson 和 Snehota，1989；Walter 等，2006）。后一种观点因内涵更加丰富而更能代表网络能力，本节采纳该观点。对网络能力维度的划分，Möller 和 Halinen（1999）通过理论分析认为，与产业网络层次、企业层次、关系组合层次和特定关系层次相对应，网络能力包括网络愿景能力、网络管理能力、组合管理能力和关系管理能力四种类型。以此为基础，国内学者石芝玲和和金生（2011）将网络能力划分为网络愿景能力、网络构建能力、关系管理能力与网络管理能力；方刚（2011）从战略性和操作性两个层面将网络能力分为战略性的网络规划能力和操作性的网络配置能力、网络运作能力和网络占位能力，并成功开发出网络能力测量量表。

March（1991）较早提出企业中存在"双元"（探索和利用）活动方式的差异，认为"探索"指寻求新的可能性，涉及搜寻、冒险、实验、柔性、创新等内容；"利用"指在现有基础上进行改进，涉及提炼、选择、生产、效率、执行等内容。Danneels（2002）将"双元"概念引入创新领域，并根据创新程度和知识基础的不同将企业创新活动分为探索式创新和利用式创新两种。其中，探索式创新被界定为企业不断探索新知识、研发新技术、开拓新业务以满足新的顾客和市场需求；利用式创新被界定为企业对现有产品进行渐进式改变，拓展现有产品市场，稳步改善企业运营以满足现有顾客和市场的需求（Wei 等，2011）。

近年来已有学者开始关注网络能力与双元创新的关系，但所得结论存在很大分歧。Zacca 等（2015）将网络能力作为自变量实证检验网络能力对小企业的影响，发现网络能力能够促进企业的创新性，但该研究并未区分两类创新。Jansen 等（2006）认为，非正式的协调机制——组织单位间紧密的社会关系对探索式创新和利用式创新均产生正向影响；但何建洪和贺昌政（2013）从结构嵌入性、关系联结强度和关系结构方面实证检验网络能力与双元创新的关系却发现，网络能力对利用式创新具有显著的正向影响，而对探索式创新有显著的负向影响。有学者认为结论不一致的可能原因是网络能力的不同维度对双元创新的影响不同，范钧（2014）的实证结果就表明网络配置能力和网络运作能力对突破创新绩效有显著正向影响，但网络规划能力和网络占位能力对突破性创新绩效的直接影响未得到有效验证。冉龙和陈劲等（2013）通过案例研究发现，在不同的创新阶段企业网络能力会形成有利于不同创新模式的创新结构。本节研究认为，除不同维度的差异性影响外，对网络能力的维度构成与测量工具的选择差异以及考察的情境等因素也可能是导致研究结果不一致的重要因素。综合国内外关于网络能力测量的最新研究成果，本节的研究认为，网络能力体现企业对存在于内部和外部的知识、信息及各种资源有效利用的水平，是企业进行探索式创新和利用式创新的重要保证。由此，提出以下假设：

H1a：网络能力与探索式创新正相关。

H1b：网络能力与利用式创新正相关。

如上所述，研究结论的不一致也可能是网络能力与双元创新的关系机理尚不清晰所致，有必要对不同情境下的网络能力的不同维度与双元创新的关系进行深入探讨。网络规划能力，也称网络愿景能力，是指企业在对其所处的内外环境分析的基础上，从战略高度制定企业网络整体思路与规划的能力（范钧等，2014）。Möller 和 Halinen（1999）、任胜钢（2010）认为，网络规划能力使企业对网络具有整体性的认识，有效预测由特定合作伙伴发起的战略变革并提前评估其在网络中行动的效果。Gay 和 Dousset（2005）通过对生物技术行业网络结构的动态性和创新的研究发现，理解合作网络的发展动态和结构对于由激进式变动确立的在行业中的领导性地位至关重要。范钧等（2014）认为，企业能够感知网络中存在的机会，识别市场中的空缺，提升突破性创新。何建洪和贺昌政（2013）通过实证研究发现，网络规划能力能使企业在获得新信息的同时也不断加深对现有知识的深入理解，有利于利用式创新的开展。可见，网络规划能力使企业能力对未来的创新方向和路径有清晰的判断，对两类创新均会产生积极的作用。由此，提出研究假设：

H2a：网络规划能力与探索式创新正相关。

H2b：网络规划能力与利用式创新正相关。

网络配置能力是指企业搜寻、评估和确定网络中潜在合作伙伴，与之建立联系并形成企业预期的网络关系的能力，网络配置能力还因包含对合作伙伴数量和类型的管理与控制而被称为网络构建能力。方刚（2011）研究发现，通过网络配置能力，企业能够对合作伙伴进行搜寻与评定，保证企业拥有大量能提供非冗余信息的联结，这些均有利于企业创新的发生。多数学者认为密集的网络更有利于利用式创新，而稀疏网络则有利于探索式创新（Hemphälä 和 Magnusson，2012；曾德明等，2012）。Phelps（2010）通过对 77 家通信设备制造企业的研究发现，企业联盟伙伴拥有的技术多样性越多，就越有利于探索式创新；Story 等（2011）认为，网络参与者和网络关系的复杂性与差异性是实现根本性产品创新的必要条件。可见，网络配置能力强的企业，会有更强的选择合作伙伴类型、控制同类合作伙伴数量、发掘潜在合作伙伴的能力，进而会更有利于开展探索式创新和利用式创新。由此，提出研究假设：

H3a：网络配置能力与探索式创新正相关。

H3b：网络配置能力与利用式创新正相关。

网络运作能力是指企业对自身与单个伙伴间网络关系的管理能力，是企业通过网络配置能力找到合作伙伴后，对合作伙伴间关系的深化、维护和管理。方刚（2011）认为，通过网络运作能力，企业能够增强彼此间信任，建立双方认可和共享的价值观和准则。Lew 等（2013）认为，网络伙伴间的信任能够使每个企业带来自身范围内的互补性资源，促进资源在网络中的转移，促进隐性知识的传递。Hansen（1999）认为，组织间的弱联结能够帮助项目组在其他组织中搜索到有用的信息，但是会阻碍复杂知识的传递，而强联结则有利于复杂、隐性知识的传递。多数学者认为，网络运作能力对双元创新具有相反方向的影响。蔡宁和潘松挺（2008）通过案例研究发现，基于低信息冗余和低成本特点的弱网络关系，能够促进企业的探索式创新；而基于复杂知识传递和高度信任的强网络关系，则有利于企业的利用式创新。曾德明等（2012）研究发现，网络中强联结的隐性知识传递和高度信任的特点有利于开展利用式创新，而不利于进行探索式创新。Ozer 和 Zhang（2015）的研究发现，产业集群关系与利用式创新正相关，与探索式创新负相关。本节的研究认为，网络间伙伴关系维持得越深入、越密切，往往越容易形成路径依赖，因而越有利于利用式创新，越不利于探索式创新。由此，提出以下假设：

H4a：网络运作能力与探索式创新负相关。

H4b：网络运作能力与利用式创新正相关。

网络占位能力是指企业在网络中占据中心位置的能力。现有文献对网络占位能力与双元创新关系存在分歧。Tsai（2001）认为，网络中占据中心位置的企业能够接触到企业所需要的战略性资源，获得新的知识，进而影响到其对新市场机会的组织和反应能力，所以能正向影响企业创新。更多学者强调网络占位能力对利用式创新的积极作用，如高展军和李垣（2006）认为企业在网络中高的中心度更有利于利用式创新，而企业边缘化位置则不利于利用式创新。对于网络占位能力与探索式创新的关系存在分歧较大，如陈效林（2012）的研究认为，企业处于网络中心位置对利用式创新更有利，而对探索式创新未必有利；Karamanos（2012）则认为，网络中心性对探索式创新并无显著性影响。本节的研究认为，企业在网络中占据的位置不同，其获得的资源、知识和受到的约束也各不相同，进而影响到企业开展创新的方式。在网络中占据中心位置，获得的资源和知识相对较多，但受到的约束也会更多，因此更容易进行利用式创新而不易于进行探索式创新。由此，提出以下假设：

H5a：网络占位能力与探索式创新负相关。

H5b：网络占位能力与利用式创新正相关。

2. 环境动态性的调节作用

环境动态性是指外部环境变化的速度及其不可预测的程度（Dess 和 Beard，1984；Tan 和 Litschert，1994）。Miller（1987）从企业面临的环境中增长机会的变化、所处行业中技术的变化、产品或服务创新的变化、研究开发活动的变化四个方面对环境动态性进行界定。以此为基础，陈国权和王晓辉（2012）将环境动态性界定为组织的利益相关者行为或需求的变化程度，及其产品与服务的类型、行业趋势、技术创新的变化程度。许多学者认为，环境动态性是影响企业创新的重要情境变量，环境动态性能够拓宽企业的视野（Hambrick，1987），对创新和可替换的战略方向进行更多探索（Rowley 等，2000），扩展环境中适应性战略选择的空间和范围（Hough 和 White，2003），降低组织惰性（Koberg 等，2003），更可能发生探索式创新以及能使企业获取新的创意和想法，促进企业进行更多的技术探索和变革（Miller 和 Chen，1994）。

网络能力能够使企业发现网络中存在的现有机会和未来的发展机会，

为企业搜寻、确定和维持良好伙伴关系，并通过伙伴间的交流，促进信息和知识的流动以及不断获取新的信息、技术、知识等提供保证。然而，网络中的何种信息、技术和知识能够被企业选择可能与环境动态性有关。王同庆（2012）通过对动态环境下企业的嵌入式网络关系和网络能力对其服务创新存在影响的研究发现，当环境动态性变动大时，企业网络能力对服务创新的正向影响就越大。可见，环境动态性是影响网络能力与企业双元创新关系的重要因素。在相对稳定的环境下，企业更倾向于对网络中现有的技术、资源和知识进行收集、运用与创新；而在高度动态环境下，企业面临更多不确定性因素，仅依靠利用式创新开发现有产品、服务很难应对环境变化，此时更倾向于进行更多的探索，获取新信息和资源，掌握新技术以开发新产品或提供新服务来拓展现有市场或开拓新市场。由此，提出以下假设：

H6a：环境动态性正向调节网络能力与探索式创新的关系。

H6b：环境动态性负向调节网络能力与利用式创新的关系。

基于对网络能力、环境动态性和双元创新关系的分析提出本节的研究模型，如图6-4所示。

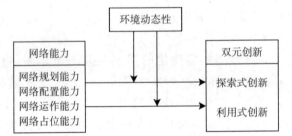

图6-4 网络能力、环境动态性和双元创新关系的理论模型

三、研究设计

1. 样本与数据收集

本节选取中国东部沿海地区的高技术产业企业作为样本，采用问卷调查方式进行数据收集。样本选取的原因在于，中国东部沿海地区高新技术产业相对发达，企业成熟度较高；同时，高新技术企业的技术含量高、技

术变化迅速、创新密集，往往更倾向于与其他企业建立网络关系。本节根据国家相关部门对高技术企业的认定方法来识别高技术企业。

本次调查由企业内部熟悉网络和技术创新工作的高层管理者和少量战略或技术创新部门的中层管理者填写问卷，共发出 415 份调查问卷，回收问卷 310 份，问卷回收率约为 74.7%。问卷发放和回收时间分别是 2015 年 6 月初和 7 月底，历时两个月。在实际回收的问卷中，剔除工作年限少于 3 年、答案不完整和前后答案矛盾的问卷，最终回收有效问卷 226 份，问卷回收有效率为 54.4%。从回收的 226 份有效问卷来看，样本中高技术企业涉及服务业、电子信息技术、生物工程医药等多个行业，可以很好地保证数据的来源。表 6–1 为研究样本的具体分布情况。

表 6–1　样本描述性统计分析

	样本特征	样本数	百分比（%）
公司成立年限	5~10 年	61	26.99
	11~15 年	99	43.81
	16~20 年	45	19.91
	21 年以上	21	9.29
企业规模	200 人以下	0	0
	200~500 人	99	43.81
	500~1000 人	104	46.01
	1000 人以上	23	10.18
行业类型	生物与新医药技术	64	28.32
	电子信息技术	124	54.87
	高技术服务业	31	13.72
	其他	7	3.09
被调查者工作年限	5 年及以下	29	12.83
	6~10 年	87	38.50
	11~15 年	79	34.95
	16 年及以上	31	13.72
被调查者岗位层次	中层管理者	45	19.91
	高层管理者	181	80.09

由于问卷调查时所有题项均由同一填写者填写容易产生同源偏差（common method variance）问题，本节首先采用了答卷者信息隐匿和反向条目法进行事前预防，同时还采用 Harman 单因子检验的方法检验同源偏差，将问卷所有条目放在一起做因子分析，在未旋转时得到的第一个主成分占到的载荷量为 28.973%，并未占到多数，保证可能存在的同源偏差基本不会影响研究结论。

2. 变量测量

对于网络能力的测量，主要参考 Ritter 和 Gemunden（2003）、Walter 等（2006）、方刚（2011）、范均等（2014）的测量方法，将网络能力划分为网络规划能力、网络配置能力、网络运作能力和网络占位能力四个维度，由"企业能够理解网络的内涵"、"企业拥有很多的合作伙伴"、"企业与企业能够利用多种方式寻找伙伴"和"企业拥有占据中心位置的能力"等 16 个题项构成。对于双元创新的测量，Jansen 等（2006）对探索式创新的测量采用"企业引进一系列新的产品和服务"、"企业为新产品和服务开辟了新的市场"等 6 个条目，对利用式创新的测量采用"企业经常改善现有产品和服务的质量"、"企业扩展现有产品和服务的功能"等 6 个题项。国内学者对双元创新的测量多参考该量表（Wei 等，2011；焦豪，2011）。本节主要参考 Wei 等（2011）和焦豪（2011）的研究，在采用时结合具体的研究实际做适当的调整。对于环境动态性的测量，本节将环境动态性作为单维变量进行研究，量表主要采用陈国权和王晓辉（2012）在 Miller（1987）基础上修订的量表，包含"本企业的竞争对手的行为变化快"、"本企业的市场和客户需求变化快"和"本企业所处行业的产品或服务的类型变化快"等测量项目，在具体应用时结合本节的研究进行适当的调整。

本节关于网络能力、双元创新和环境动态性的测量均采用 Likert 5 级量表，"1"表示"完全不同意"，"5"表示完全同意。本节还选取企业年限和规模作为控制变量，以排除这些因素对企业双元创新的影响。企业年限是影响创新的重要因素，企业存在的时间越长，它所拥有的资源就越多。经营时间长的企业能够积累更多有助于创新的经验（Jansen 等，2006），而刚刚成立的企业则拥有更好的创造能力。在本节研究中，企业年限为从企业成立起至 2015 年为止所经历的年数。企业规模是影响企业战略和行为的重要因素，规模越大的企业，所拥有和获取资源的能力就越强，能够投入到创新中的资源就会越多，进而会对创新产生差异化的影响。

　　3. 信度和效度检验

　　通过 Cronbach's Alpha 检验各变量的内部一致性系数，发现网络能力、环境动态性和双元创新的信度系数分别为 0.882、0.841、0.813，都大于相关研究所建议的最小临界值，可见具有较好的内部一致性。为了保证本节变量的内容效度，所采用的量表均是已有研究中被学者广泛采用的成熟量表，而且在最终确定问卷前，请教相关领域的专家，对问卷题项进行修改和完善，以保证问卷的内容效度。各变量的构建效度通过因子载荷和所解释的方差百分比进行检验。表 6-2 给出的是探索性因子分析的结果，从表 6-2 中可以看出，各指标的因子载荷和各变量解释的方差均达到要求，具有较好的构念效度。

表 6-2　网络能力、双元创新和环境动态性的探索性因子分析

变量	维度	度量指标	因子载荷	解释方差
网络能力 Cronbach's α = 0.882	网络规划能力 Cronbach's α = 0.627	企业能够开发和利用网络中的机会	0.643	56.427
		企业拥有指导网络的基本原则和思路	0.641	
		企业清晰了解自身的目标和行动准则	0.734	
	网络配置能力 Cronbach's α = 0.716	企业拥有很强的发现并选择伙伴的能力	0.705	
		企业能够利用多种方式寻找伙伴	0.598	
		企业拥有各种类型的合作伙伴	0.596	
		企业潜在的伙伴转变成伙伴的比例高	0.703	
	网络运作能力 Cronbach's α = 0.797	企业拥有与合作伙伴建立信任、互惠关系的能力	0.552	
		企业与合作伙伴深入地交流、沟通	0.771	
		企业拥有与各合作伙伴长时间合作的能力	0.626	
		企业拥有进行网络关系维护和网络冲突处理的能力	0.562	
		企业拥有与合作伙伴分享价值观的能力	0.517	
		企业与合作伙伴的交流能够被彼此接受	0.574	

续表

变量	维度	度量指标	因子载荷	解释方差
网络能力 Cronbach's α = 0.882	网络占位能力 Cronbach's α = 0.664	企业拥有在所处网络中占据中心位置的能力	0.712	56.427
		企业经常在不同合作伙伴的交流中发挥桥梁作用	0.643	
		企业拥有与合作伙伴直接联系的能力	0.671	
双元创新 Cronbach's α = 0.813	探索式创新 Cronbach's α = 0.761	企业承认顾客有超出现有产品和服务的需求	0.644	56.967
		企业不断开发新产品和服务	0.695	
		企业在本地（现有）市场上试验新的产品和服务	0.770	
		企业推广新的产品和服务	0.794	
		企业能够经常有效利用新市场的新机会	0.525	
	利用式创新 Cronbach's α = 0.796	企业定期对现有产品和服务进行小的改善	0.753	
		企业在本地（现有）市场引进经改善的产品和服务	0.673	
		企业改进产品和服务的提供效率	0.797	
		企业提升对现有客户的服务	0.800	
环境动态性 Cronbach's α = 0.841	环境动态性 Cronbach's α = 0.841	企业竞争对手的行为变化迅速	0.746	61.161
		企业所处的市场变化及客户需求变化迅速	0.804	
		企业合作伙伴的行为变化迅速	0.766	
		与企业相关的政府部门的政策、要求变化迅速	0.791	
		企业所处行业的产品或服务的类型变化迅速	0.801	

四、实证分析

1. 相关分析

本节分析了各变量间的相关系数，如表 6-3 所示。从表 6-3 中可以看出，网络能力的各维度与探索式创新和利用式创新均显著正相关；环境动态性与网络能力各维度以及探索式创新和利用式创新相关性不显著，说明环境动态性适合做调节变量。

表 6-3 网络能力、环境动态性和双元创新相关分析

	均值	标准差	1	2	3	4	5	6	7	8
1. 公司年限	3.10	0.911	1							
2. 公司规模	2.66	0.655	0.140*	1						
3. 网络规划能力	3.98	0.679	−0.014	−0.002	1					
4. 网络配置能力	3.86	0.684	0.013	−0.043	0.470***	1				
5. 网络运作能力	3.88	0.660	−0.006	−0.029	0.531***	0.608***	1			
6. 网络占位能力	3.81	0.746	0.059	−0.079	0.483***	0.541***	0.580***	1		
7. 探索式创新	3.92	0.681	−0.053	−0.087	0.567***	0.579***	0.663***	0.583***	1	
8. 利用式创新	3.95	0.705	−0.078	−0.093	0.468***	0.501***	0.505***	0.536***	0.505***	1
9. 环境动态性	3.57	0.592	−0.132*	0.077	0.028	−0.066	0.049	−0.145*	0.032	−0.116

注：*** 表示在 0.001 水平上显著相关；** 表示在 0.01 水平上显著相关；* 表示在 0.05 水平上显著相关。

2. 回归分析

本节运用多元线性回归来分析网络能力与探索式创新和利用式创新的关系，对假设 1 到假设 5 进行检验。其中，模型 1a、模型 1b 和模型 1c 是将探索式创新作为因变量，而模型 1a 仅将控制变量作为自变量，分析控制变量与探索式创新的关系；模型 1b 在模型 1a 的基础上，将网络能力作为解释变量分析其与探索式创新的关系；模型 1c 是在模型 1a 的基础上，引入网络能力的四个维度进行分析。模型 2a、模型 2b 和模型 2c 将利用式创新作为因变量，模型 2a 仍是仅将控制变量作为自变量，研究控制变量与利用式创新的关系；模型 2b 在模型 2a 的基础上引入了网络能力，分析其与利用式创新的关系；模型 2c 在模型 2a 的基础上引入了网络能力的四个维度。网络能力对探索式创新和利用式创新的回归分析结果如表 6-4 所示。

表 6-4 网络能力作用的回归分析

因变量	探索式创新			利用式创新		
	模型 1a	模型 1b	模型 1c	模型 2a	模型 2b	模型 2c
企业年限	−0.042	−0.056	−0.055	−0.067	−0.079	−0.087
企业规模	−0.081	−0.045	−0.046	−0.084	−0.054	−0.047

续表

因变量	探索式创新			利用式创新		
	模型 1a	模型 1b	模型 1c	模型 2a	模型 2b	模型 2c
网络能力		0.742***			0.614***	
网络规划能力			0.217***			0.173**
网络配置能力			0.170**			0.186**
网络运作能力			0.330***			0.141
网络占位能力			0.195**			0.271***
F	1.041	93.395***	46.608***	1.477	47.110***	24.562***
R^2	0.009	0.558	0.561	0.013	0.389	0.402
调整后的 R^2	0.000	0.552	0.549	0.004	0.381	0.386

注：*** 表示在 0.001 水平上显著相关；** 表示在 0.01 水平上显著相关；* 表示在 0.05 水平上显著相关。

从表 6-4 中可以看出，网络能力对探索式创新的回归系数 β=0.742，且 t 值的显著性水平为 0.000（p<0.001），说明网络能力与探索式创新显著正相关，假设 H1a 得到验证。网络规划能力对探索式创新的回归系数 β=0.217，且 t 值的显著性水平为 0.000（p<0.001），说明网络规划能力与探索式创新显著正相关，从而证明假设 H2a 成立。网络配置能力的回归系数为 0.170，t 值的显著性水平为 0.005（p<0.01），说明网络配置能力与探索式创新显著正相关，从而证明假设 H3a 成立。网络运作能力和网络占位能力对探索式创新的回归系数 β 值分别为 0.330 和 0.195，t 值的显著性水平分别为 0.000（p<0.001）和 0.001（p<0.01），说明网络运作能力和网络占位能力与探索式创新均显著正相关，与假设相反，从而证明假设 H4a、H5a 不成立。

网络能力对利用式创新的回归系数 β=0.614，且 t 值的显著性水平为 0.000（p<0.001），说明网络能力与利用式创新显著正相关，假设 H1b 得到验证。网络规划能力对利用式创新的回归系数 β=0.173，且 t 值的显著性水平为 0.008（p<0.01），说明网络规划能力与利用式创新显著正相关，从而证明假设 H2b 成立。网络配置能力的回归系数 β=0.186，t 值的显著性水平为 0.008（p<0.01），说明网络配置能力与利用式创新显著正相关，从而证明假设 H3b 成立。网络运作能力对利用式创新的回归系数 β=

0.141，t 值的显著性水平为 0.057（p>0.05），边缘显著，从而证明假设 H4b 不成立。网络占位能力对利用式创新的回归系数 β=0.271，t 值的显著性水平为 0.000（p<0.001），说明网络占位能力与利用式创新具有显著的正相关关系，从而证明假设 H5b 成立。

3. 调节效应分析

关于环境动态性对网络能力与探索性/利用式创新关系调节作用的分析，第一步，以探索式/利用式创新为因变量，将对双元创新有影响的控制变量加入模型；第二步，将网络能力和环境动态性一同作为自变量加入回归模型；第三步，将环境动态性与网络能力进行交互，将交互项放入回归模型。同时，所有自变量和调节变量在进行交互前均已进行了变量中心化处理，以避免存在多重共线性。回归模型结果见表 6-5。

表 6-5　环境动态性调节作用的回归分析

因变量	探索式创新			利用式创新		
	模型 1a	模型 3a	模型 3b	模型 2a	模型 4a	模型 4b
企业年限	−0.042	−0.049	−0.052	−0.067	−0.094	−0.090
企业规模	−0.081	−0.050	−0.057	−0.084	−0.044	−0.035
网络能力		0.743***	0.745***		0.612***	0.608***
环境动态性		0.051	0.071		−0.108*	−0.135*
网络能力 × 环境动态性			0.111*			−0.143**
F	1.041	70.437***	58.887***	1.477	36.874***	31.858***
R^2	0.009	0.560	0.572	0.013	0.400	0.420
调整后的 R^2	0.000	0.552	0.563	0.004	0.389	0.407

注：*** 表示在 0.001 水平上显著相关；** 表示在 0.01 水平上显著相关；* 表示在 0.05 水平上显著相关。

由表 6-5 可知，通过对比模型 3a 和模型 3b 可以发现，模型 3b 分别引入交互项后，模型 3b 的方差解释力 R^2 从 56.3% 增加到 57.2%，同时该交互性在网络能力对探索式创新的影响上有显著的正向调节作用（β= 0.111，p<0.05），假设 H6a 得到验证。通过对比模型 4a 和模型 4b 可以发现，模型 4b 分别引入交互项后，模型 4b 的方差解释力 R^2 从 40.7% 增加到 42%，同时该交互项在网络能力对利用式创新的影响上有显著的负向调

节作用（β=-0.143，p<0.01），假设 H6b 得到验证。

五、研究结论

本节在回顾网络能力、双元创新和环境动态性相关理论的基础上，构建环境动态性调节作用下的网络能力与双元创新关系的理论模型，然后以中国东部沿海地区高技术行业的 183 家企业为样本，使用成熟量表进行问卷调查，并运用 SPSS 21.0 软件对所收集的有效数据进行统计分析并得出以下结论：

（1）网络能力作为一个整体构念与探索式创新和利用式创新均显著正相关。由此可见，网络能力的确是能同时促进探索式创新和利用式创新的重要前因变量，是决定双元创新可获得性的重要因素。

（2）网络能力的四个维度与探索式创新的关系中，网络规划能力和网络配置能力与探索式创新显著正相关，与假设一致；但网络运作能力和网络占位能力与探索式创新显著正相关，这与假设相反。之所以出现与假设相反的情况，可能的解释是企业在维护与现有伙伴的关系的同时，继续发掘出蕴藏在伙伴关系中的新资源、新技术，从而保证了进行探索式创新所需要的各种新资源，或者因现有合作伙伴对新知识、新技术的获取，使企业自身也间接接触到新的资源和技术，进而使企业通过维护与现有合作伙伴关系促进探索式创新；网络占位能力与探索式创新正相关，可能的原因是网络占位能力强的企业，不仅能够有机会接触到大量新的知识、技术等，而且也更便利与更多的合作伙伴进行直接沟通、密切交流，深化彼此间的合作，促进隐性知识传递。

（3）网络能力的四个维度与利用式创新的关系中，网络规划能力、网络配置能力和网络占位能力与利用式创新均是显著正相关，能够有效地保证开展利用式创新，这与假设一致。但网络运作能力与利用式创新的正相关关系不显著。对此，可能的解释是本节的研究要求被调查者基于企业近期实际情况来填写调查问卷，所获得的数据可能无法完全反映企业长期发展的情况，致使所获数据反映的是企业在对现有合作伙伴关系管理与维护中没有出现合作伙伴间更加深入沟通交流的情况；或者因研究样本定位于高新技术企业，面临更多的不确定性，这使高新技术企业及其现有合作伙伴都在不断创新，进而导致企业对开展利用式创新所需的各种资源接触较少。

（4）环境动态性对网络能力与探索式创新的关系具有显著的正向调节作用，对网络能力与利用式创新的关系具有显著的负向调节作用，与假设一致。也就是说，当环境动态性高时，网络能力对探索式创新的正向影响将会得到强化，而网络能力对利用式创新的正向影响将会被削弱。

本节研究结论对中国东部沿海地区高新技术企业如何有效管理与运用网络能力以促进双元创新开展提供了理论借鉴，其管理启示在于：

（1）网络能力对于企业双元创新具有积极促进作用。这对那些试图开展双元创新的企业而言，在企业内部流程、资源分配、组织结构等方面无法满足企业的双元创新需要时，尤其是在受到内部资源约束时，可以考虑提升网络能力以便更好地利用企业外部的网络资源。为此，企业应积极搜寻、确定和维持良好伙伴关系，并通过伙伴间的交流，发现网络中存在的现有机会和未来的发展机会，促进信息和知识的流动以及不断获取新的信息、技术、知识等。

（2）环境动态性对网络能力和双元创新的关系具有调节作用。企业实践中，当外部环境动态性较高时，企业更倾向于运用网络能力推动探索式创新；当外部环境动态性较低时，企业则倾向于运用网络能力进行利用式创新。所以，企业为保持双元创新的有效性，应对环境动态性保持高度的敏锐性，及时调整创新策略。

本节的研究主要针对中国东部沿海地区的高技术企业来探讨网络能力、环境动态性和双元创新的关系，并没有涉及其他地区和行业，未来研究中可以对不同地区和行业的企业进行探讨，从而得到更加适用的研究结论。本节主要对双元创新的探索式创新和利用式创新进行研究，指出探索式创新和利用式创新是可以同时在企业开展的，但是没有深入地研究探讨具体该如何实现的问题，这也是未来研究的主要方向。

第三节　组织双元性与创新绩效

一、引言

互联网背景下，高新技术企业所面临的环境日益呈现出技术更新迅速、顾客需求多变和市场竞争激烈等特征（Carrillo，2005）。为适应这种迅速变化的环境，企业双元能力（既需要具备探索能力以寻求未来业务的发展，也需要具备利用能力以维持现有业务的发展）逐渐引起学界和商界的共同关注（Cho 和 Pucik，2005）。然而，对于双元能力能否必然促进企业实现创新和成长，学术界存在明显分歧。有学者认为，双元能力的平衡可以避免因偏重一种能力带来的负面影响从而提高创新绩效，而且两种能力能够互相强化，促进对方提高创新绩效（He 和 Wong，2004）；也有学者认为，探索能力与利用能力会导致两种截然不同的行为，它们将竞争组织内部的有限资源而难以协调（March，1991），同时实现探索能力与利用能力要付出很大的成本（Menguc 和 Auh，2008），甚至认为双元能力会减少组织创造力（刘新梅等，2013），最终表现为与绩效负相关（Atuahene-Gima 和 Murray，2007）。

对同一研究问题得出差异性的研究结果，可能是由于变量的维度构成和测量方法、关系机理或考察情境等方面的差异所致。现有文献对双元能力的测量存在明显差异，而且尤其缺少组织情境对双元能力与创新绩效关系影响的研究成果。基于权变理论视角，双元能力的实施效果会受到组织情境因素的影响，而公司创业导向就是一个重要的情境变量（白景坤等，2015）。所谓公司创业导向，是指公司所倡导的创新、冒险和率先行动等企业层面的精神诉求（Lumpkin 和 Dess，1996），用以反映企业的战略取向或从事创业活动的强度或倾向（Covin 和 Slevin，1989）。公司创业导向有助于企业获取资源和客户知识（蔡莉等，2011），而充裕的组织资源和知识是双元能力得以实现的重要条件（周俊和薛求知，2009）。然而，公司创业导向是否会对双元能力与创新绩效的关系产生影响或者产生何种程度的影响，目前尚无相关研究结论。由此，本节研究立足于组织层面，借鉴 He 和 Wong（2004）、焦豪（2011）关于双元性的维度划分和测量方法，引入公司创业导向作为情境变量，探讨其对双元能力和创新绩效关系的调节效应。

二、文献回顾与研究假设

1. 双元能力与创新绩效

Duncan（1976）较早提出用"双元"来表示企业同时进行渐进式和突变式变革的特性，Rothaermel 和 Alexandre（2009）将双元能力界定为企业同时拥有产生相互冲突行为的两种能力。张玉利和李乾文（2009）进一步将探索能力界定为企业拥有变异、试验、柔性、冒险和创新等活动的能力；将利用能力界定为拥有提高效率、复制、选择和实施等活动的能力。他们还从目标、结果、知识基础和绩效等方面对两种能力的差异进行比较，如表 6-6 所示。本节采用张玉利和李乾文的观点定义双元能力。

表 6-6　探索能力与利用能力的差异比较

	探索能力	利用能力
目标	为满足新的顾客或市场	为满足已有的顾客或市场
结果	出现新的工艺、流程和技术	改进已有的工艺、流程和技术
知识基础	运用新的知识	对已有知识的拓展
绩效效果	长期绩效	短期绩效

资料来源：张玉利，李乾文. 企业创业导向、双元创新和组织绩效 [J]. 管理科学学报，2009（1）：139.

现有关于双元能力与创新绩效关系的研究有两个视角：一种是分别研究探索能力与利用能力和创新绩效的关系，如 Yalcinkaya 等（2007）通过对 111 个美国进口商的研究发现利用能力与产品创新的程度负相关，而探索能力正向影响产品创新的程度；Wei 等（2014）发现在不同的市场导向（主动或被动）下，探索能力和利用能力对公司绩效的影响各不相同。另一种是将双元能力作为整体变量分维度研究其与创新绩效的关系，近年来该视角的研究得到更广泛的关注。Cao 等（2009）将双元能力划分为平衡（BD）和互补（CD）两个维度，双元能力的平衡维度是指要维持探索能力和利用能力的相对平衡，不能偏重于其中的一种能力而导致两者差距太大。如果探索能力不足而利用能力过多，企业容易进入"成功陷阱"；如果利用能力不足而探索能力过多，企业则容易进入"失败陷阱"。双元能力的互补维度是指探索能力和利用能力互为补充、相互促进。

目前已有文献开始探讨双元能力的平衡与创新绩效的关系，有学者认为双元能力不平衡与绩效负相关，双元能力的平衡与绩效正相关（He 和 Wong，2004；王凤彬等，2012；Chang 和 Hughes，2012）；也有学者认为，双元能力的平衡在适度范围内会促进企业绩效，但如果过度追求双元能力的平衡会耗费组织大量的资源从而不利于绩效的提升，因而推断双元能力的平衡与创新绩效应该是倒 U 形关系（张振刚等，2014）。本节研究认为，总体而言，双元能力的平衡会使组织避免过度关注一种能力而对绩效造成消极影响，或者说相对于不平衡而言，双元能力的平衡有利于提高创新绩效；同时，本节研究认为，低水平的平衡（即两种能力都很低时）并不利于创新绩效的提高，或者说双元能力的平衡水平与创新绩效密切相关。由此，提出如下假设：

H1：双元能力的平衡维度与企业创新绩效正相关。

与 March（1991）等对探索能力与利用能力存在双元悖论的观点有所不同，近年来有许多学者提出探索能力和利用能力相互补充和促进的观点，如 Eisenhardt 和 Martin（2000）认为探索能力的开发需要企业不断学习新知识与新技术，改善现有的产品和流程，提高企业利用能力；焦豪（2011）认为，企业利用能力会深化企业对新知识和新技术的理解吸收，有利于企业更加有效地探索新的领域，促进探索能力的发展。更有趣的是，已有学者开始探讨双元能力的互补与创新绩效的关系，但所得结论并不一致。多数学者认为，两种能力能够互相使用对方的资源和优势来提高自身，因而探索能力（利用能力）越强，利用能力（探索能力）对企业绩效的影响作用就越强（Zhan 和 Chen，2013），如 Katila 和 Ahuja（2002）认为探索能力和利用能力之间存在反馈关系，二者交互作用与新产品开发正相关；刘新梅等（2013）认为，探索和利用的交互作用与组织创造力正相关。但也有研究认为，双元能力的互补维度与创新绩效负向相关（Atuahene-Gima 和 Murray，2007），或者只有当双元能力的平衡较高时，双元能力的互补才对创新绩效具有显著影响（张振刚等，2014）。本节研究认为，在传统机械式组织中，两种能力可能存在悖论；而在有机式或网络化组织中，两种能力存在互补的可能性；同时，在竞争充分的高新技术行业中，企业的组织结构的柔性化和网络化的程度普遍较高，在这样的背景下，双元能力的互补有助于创新绩效的提高。由此，提出如下假设：

H2：双元能力的互补维度与创新绩效正相关。

2. 公司创业导向的调节作用

公司创业导向研究源于 Miller 和 Friesen（1982）对产品创新影响因素的分析，他们发现创业型与保守型企业在产品创新方面存在差异。后来的研究中，公司创业导向主要用以反映企业的战略取向或从事创业活动的强度或倾向。Covin 和 Slevin（1989）提出，公司创业导向包括创新性、风险承担性和超前性三个维度。其中，创新性是指公司专注于引进新的产品、技术或服务，参与创新性活动；风险承担性是指企业在面临不确定性环境时，采取大胆的行动将组织资源投入到不确定以及风险事业中；超前性是指公司以前瞻性的眼光先于竞争对手发展新的产品、工艺或技术（Lumpkin 和 Dess，1996）。现有文献表明，双元能力的平衡得以实现的必要条件之一是组织资源充裕度（周俊和薛求知，2009），资源充裕度较低时双元能力的平衡不能提升企业的绩效（杨学儒等，2011）。然而，公司创业导向有助于促进企业获取资源和客户知识（蔡莉等，2011；尹苗苗，2013），专注于探索知识和能力（郭海等，2009）和比行业竞争者更早地利用知识资源（Zhou 和 Li，2007）。此外，也有研究表明，当企业存在很强的公司创业导向时会有很强的创新动机，并且公司创业导向在探索性学习与技术创新及利用性学习与管理创新之间均发挥正向的调节作用（孙燕和苏中锋，2015）；企业创业导向会强化探索创新与企业绩效之间的关系（高宇等，2010）。综合上述观点，本节研究认为，当企业具有很强的公司创业导向时，不仅能有效缓解双元能力对于稀缺资源的争夺，而且还能为企业创造良好的创新氛围，最终会强化双元能力对创新绩效的作用效果。由此，提出如下假设：

H3a：公司创业导向正向调节双元能力的平衡与创新绩效的关系。

H3b：公司创业导向正向调节双元能力的互补与创新绩效的关系。

基于以上假设，本节提出以下研究框架，如图6-5所示。

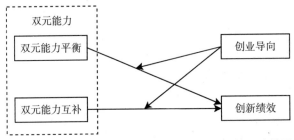

图6-5 双元能力、创业导向和创新绩效关系的理论模型

三、研究设计

1. 样本与数据收集

本节选取中国环渤海地区的北京、天津和大连地区高新技术行业中的企业为样本，采用大样本问卷调查的方式进行数据收集。样本选取主要考虑到高技术行业竞争激烈、技术更新迅速、产品创新性强，实施公司创业导向的企业比例相对于其他行业更高些，因而更有利于展开研究。本次问卷由公司高层管理者和战略与技术部门有3年以上任职年限的中层管理者填写，主要是考虑到双元能力、创新绩效和公司创业导向等均属于公司战略层面的变量，高层管理者更容易理解和把握。本次问卷调查发放和回收时间分别为2015年6月初和7月底，历时两个月。本次共发放问卷500份，回收问卷192份，剔除数据缺失3个以上、填写内容前后矛盾的问卷，最后有效问卷为175份，有效回收率为35.00%。关于问卷发放方式，主要是在征得拟调研企业同意后采用现场填写问卷与电子邮件发放相结合的方式。两种方式发放问卷各占50%左右，回收的有效问卷中现场填写问卷90份，电子邮件为85份。研究样本的具体分布情况如表6-7所示。

表6-7 样本特征情况分布表

	样本信息	样本数（个）	百分比（%）
	100~200人	48	27.43
	200~500人	52	29.71
企业规模	500~2000人	37	21.14
	2000人以上	38	21.71

续表

	样本信息	样本数（个）	百分比（%）
企业年龄	3~5 年	47	26.86
	6~10 年	54	30.86
	11~20 年	35	20.00
	20 年以上	39	22.29
所属行业	高技术服务	46	26.29
	电子信息技术	34	19.43
	生物工程医药	35	20.00
	其他高技术行业	60	34.29
被调查者岗位层级	高层管理者	152	86.85
	中层管理者	23	13.15

在表 6-7 中，规模在 100~200 人的企业所占比重为 27.43%，200~500 人的企业所占比重为 29.71%，500~2000 人的企业所占比重为 21.14%，2000 人以上的企业所占比重为 21.71%。企业年限为 3~5 年的企业占比为 26.86%，6~10 年的企业占比为 30.86%，11~20 年的企业占比为 20.00%，20 年以上的企业占比为 22.29%。公司的行业分布分为四类，高技术服务业、电子信息技术业、生物工程医药业及其他高技术行业，所占百分比分别为 26.29%、19.43%、20.00% 和 34.29%。整体看样本结构合理，适合进行实证研究。

由于问卷发放和回收时间间隔较短，所以不存在应答偏差问题。不过在问卷调查时，由于所有问项均由同一填写者填写，因而有可能会出现同源偏差问题。为避免该问题，本节采取了程序控制法和统计控制法相结合的方法。本节在设计调查问卷时，改进量表测量的题项，尽量使题项清晰易懂，减少问卷作答者对题项的猜度；让所有填写问卷者的管理人员进行匿名填写，以消除问卷作答者的心理顾虑。同时，本节还运用 Harman 单因子检验方法对问卷所有条目一起做因子分析，在未旋转时得到的第一个主成分，占到的载荷量是 32.059%，一般载荷量在 20%~40% 时认为同源偏差比较小，所以本节的问卷测量中不存在严重的同源偏差问题。

2. 变量测量

对探索能力和利用能力的测量，He 和 Wong（2004）使用引进新一代产品、扩大产品范围、开拓新市场和进入新技术领域四个题项测量探索式创新，用提高现有产品质量、提高产品柔性、减少产品成本和提升产量与减少原材料消耗四个题项来测量利用式创新。Chandrasekaran 等（2012）借鉴 He 和 Wong（2004）的量表，用引进新一代产品、进入新技术领域和开放新市场的能力三个题项测量探索能力；用与行业平均水平相比业务单位扩展新产品的范围、细化现有的质量和灵活性、减少成本的能力三个题项测量利用能力。该量表已被证明具有很好的信度和效度。本节根据研究需要对题项表述进行了适当的调整。学界对双元能力平衡的测量存在分歧，部分学者使用差式法，即用探索能力与利用能力的绝度差值测量不平衡性（李忆和司有和，2008）。王凤彬和陈建勋等（2012）认为，以差式测量平衡度是一种机械的平衡观，乘式测量的方法代表交互效应，而不是平衡性，基于此，他们提出了有机的平衡观来测量双元能力的平衡维度。有机平衡的表达式为 $1 - |x - y|/(x + y)$，其中 x 代表探索能力，y 代表利用能力。张振刚等（2014）在进行研究时也借鉴了上述有机平衡的测量方法来测量双元能力的平衡维度。本节借鉴 Cao 等（2009）、焦豪（2011）对平衡维度的测量方法，采用最大值 7 减去利用能力与探索能力的绝对差值测量双元能力的平衡。学界对双元能力互补的测量有比较一致的方法，即用探索能力与利用能力的乘积来测量（He 和 Wong，2004；焦豪，2011；Cao 等，2009）。对公司创业导向的测量，借鉴 Covin 和 Slevin（1989）经典的三维度（创新性、风险承担性和超前性）9 题项量表，该量表已被国内外学者证实具有很好的信度和效度，本节采用该量表。对创新绩效的测量有客观和主观两种方法。客观测量较多使用企业申请的专利数、R&D 项目数、全年有效发明专利数和新产品销售额等指标。也有学者使用量表来测量创新绩效，如李雪灵等（2010）在研究公司创业导向与企业绩效关系时，采用四个题项对创新绩效进行测量：新的产品或新的服务达到了之前预期的顾客价值与销售目标；新的产品或新的服务的水平实现了之前所预期的市场份额目标；新的产品或新的服务实现了之前预期的利润目标；新的产品或新的服务实现了之前预期的销售增长目标。该量表已被证明具有很好的信度和效度，本节采用该量表。

本节研究选取企业年龄、企业规模和行业类型作为控制变量。成立年限较长的企业往往处于成熟期，企业拥有的资源就越多，且相比成立年限较短的企业有更成熟的经验和机构来平衡探索能力与利用能力。本节研究中计算的企业年龄为企业成立起到 2015 年为止的成立年限。规模较大的企业由于正规化程度较高，倾向于利用活动稳固现有市场地位，而小规模的企业由于扩大生产的需要，倾向于进行探索活动开辟新的市场。大规模的企业比小规模的企业往往有更充裕的资源、更专门化的机构来平衡探索能力与利用能力。本节运用企业拥有的员工人数代表企业规模的大小，选取高技术行业中的高技术服务业、电子信息技术业、生物工程医药业及其他高技术行业企业为研究样本。

3. 信度和效度分析

如表 6-8 所示，对双元能力量表的探索式因子分析显示，代表样本充分水平的 KMO 检验值为 0.745，系数大于 0.7，超过了因子分析的样本限制条件；代表条目间相对关联程度的 Bartlett 球形检验值为 703.727（df=21，p<0.001），说明各条目间相互关联，适合提取公共因子。采用主成分分析法，共析出两个公共因子探索能力和利用能力，分别解释了变异量的 44.362% 和 29.935%，累计解释该量表的变异量为 74.297%。所提取出的两个因子的信度系数分别为 0.699% 和 0.851%，高于相关研究所建议的最小临界值 0.6，量表信度高。通过对双元能力的 7 个题项的因子分析，发现特征值大于 1.0，因子载荷值最小值为 0.748，最大值为 0.899，各因子载荷值均在 0.5 以上，因此该量表具有很好的效度。对公司创业导向的探索性因子分析发现，KMO 检验值为 0.889，超过了因子分析的样本限制条件；Bartlett 球形检验值为 2094.529（df=36，p<0.001），适合提取公共因子。采用主成分分析法，共提出三个公共因子，分别命名为创新性、超前性和风险承担性，分别解释了变异量的 35.592%、30.436%、23.975%，累计解释该量表的变异量为 90.003%。所提取出的三个因子的信度系数分别为 0.985%、0.960 和 0.835%，量表信度高。通过对公司创业导向的 9 个题项的分析，发现特征值大于 1.0，各因子载荷值最小值为 0.571，最大值为 0.914，载荷值均在 0.5 以上，因此该量表具有很好的效度。对创新绩效的探索性因子分析结果显示，KMO 检验值为 0.816，超过了因子分析的样本限制条件，说明样本充分；Bartlett 球形检验值为 402.856（df=6，p<0.001），说明各条目间相互关联，适合提取公共因子。采用主成分分析法，共提出一个公共因子，即创新绩效，其解释了变异量的 73.234%。该

因子的信度系数为 0.868，量表信度高。通过对创新绩效的 4 个题项进行因子分析，特征值大于 1.0，因子载荷最小值为 0.708，最大值为 0.905，因子载荷值均在 0.5 以上，因此该量表具有很好的效度。

表 6-8 双元能力、公司创业导向和创新绩效的探索性因子分析

变量	维度	度量指标	因子载荷	解释方差
双元能力 Cronbach's α = 0.788	探索能力 Cronbach's α = 0.699	与行业平均水平相比，我们引进新一代产品的能力很强	0.834	74.297
		与行业平均水平相比，我们进入新技术领域的能力很强	0.774	
		与行业平均水平相比，我们开发新市场的能力很强	0.748	
	利用能力 Cronbach's α = 0.851	与行业平均水平相比，我们扩大产品范围的能力很强	0.899	
		与行业平均水平相比，我们细化产品质量的能力很强	0.806	
		与行业平均水平相比，我们增加柔性的能力很强	0.802	
		与行业平均水平相比，我们减少成本的能力很强	0.794	
公司创业导向 Cronbach's α = 0.944	创新性 Cronbach's α = 0.985	过去 3 年，企业对当前的产品与服务的组合进行了很大程度的改变	0.893	90.003
		过去 3 年，企业产生了许多新产品/服务	0.883	
		企业非常重视研发项目、寻求先进和创新性的技术与服务	0.877	
	风险承担性 Cronbach's α = 0.960	企业偏好采用大胆且迅速的行为	0.850	
		企业的管理者偏好风险较高且可能得到很高回报的项目	0.836	
		当面临不确定性时，企业往往会采取积极的行动去抓住机会	0.804	
	超前性 Cronbach's α = 0.835	企业经常比竞争者优先发起竞争的行为，然后竞争者被迫做出回应	0.914	
		企业管理者很重视比行业中其他竞争者优先引进新的产品和新创意	0.801	
		企业常常在行业内优先引进新产品和服务、新的管理技巧和生产技术	0.571	

续表

变量	维度	度量指标	因子载荷	解释方差
创新绩效 Cronbach's α = 0.868	创新绩效 Cronbach's α = 0.868	新的产品或新的服务达到之前预期的顾客价值与销售目标	0.708	73.234
		新的产品或新的服务的水平实现了之前所预期的市场份额目标	0.905	
		新的产品或新的服务实现了之前预期的利润目标	0.898	
		新的产品或新的服务实现了之前预期的销售增长目标	0.895	

四、实证分析

本节运用 SPSS21.0 统计分析软件，对大样本问卷调查所得数据进行相关分析和回归分析，系统地剖析各个变量之间的关系，从而检验假设。

1. 相关性分析

变量间的相关关系如表 6-9 所示，探索能力、利用能力与创新绩效显著相关，适合做回归分析；公司创业导向与创新绩效关系不显著，说明适合做调节效应分析。控制变量中企业年龄、企业规模和行业类型与创新绩效间的关系均不显著，但相关系数是正的，说明成立年限长、规模大的企业创新绩效更好。

表 6-9 双元能力、创新导向和创新绩效的相关性分析

	均值	标准差	1	2	3	4	5	6
企业规模	2.37	1.106	1					
企业年龄	2.38	1.107	0.406**	1				
所在行业	2.62	1.206	-0.071	0.064	1			
探索能力	5.76	1.051	0.125	0.052	0.011	1		
利用能力	4.97	1.368	0.074	0.055	-0.104	0.285**	1	
创业导向	5.94	1.181	-0.054	-0.027	-0.061	0.060	-0.032	1
创新绩效	4.88	1.179	0.148	0.129	0.082	0.499**	0.538**	-0.020

注：** 表示在 0.01 水平（双侧）上显著相关，* 表示在 0.05 水平（双侧）上显著相关。

2. 回归分析

表 6-10 给出了双元能力的平衡维度与互补维度影响创新绩效的回归分析结果。

表 6-10　公司创业导向调节作用的回归分析

因变量	创新绩效				
	模型 1	模型 2	模型 3	模型 4	模型 5
企业规模	0.133	0.029	0.071	0.056	0.065
企业年龄	0.077	0.001	−0.029	−0.015	−0.029
所在行业	0.084	0.076	0.120**	0.092**	0.111**
探索能力			−0.035		−0.028
利用能力			0.411***		0.402***
双元能力平衡		1.045***		0.997***	
双元能力互补			0.554***		0.560***
公司创业导向				−0.033	−0.103**
平衡×创业导向				0.241***	
互补×创业导向					0.014
R^2	0.035	0.776	0.789	0.805	0.799
调整后的 R^2	0.018	0.771	0.781	0.798	0.789
F	2.058	147.416***	104.457***	115.238***	82.510***

注：* 表示 $p < 0.05$，** 表示 $p < 0.01$，*** 表示 $p < 0.001$。

　　在表 6-10 中，模型 1 是企业规模、企业年龄和所在行业三个控制变量对创新绩效的回归模型。模型 2 和模型 3 分别是双元能力的平衡维度和互补维度对创新绩效的回归模型。模型 4 和模型 5 是加入调节变量的回归模型。从模型 1~5 的 F 值可以看出，除模型 1（只有控制变量）外，各模型都具有显著性。

　　模型 2 的结果表明，在控制了企业规模、企业年龄和所在行业之后，双元能力的平衡与创新绩效之间的回归系数 β=1.045，且 t 值的显著性水平为 0.000（$p<0.001$），说明探索能力与利用能力的平衡程度越高则创新绩效越高，因此 H1 得到验证。模型 3 的回归分析结果表明，双元能力的互补与创新绩效的回归系数 β=0.554，且 t 值的显著性水平是 0.000（$p<$

0.001），说明探索能力与利用能力之间的互补程度越大创新绩效越高，因此 H2 也得到验证。但此时我们注意到探索能力与创新绩效的关系为负但不显著（β=-0.035），这似乎与实际不符。通过阅读大量文献，本节研究发现探索能力与创新绩效存在着倒 U 形关系（Kim 和 Huh，2015）；由此，我们还对其二次项进行检验，回归结果显示二次项系数为负（β=-0.106），这还解释了模型 3 与模型 5 中探索式学习系数为负的原因（一次项只是衡量倒 U 形关系的右侧部分，而其之所以显著通过作散点图可以清晰看见样本数据大多分布在倒 U 形关系的右侧部分）。

模型 4 是在模型 2 的基础上加入双元能力的平衡和公司创业导向的交互效应后的模型，模型中双元能力的平衡与创新绩效的关系受到公司创业导向的正向调节（β=0.241，p<0.001）。从模型 2 到模型 4，R² 的值由 0.776 提高到 0.805，ΔR² 为 2.9%，表明模型 4 比模型 2 的解释力有所增加，因此 H3a 得到验证。模型 5 是在模型 3 的基础上加入双元能力的互补和公司创业导向的交互效应后的模型，模型中双元能力的互补与创新绩效的关系受到公司创业导向的正向调节（β=0.014），但不显著。这可能是因为虽然公司创业导向导致两种能力不平衡，但由于探索能力与利用能力具有交互作用，致使这种不平衡所引起的交互效应在公司创业导向的调节下并没有发生显著的变化。尽管如此，由于其回归系数仍为正数，因而仍具有一定的实践意义。从模型 3 到模型 5，R² 的值由 0.789 提高到 0.799，ΔR² 为 1.0%，表明模型 4 比模型 3 的解释力有所增加，因此 H3b 得到部分验证。

五、研究结论

1. 研究结论

本节首先在文献研究和理论推导的基础上，构建了公司创业导向作用下双元能力和创新绩效关系的研究模型，然后采用现有成熟量表设计调查问卷，采用大样本问卷调查方法对北京、天津和大连的 175 家高技术企业进行研究调查并收集调查资料，运用 SPSS21.0 统计软件进行实证分析，得出以下结论：

（1）双元能力的平衡和互补均与企业创新绩效显著正相关。研究发现，相对于双元能力的不平衡而言，双元能力的平衡更有利于企业提高创新绩效，而且相对于低水平的双元能力的平衡而言，高水平的双元能力的平衡更有利于提高企业创新绩效。该研究结论与假设一致，说明相较于拥有单一能力的企业而言，同时提升探索能力与利用能力，并使二者平衡发展将更有利于企业的创新绩效，增强企业的竞争能力。同时，研究发现双元能力的互补与企业创新绩效显著正相关。该结论与假设一致，说明企业利用新技术与新知识能够促进对现有产品和流程的改善，从而促进利用能力；反过来，企业不断地运用现有知识和技术，会强化对新知识和资源的理解，使企业更加有效地探索新的领域，因此促进探索能力的发展。可见，企业探索能力与应用能力可以优势互补，共同促进企业的创新绩效提升。

（2）公司创业导向对双元能力的平衡和互补与创新绩效的关系均有积极调节作用。首先，公司创业导向对双元能力的平衡和创新绩效关系的积极调节作用达到了显著水平。这与假设一致，说明公司创业导向作为以创新性、风险承担性和超前性为特征的战略导向，不仅对企业资源获取起到积极推动作用，有助于企业获取资源和客户知识，而且营造了企业创新的氛围，进而提升了双元能力平衡的程度和水平。其次，公司创业导向对双元能力的互补和创新绩效的关系虽然具有积极调节作用但并不显著，这与假设不符，可能是因为双元能力的平衡发生时，无论是否存在公司创业导向，两种能力的互补效应都已经是客观存在的，因此调节效应不显著。

本节研究的主要理论贡献在于，实证了在充分竞争的高新技术行业中，双元能力的平衡与互补与企业创新绩效显著正相关，而以往相关研究并未充分考虑到高新技术行业这一独特的情境因素；同时，本节还实证了在充分竞争的高新技术行业中，公司创业导向对双元能力与企业创新绩效的关系具有正向调节作用。

2. 管理启示

（1）双元能力的平衡对企业创新绩效的提升具有积极促进作用。企业在实践中应该注重双元能力的平衡，尽量避免因过多关注探索能力导致的"失败陷阱"或因过多关注利用能力导致的"成功陷阱"。也就是说，既要加强对现有工艺、流程和技术的改进，又要探索新的工艺、流程和技术，使企业既能够维持短期的创新绩效又能够提高长期竞争优势。同时，还应特别注重提升两种能力，维持双元能力高水平的平衡，充分发挥其对企业创新成长的积极作用。

（2）双元能力的互补对企业创新绩效的提升具有积极的促进作用。传统的观念忽略了双元能力的互补特征及其对创新绩效的影响，但本节研究表明，在充分竞争的高新技术行业的企业中，双元能力的互补与创新绩效显著正相关。尽管本节并未揭示为什么高新技术企业会出现这样的结果（初步判断大概是有机式结构或网络结构为双元能力的互补创造了条件），但该结果表明高新技术企业可大胆追求双元能力的培养和提升。

（3）公司创业导向对双元能力和创新绩效关系的积极调节作用表明，高技术行业企业在高度不确定性竞争环境下要实现创新和成长，需积极推动公司创业导向，努力促进资源获取和营造创新氛围，为双元能力作用的有效发挥创造有利条件。

3. 研究不足

本节研究的样本主要选取自中国环渤海地区的北京、天津和大连三地的高新技术企业，研究结论可能不具有普适性，未来可进一步拓宽样本的地域和产业覆盖范围；样本只选取处于成熟期的高技术企业，所以所得结论对新创企业是否具有适用性有待检验；本节的数据为截面数据，未采用时间序列的研究方法，研究结论不能反映企业成长过程中各变量之间的关系，未来可考虑用时间序列数据进一步研究。

第七章 结论与展望

通过前面的文献分析，本书发现组织惰性理论的成熟度较低，突出表现在组织惰性的研究视角存在根本分歧且在短时间内难以实现深度融合、研究层次关注不均、测量工具不成熟、组织惰性的形成与演进的过程机理缺少系统性研究等方面。本书致力于组织惰性形成与演进的过程机理研究，并取得了一些进展。本章将对整个研究进行总结与归纳，介绍本书的研究结论、管理启示、研究局限和研究展望。

一、主要结论

第一，构建了环境与路径"双重锁定"的组织惰性生成分析的理论框架。本书在整合组织生态学、新制度组织理论、路径依赖理论和资源基础观等不同学科视角的相关研究后发现，组织生态理论和新制度组织理论强调环境因素对组织惰性形成的重要作用，认为组织惰性是组织适应环境的产物；与之不同，路径依赖理论则强调组织自身演化过程中路径的作用，认为组织惰性是组织在适应环境过程中的路径依赖导致可供选择的空间变窄乃至锁定在特定路径之中的结果。本书认为，组织惰性是环境锁定和路径锁定共同作用的结果。同时，资源（能力）基础理论关于核心能力惰性特征的界定恰恰描述了"双重锁定"下的组织惰性的表现形式。本书的这一研究结论为强化组织惰性的前因研究提供了一个系统的分析框架。

第二，公司创业导向和组织学习对组织惰性的影响机理不同。通过对中兴通讯案例的纵贯考察和多时点比较研究发现：①公司创业导向能够有效克服（弱化）组织的洞察力惰性和行动惰性。②探索式学习和利用式学习对组织的洞察力惰性和行动惰性的作用机制不同，探索式学习有利于产生或发现新技术、新产品、新机会或新的组织方式，有利于克服组织洞察力惰性，同时也能够激发组织对现有技术和管理路径进行改进与完善，对克服行动惰性也有积极作用。利用式学习有利于直接改进与完善企业的技术和管理路径，因而有利于克服组织的行动惰性；但利用式学习强调"埋头苦干"，可能会因路径依赖而导致路径锁定，最终强化组织的洞察力惰性。③公司创业导向通过探索式学习的中介作用能够进一步强化对克服组织的洞察力惰性的积极作用，通过利用式学习的中介作用强化对克服组织行动惰性的积极作用；但利用式学习对组织洞察力惰性具有强化作用，这在一定程度上弱化了公司创业导向对克服组织惰性的积极作用。④环境变化在公司创业导向和组织学习、组织惰性关系中具有调节作用。在高度变化的环境下，公司创业导向对组织学习的积极作用得到强化，公司创业导向对组织惰性的积极作用也得到强化。也就是说，尽管公司创业导向对组织学习和组织惰性克服都有影响，但当环境发生明显的变化时，上述关系更具有显著性。

第三，组织惰性作为情境因素对组织创新过程具有调节作用。①通过大样本问卷调查，本书实证了知识惰性对公司创业导向和双元创新关系的影响，发现学习惰性对公司创业导向和探索式创新、开发式创新的关系均具有负向调节作用，该结论与 Huff 和 Huff（2000）的知识惰性将阻碍组织创新的观点一致，这主要是因为学习惰性强调常规流程的稳定和知识来源的不变，这种僵化不利于变革与创新的发生，因而产生负向调节效应。有趣的是，与学习惰性不同，经验惰性对公司创业导向和探索式创新、开发式创新的关系具有正向调节作用，原因可能是经验惰性建立在路径依赖基础之上，对公司创业导向下基于现有路径的完善或改进的变化更容易接受，因而对探索式创新产生正向调节效应。该结论改变了现有文献关于动态环境下知识惰性不利于创新的一般观点。②通过大样本问卷调查，本书还实证了组织惰性对组织双元学习和组织绩效关系的影响，发现组织惰性在二者关系中起到负向调节作用。值得注意的是，这种负向调节作用只在平衡维度与创新绩效关系中达到显著水平，而在交互维度与创新绩效关系中的负向调节作用没有得到验证，这说明组织惰性确实使组织产生偏好利用式学习的倾向，进而导致探索式学习与利用式学习之间的张力，阻碍二者间的平衡。

第四，组织战略、结构和文化之间及其与环境的动态匹配是影响组织变革与持续成长关系的重要因素。通过对柯达公司历史上的五次重大组织变革的案例分析，本书发现在柯达公司的历史中形成了强大的组织惰性，该公司几次组织变革的失败根源在于组织惰性难以克服。本书还发现，克服组织惰性并不意味着组织变革的成功或实现持续成长。或者说，尽管动态环境下组织变革是打破组织惰性和促进企业持续成长的重要因素，但组织变革能否最终促进企业持续成长（或者说变革成功的关键），则取决于在组织惰性被打破后组织是否能够及时建立起组织战略、结构和文化间及其与外部环境相匹配的新的模式。

第五，构建基于"机会逻辑"的动态能力是不确定环境下企业避免组织惰性负效应和实现持续成长的重要因素。在整合动态能力的学习观、惯例观和整合观研究成果的基础上，本书认为企业在不确定环境下避免组织惰性（核心惰性）和实现持续成长，需以"市场机会"为导向，在组织层面构建具有递进关系的搜寻惯例、选择惯例和重构惯例，并据此适应环境的变化，通过改变资源和能力基础及其组合方式以挖掘潜在机会，对多样性潜在机会进行选择，集中力量于选择机会和形成竞争优势。基于机会逻辑的搜寻、选择和重构三种惯例，是组织的高层次惯例，既构成组织稳定的来源，也构成活力的来源（Feldman 和 Pentland，2003），因而能够在避免组织惰性的负效应的同时实现企业的持续成长。

二、管理启示

第一，充分认识组织惰性的双重属性和结构复杂性特征。研究发现，组织惰性既是组织效率的来源，也是组织衰败的根源。所以，管理者应辩证地认识组织惰性的积极和消极作用。同时，研究发现组织惰性结构复杂，不同维度对组织变革与成长具有差异性影响。以知识惰性为例，本书研究发现，经验惰性正向调节公司创业导向和利用式创新的关系。也就是说，企业要想进行更多的利用式创新，就应该充分发挥经验惰性的作用；而对于想要进行更多探索式创新的企业，减少或避免经验惰性的影响是非常必要的。此外，受组织惰性结构复杂性的影响，改变组织惰性结构或克服组织惰性未必能够取得预期的变革效果。在企业为适应新环境而进行的变革过程中，虽然战略、结构或文化的单方面变革可能会打破组织惰性，但如果未能形成新的功能，而只是破坏原有组织模式的功能，那么这种组织变革将会加速组织的衰败。柯达公司在20世纪80年代和21世纪初的组织变革最终以失败而告终，根源在于未能形成与环境匹配的新模式。所以，企业在克服组织惰性的同时能否及时成功构建适应新环境的新模式是决定组织变革成败和持续成长的重要因素。

第二，正确理解公司创业导向对克服组织惰性的作用条件。通常认为，企业提倡公司创业导向，形成鼓励公司创新、创业和风险承担的组织氛围有利于克服组织惰性和增强组织对变化环境的适应能力。然而，通过中兴通讯的案例研究发现，公司创业导向对组织惰性的影响取决于环境动态性。在环境相对稳定时，公司创业导向在克服中兴通讯组织惰性方面并未发挥实质性作用；而只有在中兴通讯所面临的环境发生明显变化，如发生财务危机或受到竞争对手的威胁时，公司创业导向才能有效克服组织惰性。本书的另一个重要结论是，Gilbert（2005）认为纵使环境发生明显变化，受组织惰性结构复杂性影响，企业的资源惰性会弱化，但惯例惰性则会强化。本书的研究发现，这种现象也会受到公司创业导向强度的影响，在较强的公司创业导向影响下环境变化能够克服组织惯例惰性。该研究的管理启示在于，在高度不确定的环境下，公司创业导向对于克服组织惰性更具积极作用，管理者应该充分重视二者的交互作用。

第三，积极提倡双元学习以克服组织惰性。通过中兴通讯的案例分析可知，不同类型的组织学习对组织惰性具有不同的影响机制。探索式学习尽管能够同时弱化不同类型的组织惰性和推动组织变革，但其更适用于非连续变化的环境；利用式学习尽管能够弱化组织行动惰性（第一层次的组织惰性），但会强化组织洞察力惰性（第二层次的组织惰性）。通常而言，利用式学习可以带来技术完善和管理效率的提高，因此成熟期企业更乐于从事渐进性、风险较低的利用式学习，这正是连续变化的环境下企业所追求的目标；但在非连续变化的环境下利用式学习反而会增强组织的洞察力惰性，这不是企业所期望的结果。通过案例分析还发现，双元学习（同时进行探索式学习和利用式学习）能够同时克服组织行动惰性和洞察力惰性。所以，企业应积极培养组织的双元学习能力，在双元学习的平衡与交互效应中克服组织惰性，推动组织变革和实现持续成长。

第四，努力培养动态能力或双元能力能有效避免组织惰性的负效应。通过理论研究，本书发现，企业基于机会逻辑构建的搜寻、选择和重构三种惯例，既能保证组织的效率和稳定性，也能保证组织探索与创新的活力；通过实证研究，本书也发现，双元能力同样能够避免组织惰性的负效应和推动企业实现持续成长。然而，动态能力或双元能力的培养，离不开与之相对应的组织情境。为此，组织需具备崇尚学习和创新的组织文化、知识治理导向的企业制度和高度柔性的组织结构。

三、研究局限

第一，本书仅从理论层面对组织惰性生成机理和避免组织惰性负效应的动态能力演化问题进行探索性研究，所提出的理论框架还有需进一步细化之处。如组织惰性生成机理研究中关于"环境锁定"与"路径锁定"二者交互作用会对组织惰性产生何种影响，本书并未进行研究；再如，对驱动动态能力形成与演化的学习机制构建、机会把握与战略转变的关系等，也需进行深入探讨。同时，该方面研究仅以大型多业务公司为预设对象，因此所得出的结论对只具有单一业务的中小型企业的解释力仍需进一步探讨。此外，相关研究仍然停留在理论探讨层面，本书并未对所构建的理论运用案例研究和大样本问卷调查等实证方法进行检验，因此相关结论仍有待实证检验。

第二，本书对公司创业导向、组织学习与组织惰性的关系机理研究以及对组织变革与组织持续成长关系的研究，均采用单案例研究的方法。尽管本书严格遵循案例研究的一般程序，保证了研究的信度和效度，但是对环境变化程度的界定不够清晰，有待细化；对组织惰性维度的划分有待进一步的量化处理。同时，单案例研究方法本身所固有的局限也决定了本书结论的普适性有待进一步的检验，但本书并未在此基础上进一步通过大样本问卷调查等方法进行定量实证研究。

第三，本书以组织惰性为情境的定量实证研究中，样本主要来自北京、天津、大连和沈阳四地，而且选自学习和创新能力较强的高新技术行业中的成熟期企业，这可能会影响到研究结论的普适性，后续研究的样本选择应拓宽调研的地域，调查对象进一步拓展到不同行业和处于生命周期不同阶段的企业，以检验和完善所得出的结论。同时，创新具有明显的时滞性，已有研究也发现公司创业导向对创新的长期影响大于短期（Zahra 和 Covin，1995），但本书所使用的数据是横截面数据，后续研究可考虑采用动态跟踪调研方法，开展纵向的时间序列研究，这样会使研究结论更具有说服力。

四、未来展望

第一，组织惰性理论研究视角的整合研究。环境选择视角和组织适应视角的本质差异在于，组织在面对环境的连续或非连续变化时是否能够做出改变或采取适应行为（包括主动或被动）。对此，环境选择视角持否定的态度，认为适应特定环境的组织必然是高度结构惰性的，而环境变化则意味着特定组织种群的衰败；组织适应学者则持肯定态度，认为组织能够克服自身的组织惰性适应外部环境的变化。显然，两种视角在组织与环境关系的连续体中"各执一端"，而在组织适应各类环境变化的实践中部分组织取得成功，也有部分组织走向失败。也就是说，组织惰性的生成与演化是组织外部环境与内部条件共同作用的结果。所以，整合两种视角的"执其中"应该更有利于问题的解决。Schwarz（2012）曾对此进行过尝试，他基于文献研究指出组织惰性的生成在一定程度上是管理者有意为之，是组织外部和内部因素共同作用的结果，或者说是环境决定与组织路径锁定的结果。然而，到目前为止，整合两种视角探讨组织内外部因素如何共同作用导致组织惰性的生成与演化的研究文献，无论是理论推演，还是案例研究乃至定量分析，仍然非常匮乏，应该是未来研究的重要方向。

第二，组织惰性的群体层次和跨层次研究。随着组织结构的柔性化和网络化发展，团队在组织中的地位和作用日益提高，团队的创造力越来越受到重视。然而，团队作为组织内部的特殊群体，其组织惰性问题尚未引起学术界的充分重视，如组织的认知惰性、结构惰性和行为惰性等在团队层次会有何种表现和机制，目前并无相关研究成果。同时，尽管从心理学视角探讨社会成员个体惰性的文献已经很多，但对作为组织成员的个体惰性研究的文献并不多见，在知识型员工日益成为员工主力的背景下，组织内部个体惰性问题尤其值得关注。此外，由于各层次的组织惰性并不孤立存在，而是相互影响，但跨层次的组织惰性研究尚未展开，这些均可能成为今后的研究焦点。

第三，组织惰性生成与演化的实证研究。现有文献已经对组织惰性的成因与演化进行了诸多的理论探索，而且对组织惰性结构剖析和量表开发也已经取得实质性进展，但对组织惰性前因后果的实证研究文献仍然非常缺乏。如本书在前人研究基础上构建了组织惰性生成分析的理论模型、组织变革与持续成长关系的理论模型和如何避免组织惰性负效应的动态能力演化分析模型，但尚无案例或实证研究成果进行验证；本书已对公司创业导向和组织学习对组织惰性的影响机理进行了案例实证研究，但仍然缺乏基于大样本问卷调查的定量实证研究成果；本书对知识惰性在公司创业导向和双元性创新关系中具有正向或负向的调节效应进行了研究，但对如何控制或削弱知识惰性目前尚无相关研究成果。此外，鉴于组织变革、组织惰性和组织持续成长关系的复杂性，运用情境模拟等仿真技术进行机理研究可能会得到更多的关注。

第四，中国情境下的组织惰性研究。现有组织惰性研究所关注的问题及变量多立足于西方社会，不能从根本上反映中国情境下的独有特征。近年国内已有学者尝试对此做出贡献，如对组织惰性构成维度的理论剖析（陈传明，2004）以及对组织结构惰性本土量表的开发（刘海建等，2007）。但总体上看，国内学者对组织惰性的研究目前仍处于引进、消化和吸收阶段，原创性的理论贡献比较缺乏。对此，一方面，有必要基于中国本土企业的实践经验提炼出组织惰性研究的理论元素，创新和完善组织惰性理论体系；另一方面，可展开跨文化背景的组织惰性比较，尤其是美国与中国样本的对比研究，目前该方面的研究尚未展开。此外，还应加强对国有企业组织惰性的研究。因为在我国，国有企业和民营企业并存，它们在我国经济中占有不同的地位，其中国有企业居于主导地位，控制着重要行业和关键领域，拥有丰裕的创新资源。所以，研究国有企业组织惰性的特殊性，对于推动我国国有企业乃至全部企业的持续成长具有重要理论价值和现实意义。

参考文献

白景坤：《创新、效率与惰性：一个组织存续的分析框架》，《财经问题研究》
　　2008 年第 5 期。

白景坤：《国企改革中的组织惰性及其矫正》，《新华文摘》2007 年第 7 期。

蔡莉、朱秀梅、刘预：《创业导向对新企业资源获取的影响研究》，《科学学
　　研究》2011 年第 4 期。

蔡宁、潘松挺：《网络关系强度与企业技术创新模式的耦合性及其协同演
　　化》，《中国工业经济》2008 年第 4 期。

陈传明、陈松涛、刘海建、周艳：《企业组织刚性影响因素的实证研究》，
　　《南京社会科学》2004 年第 5 期。

陈国权、王晓辉：《组织学习与组织绩效：环境动态性的调节作用》，《研究
　　与发展管理》2012 年第 1 期。

陈家声、郑仁伟：《自主调适与组织惯性理论之整合实证分析——以台湾电
　　子业 ISO9000 论证为例》，《台大管理论丛》1997 年第 2 期。

陈建勋、凌媛媛、王涛：《组织结构对技术创新影响作用的实证研究》，
　　《管理评论》2011 年第 7 期。

陈立新：《现有企业突破性创新的惯性障碍及其超越机制研究》，《外国经济
　　与管理》2008 年第 7 期。

陈松涛、陈传明：《企业核心能力刚性的表现及评价指标设计》，《科学学与
　　科学技术管理》2004 年第 1 期。

陈效林：《企业创新战略选择：网络位置与吸收能力的影响》，《南大商学评
　　论》2012 年第 4 期。

范钧、郭立强、聂津君：《网络能力、组织隐性知识获取与突破性创新绩
　　效》，《科研管理》2014 年第 1 期。

方刚：《网络能力结构及对企业创新绩效作用机制研究》，《科学学研究》
　　2011 年第 3 期。

冯海龙:《企业战略变革的定义比较、测量述评及量表开发——兼对笔者原战略变革定义的修正与操作化》,《管理学报》2010 年第 4 期。

冯军政、魏江:《国外动态能力维度划分及测量研究综述与展望》,《外国经济与管理》2011 年第 7 期。

高宇、高山行、杨建君:《知识共享、突变创新与企业绩效——合作背景下企业内外部因素的调节作用》,《研究与发展管理》2010 年第 2 期。

高展军、李桓:《战略网络结构对企业技术创新的影响研究》,《科学学研究》2006 年第 3 期。

郭海、王栋、刘衡:《基于权变视角的管理者社会关系对企业绩效的影响研究》,《管理学报》2013 年第 3 期。

胡望斌、张玉利、杨俊:《同质性还是异质性:创业导向对技术创业团队与新企业绩效关系的调节作用研究》,《管理世界》2014 年第 6 期。

简兆权、刘益:《战略转换中的组织惯性形成及其经济学分析》,《数量经济技术经济研究》2001 年第 5 期。

焦豪:《双元型组织竞争优势的构建路径:基于动态能力理论的实证研究》,《管理世界》2011 年第 11 期。

焦豪、魏江、崔瑜:《企业动态能力构建路径分析:基于创业导向和组织学习的视角》,《管理世界》2008 年第 4 期。

靳云汇、贾昌杰:《惯性与并购战略选择》,《金融研究》2003 年第 12 期。

何建洪、贺昌政:《创新型企业的形成:基于网络能力与创新战略作用的分析》,《科学学研究》2013 年第 2 期。

李海东、林志扬:《组织结构变革中的路径依赖与路径创造机制研究——以联想集团为例》,《管理学报》2012 年第 8 期。

李泓桥:《创业导向对企业突破性创新的影响研究:互补资产的调节作用》,《科学学与科学技术管理》2013 年第 3 期。

李相银:《企业战略管理模型:战略—文化—结构》,《中国工业经济》2002 年第 7 期。

李雪灵、姚一玮、王利军:《新企业创业导向与创新绩效关系研究:积极型市场导向的中介作用》,《中国工业经济》2010 年第 6 期。

李烨、李传昭、罗婉议:《战略创新、业务转型与民营企业持续成长——格兰仕集团的成长历程及其启示》,《管理世界》2005 年第 6 期。

李忆、司有和:《探索式创新、利用式创新与绩效:战略和环境的影响》,

《南开管理评论》2008 年第 5 期。

林海芬、苏敬勤：《管理创新效力提升机制：组织双元性视角》，《科研管理》2012 年第 2 期。

刘海建：《企业组织结构的刚性特征及对战略变革的影响》，《科学学与科学技术管理》2007 年第 3 期。

刘海建、周小虎、龙静：《组织结构惯性、战略变革与企业绩效的关系：基于动态演化视角的实证研究》，《管理评论》2009 年第 11 期。

刘海建、李虎、孙容容：《竞争能力惰性、决策失灵与企业衰败》，《南京大学学报》2012 年第 6 期。

刘新梅、韩骁、白杨、李沐函：《控制机制、组织双元与组织创造力的关系研究》，《科研管理》2013 年第 10 期。

连燕玲、贺小刚：《CEO 开放性特征、战略惯性和组织绩效——基于中国上市公司的实证分析》，《管理科学学报》2015 年第 1 期。

吕一博、程露、苏敬勤：《组织惯性对集群网络演化的影响研究——基于多主体建模的仿真分析》，《管理科学学报》2015 年第 6 期。

毛蕴诗：《公司重构与企业持续成长路径》，《中山大学学报》（社会科学版）2005 年第 5 期。

彭新敏、吴晓波、吴东：《基于二次创新动态过程的企业网络与组织学习平衡模式演化——海天 1971~2010 年纵向案例研究》，《管理世界》2011 年第 4 期。

冉龙、陈劲、董富全：《企业网络能力、创新结构与复杂产品系统创新关系研究》，《科研管理》2013 年第 8 期。

任胜钢：《企业网络能力结构的测评及其对企业创新绩效的影响机制研究》，《南开管理评论》2010 年第 1 期。

芮明杰、任红波、李鑫：《基于惯例变异的战略变革过程研究》，《管理学报》2005 年第 6 期。

石芝玲、和金生：《基于技术能力和网络能力协同的企业开放式创新研究》，《情报杂志》2011 年第 1 期。

孙燕、苏中锋：《组织学习对管理创新和技术创新的影响研究：创业导向的调节作用》，《中国科技论坛》2015 年第 1 期。

孙永风、李垣、廖貅武：《基于不同战略导向的创新选择与控制方式研究》，《管理工程学报》2007 年第 4 期。

谭新生、张玉利：《创业精神的价值实现及其内部化机制》，《经济管理》2005 年第 6 期。

王凤彬、陈建勋、杨阳：《探索式与利用式技术创新及其平衡的效应分析》，《管理世界》2012 年第 3 期。

王同庆：《动态环境下嵌入式网络关系和网络能力对服务创新的影响》，山东大学博士学位论文，2012 年。

王向阳、卢艳秋、赵英鑫：《知识获取、路径依赖对企业创新能力的影响研究》，《图书情报工作》2011 年第 1 期。

王重鸣、夏霖、阳浙江：《基于战略视角的创业导向研究》，《技术经济》2006 年第 8 期。

魏江、焦豪：《创业导向、组织学习与动态能力关系研究》，《外国经济与管理》2008 年第 2 期。

许小东：《组织惰性行为初研》，《科研管理》2000 年第 4 期。

薛红志、张玉利：《突破性创新与公司创业机制研究》，《科学学与科学技术管理》2006 年第 7 期。

杨学儒、李新春、梁强、李胜文：《平衡开发式创新和探索式创新一定有利于提升企业绩效吗?》，《管理工程学报》2011 年第 4 期。

弋亚群、刘益、李垣：《企业家的战略创新与群体创新——克服组织惯性的途径》，《科学学与科学技术管理》2005 年第 6 期。

易朝辉：《资源整合能力、创业导向与创业绩效的关系研究》，《科学学研究》2010 年第 5 期。

尹苗苗：《创业导向、投机导向与资源获取的关系》，《经济管理》2013 年第 5 期。

曾德明、文金艳、禹献云：《技术创新网络结构与创新类型配适对企业创新绩效的影响》，《软科学》2012 年第 5 期。

张玉利、李乾文：《公司创业导向、双元能力与组织绩效》，《管理科学学报》2009 年第 1 期。

张振刚、李云健、余传鹏：《利用式学习与探索式学习的平衡及互补效应研究》，《科学学与科学技术管理》2014 年第 8 期。

赵卫东、吴继红、王颖：《组织学习对员工—组织匹配的影响——知识刚性调节作用的实证研究》，《管理工程学报》2012 年第 3 期。

赵杨、刘延平、谭洁：《组织变革中的组织惯性问题研究》，《管理现代化》

2009 年第 1 期。

周健明、陈明、刘云枫：《知识惯性、知识整合与新产品开发绩效研究》，《科学学研究》2014 年第 10 期。

周俊、薛求知：《双元型组织构建研究前沿探析》，《外国经济与管理》2009 年第 1 期。

周钟、陈智高：《产业集群网络中知识转移行为仿真分析——企业知识刚性视角》，《管理科学学报》2015 年第 1 期。

朱朝晖：《探索性学习、挖掘性学习和创新绩效》，《科学学研究》2008 年第 4 期。

Adams M. E., Day G. S., Dougherty D. Enhancing new product development performance: An organizational learning perspective [J]. Journal of Product Innovation Management, 1998, 15: 403-422.

Agle B. R., Nagarajan N. J., Sonnenfeld J. A., et al. Does CEO charisman matter? An empirical analysis of the relationships among organizational performance, environmental uncertainty, and top management team perceptions of CEO charisman [J]. Academy of Management Journal, 2006, 49 (1): 161-174.

Ahuja G., Katila R. Technological acquisitions and the innovation performance of acquiring firms: A longitudinal study [J]. Strategic Management Journal, 2001, 22 (3): 197-220.

Aldrich H. Organizations and environments [M]. Stanford University Press, 2008.

Allcorn S., Godkin L. Workplace psychodynamics and the management of organizational inertia [J]. Competitiveness Review: An International Business Journal, 2011, 21 (1): 89-104.

Amburgey T. L., Miner A. S. Strategic momentum: The effects of repetitive, positional, and contextual momentum on merger activity [J]. Strategic Management Journal, 1992, 13 (5): 335-348.

Ansoff H. I. Corporate strategy: An analytical approach to business policy for growth and expansion [M]. New York: McGraw-Hill, 1965.

Argyris C., Schön D. Organizational learning: A theory of action perspective [M]. Massachusetts: Addison-Wesley Publishing Company, 1978: 345-349.

Atuahene–Gima K., Ko A. An empirical investigation of the effect of market orientation and entrepreneurship orientation alignment on product innovation [J]. Organization Science, 2001, 12 (1): 54–74.

Atuahene–Gima, K., Murray, J. Y. Exploratory and exploitative learning in new product development: A social capital perspective on new technology ventures in China [J]. Journal of International Marketing, 2007, 15 (2): 1–29.

Barney J. Firm resources and sustained competitive advantage [J]. Journal of Management, 1991, 17 (1): 99–120.

Barreto I. Dynamic capabilities: A review of past research and an agenda for the future [J]. Journal of Management, 2010, 36 (1): 256–280.

Benner M. J., Tushman M. L. Exploitation, exploration, and process management: The productivity dilemma revisited [J]. Academy of Management Review, 2003, 28 (2): 238–256.

Bettis R. A., Prahalad C. K. The dominant logic: Retrospective and extension [J]. Strategic Management Journal, 1995, 16 (1): 5–14.

Bierly P. E., Daly P. S. Alterative knowledge strategies, competitive environment, and organizational performance in small manufacturing firms [J]. Entrepreneurship: Theory and Practice, 2007, 31: 493–516.

Bowman C., Ambrosini V. How the resource–based and the dynamic capability Views of the firm inform corporate–level strategy [J]. British Journal of Management, 2003, 14 (4): 289–303.

Briscoe F., Tsai W. Overcoming relational inertia how organizational members respond to acquisition events in a law firm [J]. Administrative Science Quarterly, 2011, 56 (3): 408–440.

Burgelman R. A. Fading memories: A process theory of strategic business exit in dynamic environments [J]. Administrative Science Quarterly, 1994, 39: 24–56.

Cabello–Medina C., Carmona–Lavado A., Valle–Cabrera R. Identifying the variables associated with types of innovation, radical or incremental: Strategic flexibility, organization and context [J]. Technology Management, 2006, 35 (1): 80–106.

Campbell A., Luchs K. S. Core competency –based strategy [M]. Lonon: International Thomson Business Press, 1997.

Cao Q., Zhang H. Unpacking organizational ambidexterity: Dimensions, contingencies, and synergistic effects [J]. Organization Science, 2009, 20 (4): 781–796.

Cardinal L. B. Technological innovation in the pharmaceutical industry [J]. Organization Science, 2001, 12 (1): 5–20.

Carroll G. R. Dynamics of publisher succession in newspaper organizations [J]. Administrative Science Quarterly, 1984 (29): 93–113.

Cepeda G., Vera D. Dynamic capabilities and operational capabilities: A knowledge management perspective [J]. Journal of Business Research, 2007, 60 (3): 426–437.

Chandrasekaran A., Linderman K., Schroeder R. Antecedents to ambidexterity competency in high technology organizations [J]. Journal of Operations Management, 2012, 30 (1): 134–151.

Chang Y. Y., Hughes M. Drivers of innovation ambidexterity in small –to medium–sized firms [J]. European Management Journal, 2012, 30 (1): 1–17.

Chen C. A. Revisiting organizational age, inertia, and adaptability: Developing and testing a multi –stage model in the nonprofit sector [J]. Journal of Organizational Change Management, 2014, 27 (2): 251–272.

Cho H. J., Pucik V. Relationship between innovativeness, quality, growth, profitability, and market value [J]. Strategic Management Journal, 2005, 26 (6): 555–575.

Christensen C. M., Bower J. L. Customer power, strategic investment, and the failure of leading firms [J]. Strategic Management Journal, 1996, 17 (3): 197–218.

Christensen C. M., Rosenbloom R. S. Explaining the attacker's advantage: Technological paradigms, organizational dynamics, and the value network [J]. Research Policy, 1995, 24 (2): 233–257.

Colbert B. A. The Complex resource –based view: Implications for theory and practice of strategic human resource management [J]. Academy of

Management Review, 2004, 29 (3): 341–358.

Collinson S., Wilson D. C. Inertia in Japanese organizations: Knowledge management routines and failure to innovate [J]. Organization Studies, 2006, 27 (9): 1359–1387.

Collis D. J. Research note: How valuable are organizational capabilities? [J]. Strategic Management Journal, 1994, 15 (S1): 143–152.

Colombo M. G., Delmastro M. The determinants of organizational change and structural inertia: Technological and organizational factors [J]. Journal of Economics & Management Strategy, 2002, 11 (4): 595–635.

Colombo M. G., Doganova L., Piva E., et al. Hybrid alliances and radical innovation: The performance implications of integrating exploration and exploitation [J]. The Journal of Technology Transfer, 2015, 40 (4): 696–722.

Covin J. G., Slevin D. P. A conceptual model of entrepreneurship as form behaviour [J]. Entrepreneurship: Theory and Practice, 1991, 16 (1): 7–24.

Covin J. G., Slevin D. P. Strategic management of small firms in hostile and benign environments [J]. Strategic Management Journal, 1989, 10 (1): 75–87.

Cunha M. P. E., Clegg S. R., Mendonça S. On serendipity and organizing [J]. European Management Journal, 2010, 28 (5): 319–330.

Cyert R. M., March J. G. A behavioral theory of the firm [M]. Englewood Cliffs, NJ: Prentice-Hall, 1963.

Danneels E. Organizational antecedents of second-order competences [J]. Strategic Management Journal, 2008, 29 (5): 519–543.

Danneels E. The dynamics of product innovation and firm competences [J]. Strategic Management Journal, 2002, 23 (12): 1095–1121.

D'Aveni R. A. Hyper-competition: Managing the dynamics of strategic maneuvering [M]. NY: Free Press, 1994.

Demirkan I., Deeds D. L., Demirkan S. Exploring the role of network characteristics, knowledge quality, and inertia on the evolution of scientific networks [J]. Journal of Management, 2013, 39 (6): 1462–1489.

Derbyshire J. The impact of ambidexterity on enterprise performance: Evidence from 15 countries and 14 sectors [J]. Technovation, 2014, 34 (10): 574-581.

Dess G. G., Beard D. W. Dimensions of organizational task environments [J]. Administrative Science Quarterly, 1984 (29): 52-73.

Dess G. G., Ireland R. D., Zahra, S. A., et al. Emerging issues in corporate entrepreneurship [J]. Journal of Management, 2003, 29 (3): 351-378.

Dess G. G., Lumpkin G. T. The role of entrepreneurial orientation in stimulating effective corporate entrepreneurship [J]. The Academy of Management Executive, 2005, 19 (1): 147-156.

Dobrev S. D., Kim T. Y., Carroll G. R. Shifting gears, shifting niches: Organizational inertia and change in the evolution of the US automobile industry, 1885-1981 [J]. Organization Science, 2003, 14 (3): 264-282.

Drnevich P. L., Kriauciunas A. P. Clarifying the conditions and limits of the contributions of ordinary and dynamic capabilities to relative firm performance [J]. Strategic Management Journal, 2011, 32 (3): 254-279.

Drucker P. F. The theory of the business [J]. Harvard Business Review, 1994, 72 (5): 95-104.

Duncan R. B. The ambidextrous organization: Designing dual structures for innovation [J]. The Management of Organization, 1976, 1: 167-188.

Edmondson A. C., Bohmer R. M., Pisano G. P. Disrupted routines: Team learning and new technology implementation in hospitals [J]. Administrative Science Quarterly, 2001, 46 (4): 685-716.

Eisenhardt K. M. Building theories from case study research [J]. Academy of Management Review, 1989, 14 (4): 532-550.

Eisenhardt K. M., Martin J. A. Dynamic capabilities: What are they? [J]. Strategic Management Journal, 2000, 21 (10-11): 1105-1121.

Eisenhardt K. M., Sull D. N. Strategy as simple rules [J]. Harvard Business Review, 2001, 79 (1): 106-116.

Fang C. H., Chang S. T., Chen G. L. Organizational learning capability and organizational innovation: The moderating role of knowledge inertia [J]. African Journal of Business Management, 2011, 5 (5): 1864-1870.

Fang C., Lee J., Schilling M. A. Balancing exploration and exploitation through structural design: The isolation of subgroups and organizational learning [J]. Organization Science, 2010, 21 (3): 625-642.

Feldman M. S. Organizational routines as a source of continuous change [J]. Organization Science, 2000, 11 (6): 611-629.

Feldman M. S., Pentland B. T. Reconceptualizing organizational routines as a source of flexibility and change [J]. Administrative Science Quarterly, 2003, 48 (1): 94-118.

Floyd S. W., Lane P. J. Strategizing throughout the organization: Managing role conflict in strategic renewal [J]. Academy of Management Review, 2000, 25 (1): 154-177.

Garud R., Rappa M. A socio-cognitive model of technology evolution: The case of cochlear implants [J]. Organization Science, 1994, 5 (3): 344-362.

Gay B., Dousset B. Innovation and network structural dynamics: Study of the alliance network of a major sector of the biotechnology industry [J]. Research Policy, 2005, 34 (10): 1457-1475.

Gersick C. J. G. Revolutionary change theories: A multilevel exploration of the punctuated equilibrium paradigm [J]. Academy of Management Review, 1991, 16 (1): 10-36.

Gilbert C. G. Unbundling the structure of inertia: Resource versus routine rigidity [J]. Academy of Management Journal, 2005, 48 (5): 741-763.

Ginsberg A. Measuring and modeling changes in strategy: Theoretical foundations and empirical directions [J]. Strategic Management Journal, 1988, 9 (6): 559-575.

Ginsberg A., Buchholtz A. Converting to for-profit status: Corporate responsiveness to radical change [J]. Academy of Management Journal, 1990, 33 (3): 445-477.

Godkin L. The zone of inertia: Absorptive capacity and organizational change [J]. The Learning Organization: An International Journal, 2010, 17 (3): 196-207.

Godkin L., Allcorn S. Overcoming organizational inertia: A tripartite model for achieving strategic organizational change [J]. The Journal of Applied

Business and Economics, 2008, 8 (1): 82-94.

Grant R. M. Prospering in dynamically-competitive environments: Organizational capability as knowledge integration [J]. Organization Science, 1996, 7 (4): 375-388.

Green K. M., Covin J. G., Slevin D. P. Exploring the relationship between strategic reactiveness and entrepreneurial orientation: The role of structure-style fit [J]. Journal of Business Venturing, 2008, 23 (3): 356-383.

Gurkov I., Settles A. Managing organizational stretch to overcome the uncertainty of the Great Recession of 2008 [J]. International Journal of Organizational Analysis, 2011, 19 (4): 317-330.

Guth W. D., Ginsberg A. Guest editor's introduction [J]. Strategic Management Journal, 1990, 11 (10): 5-15.

Hagedoorn J., Roijakkers N., Kranenburg H. Inter-firm R&D networks: The importance of strategic network capabilities for high -tech partnership formation [J]. British Journal of Management, 2006, 17 (1): 39-53.

Hakansson H., Snehota I. No business is an island: The network concept of business strategy [J]. Scandinavian Journal of Management, 1989, 5 (3): 187-200.

Hall D. J., Salas M. A. Strategy follows structure [J]. Strategic and Management Journal, 1980, 1 (6): 123-134.

Hambrick, D. C. The top management team: Key to strategic success [J]. California Management Review, 1987, 30 (1): 88-108.

Hambrick D. C., Mason P. A. Upper-echelons: The organization as a reflection of its top managers [J]. Academy of Management Review, 1984, 9: 193-206.

Hanks S. H., Watson C. J., Jansen E., et al. Tightening the life -cycle construct: A taxonomic study of growth stage configurations in high -technology organizations [J]. Entrepreneurship: Theory and Practice, 1993, 18(2): 5-30.

Hannan M. T., Freeman J. The population ecology of organizations [J]. American Journal of Sociology, 1977, 82 (5): 929-964.

Hannan M. T., Freeman J. Structural inertia and organizational change [J].

American Sociological Review，1984，49（2）：149-164.

Hannan M. T.，Freeman J. H. Organizational ecology ［M］. Harvard University Press，1989.

Hansen M. T. The search-transfer problem：The role of weak ties in sharing knowledge across organization subunits ［J］. Administrative Science Quarterly，1999，44（1）：82-111.

He Z.，Wong P. Exploration vs. exploitation：An empirical test of the ambidexterity hypothesis ［J］. Organization Science，2004，15（4）：481-494.

Hannan M. T.，Polos L.，Carroll G. R. The fog of change：Opacity and asperity in organizations ［J］. Administrative Science Quarterly，2003，48（3）：399-432.

Helfat C.，Peteraf M. Understanding dynamic capabilities：Progress along a developmental path ［J］. Strategic Organization，2009，7（1）：91-102.

Hemphälä J.，Magnusson M. Networks for innovation—but what networks and what innovation? ［J］. Creativity and Innovation Management，2012，21（1）：3-16.

Herrman P.，Lence S.，Agarwal S. Governance mechanisms，prior international diversification and organizational inertia：A longitudinal test of large United States firms ［R］. Staff General Research Papers，2011，28（4）：106.

Hodgkinson G. P. Cognitive inertia in a turbulent market：The case of UK residential estate agents ［J］. Journal of Management Studies，1997，34（6）：921-945.

Hodgkinson G. P.，Healey M. P. Psychological foundations of dynamic capabilities：Reflexion and reflection in strategic management ［J］. Strategic Management Journal，2011，32（13）：1500-1516.

Hough J. R.，White M. A. Environmental dynamism and strategic decision-making rationality：An examination at the decision level ［J］. Strategic Management Journal，2003，24（5）：481-489.

Huang H. C.，Lai M. C.，Lin L. H.，et al. Overcoming organizational inertia to strengthen business model innovation：An open innovation perspective ［J］. Journal of Organizational Change Management，2013，26（6）：977-1002.

Huff J. O., Huff A. S., Thomas H. Strategic renewal and the interaction of cumulative stress and inertia[J]. Strategic Management Journal, 1992, 13 (S1): 55-75.

Huff J. O., Huff A. S. When firms change direction [M]. Oxford University Press, 2000.

Hughes M., Morgan R. E. Deconstructing the relationship between entrepreneurial orientation and business performance at the embryonic stage of firm growth [J]. Industrial Marketing Management, 2007, 36 (5): 651-661.

Iansiti M. Shooting the rapids: Managing product development in turbulent environments [J]. California Management Review, 1995, 38 (1): 37-59.

Iansiti M., West J. Technology integration: Turning great research into great products [M]. Harvard Business School, 1997.

Kang S. C., Snell S. A. Intellectual capital architectures and ambidextrous learning: A framework for human resource management [J]. Journal of Management Studies, 2009, 46 (1): 65-92.

Kaplan S., Henderson R. Inertia and incentives: Bridging organizational economics and organizational theory [J]. Organization Science, 2005, 16 (5): 509-521.

Karamanos A. G. Leveraging micro-and macro-structures of embeddedness in alliance networks for exploratory innovation in biotechnology [J]. R&D Management, 2012, 42 (1): 71-89.

Katila R., Ahuja G. Something old, something new: A longitudinal study of search behavior and new product introduction[J]. Academy of Management Journal, 2002, 45 (6): 1183-1194.

Kelly D., Amburgey T. L. Organizational inertia and momentum: A dynamic model of strategic change [J]. Academy of Management Journal, 1991, 34 (3): 591-612.

Kim G., Huh M. G. Innovation and survival in Korean SMEs: The moderating effect of competitive strategy [J]. Asian Journal of Technology Innovation, 2015, 23 (1): 107-119.

Kim T. Y., Oh H., Swaminathan A. Framing interorganizational network change: A network inertia perspective [J]. Academy of Management Review,

2006, 31 (3): 704-720.

Klaus H., Rindfleisch H. Organizational decline: A synthesis of insights from organizational ecology, path dependence and theresource-based view [J]. Journal of Organizational Change Management, 2013, 26 (1): 8-28.

König A., Schulte M., Enders A. Inertia in response to non-paradigmatic change: The case of meta-organizations [J]. Research Policy, 2012, 41 (8): 1325-1343.

Kumar U., Lavassani K. M., Kumar V., et al. Measurement of business process orientation in transitional organizations: An empirical study [C] // International Conference on Business Information Systems. Springer Berlin Heidelberg, 2008: 357-368.

Jansen J. P., Van Den Bosch F. J., Volberda H. W. Exploratory innovation, exploitative innovation, and performance: Effects of organizational antecedents and environmental moderators [J]. Management Science, 2006, 52 (11): 1661-1674.

Koberg C. S., Detienne D. R., Heppard K. A. An empirical test of environmental, organizational, and process factors affecting incremental and radical innovation [J]. The Journal of High Technology Management Research, 2003, 14 (1): 21-45.

Kollmann T., Stockmann C. Antecedents of strategic ambidexterity: Effects of entrepreneurial orientation on exploratory and exploitative innovations in adolescent organizations [J]. International Journal of Technology Management, 2010, 52 (1): 153-174.

Lavie D. Capability reconfiguration: An analysis of incumbent responses to technological change [J]. Academy of Management Review, 2006, 31 (1): 153-174.

Leonard-Barton D. Core capabilities and core rigidities: A paradox in managing new product development [J]. Strategic Management Journal, 1992, 13 (2): 111-125.

Levin A. Y., Volberda H. W. Prolegomena on co-evolution: A framework for research on strategy and new organizational forms [J]. Organization Science, 1999, 10: 519-534.

Levinthal D. A., March J. G. The myopia of learning [J]. Strategic Management Journal, 1993, 14 (S2): 95-112.

Levinthal D., Myatt J. Co-evolution of capabilities and industry: The evolution of mutual fund processing [J]. Strategic Management Journal, 1994, 15 (Supplement S1): 45-62.

Levitt B., March J. G. Organizational learning [J]. Annual Review of Sociology, 1988, 14 (4): 319-340.

Lew Y. K., Sinkovics R. R., Kuivalainen O. Upstream internationalization process: Roles of social capital in creating exploratory capability and market performance [J]. International Business Review, 2013, 22 (6): 1101-1120.

Li Y., Su Z., Liu Y. Fast adaptation, strategic flexibility and entrepreneurial roles [J]. Chinese Management Studies, 2011, 5 (3): 256-271.

Liao S. Problem solving and knowledge inertia [J]. Expert systems with applications, 2002, 22 (1): 21-31.

Liao S., Fei W. C., Liu C. T. Relationships between knowledge inertia, organizational learning and organization innovation [J]. Technovation, 2008, 28 (4): 183-195.

Lichtenthaler U., Muethel M. Retracted: The role of deliberate and experiential learning in developing capabilities: Insights from technology licensing [J]. Journal of Engineering & Technology Management, 2012, 29 (2): 187-209.

Lucas H. C., Goh J. M. Disruptive technology: How Kodak missed the digital photography revolution [J]. The Journal of Strategic Information Systems, 2009, 18 (1): 46-55.

Lumpkin G. T., Dess G. G. Clarifying the entrepreneurial orientation construct and linking it to performance [J]. Academy of Management Review, 1996, 21 (1): 135-172.

March J. G. Exploration and exploitation in organizational learning [J]. Organization Science, 1991, 2 (1): 71-87.

March J. G. Rationality, foolishness, and adaptive intelligence [J]. Strategic Management Journal, 2006, 27: 201-214.

March J., Simon H. Organizations [M]. Wiley: New York, 1958.

Markides C. C., Williamson P. J. Related diversification, core competences and corporate performance [J]. Strategic Management Journal, 1994, 15 (S2): 149-165.

McKeown I., Philip G. Business transformation, information technology and competitive strategies: Learning to fly [J]. International Journal of Information Management, 2003, 23 (1): 3-24.

Menguc B., Auh S. Creating a firm level dynamic capability through capitalizing on market orientation and innovativeness [J]. Journal of the Academy of Marketing Science, 2006, 34 (1): 63-73.

Menguc B., Auh S. The asymmetric moderating role of market orientation on the ambidexterity firm performance relationship for prospectors and defenders [J]. Industrial Marketing Management, 2008, 37 (4): 455-470.

Miller D. What happens after success: The perils of excellence [J]. Journal of Management Studies, 1994, 31 (3): 325-358.

Miller D. The correlates of entrepreneurship in three types of firms [J]. Management Science, 1983, 29: 770-791.

Miller D. The structural and environmental correlates of business strategy [J]. Strategic Management Journal, 1987, 8 (1): 55-76.

Miller D. The Icarus paradox: How exceptional companies bring about their own downfall [J]. Business Horizons, 1992, 35 (1): 24-35.

Miller D., Chen M. J. Sources and consequences of competitive inertia: A study of the US airline industry [J]. Administrative Science Quarterly, 1994, 39 (1): 1-23.

Miller D., Friesen P. H. Momentum and revolution in organizational adaptation [J]. Academy of Management Journal, 1980, 23 (4): 591-614.

Miller D., Friesen P. H. Innovation in conservative and entrepreneurial firms: Two models of strategic momentum [J]. Strategic Management Journal, 1982, 3 (1): 1-25.

Miles M. Huberman A. M. Qualitative data analysis [M]. Newbury Park, CA: Sage, 1994.

Mitchell W., Singh K. Death of the lethargic: Effects of expansion into new technical subfields on performance in a firm's base business [J]. Organization Science, 1993, 4 (2): 152–180.

Möller K., Halinen M. K. Business relationships and networks: Managerial challenge of network era [J]. Industrial Marketing Management, 1999, (28): 413–427.

Nason R. S., Mckelvie A., Lumpkin G. T. The role of organizational size in the heterogeneous nature of corporate entrepreneurship [J]. Small Business Economics, 2015, 45 (2): 279–304.

Narver J. C., Slater S. F., Maclachlan D. L. Responsive and proactive market orientation and new product success [J]. Journal of Product Innovation Management, 2004, 21 (5): 334–347.

Nedzinskas Š., Pundzienė A., Buožiūtė–Rafanavičienė S., et al. The impact of dynamic capabilities on SME performance in a volatile environment as moderated by organizational inertia [J]. Baltic Journal of Management, 2013, 8 (4): 376–396.

Nelson R. R., Winter S. G. An evolutionary theory of economic change [M]. Cambridge: Harvard University Press, 1982.

Nickerson J. A., Zenger T. R. Being efficiently fickle: A dynamic theory of organizational choice [J]. Organization Science, 2002, 13 (5): 547–566.

O'Reilly Ⅲ C. A., Tushman M. L. Ambidexterity as a dynamic capability: Resolving the innovator's dilemma [J]. Research in Organizational Behavior, 2008, 28: 185–206.

Ozer M., Zhang W. The effects of geographic and network ties on exploitative and exploratory product innovation [J]. Strategic Management Journal, 2015, 36 (7): 1105–1114.

Palmer I., Dunford R., Rura–Polley T., et al. Changing forms of organizing: Dualities in using remote collaboration technologies in film production [J]. Journal of Organizational Change Management, 2001, 14 (2): 190–212.

Pandza K., Thorpe R. Creative search and strategic sense –making: Missing dimensions in the concept of dynamic capabilities [J]. British Journal of Management, 2009, 20 (S1): 118–131.

Peng M., Heath P. The growth of the firm in planned economics in transition:

Institutions, organizations, and strategic choice [J]. Academy of Management Review, 1996, 21 (2): 492-528.

Pfeffer J., Salancik G. The external control of organizations [M]. New York: Harper & Row, 1978.

Phelps C. C. A longitudinal study of the influence of alliance network structure and composition on firm exploratory innovation [J]. Academy of Management Journal, 2010, 53 (4): 890-913.

Plunket A. Intrafirm selection and the evolution of organizational routines [R]. Working Paper, Faculte Jean Monet, France, 2003.

Polites G. L., Karahanna E. Shackled to the status quo: The inhibiting effects of incumbent system habit, switching costs, and inertia on new system acceptance [J]. MIS Quarterly, 2012, 36 (1): 21-42.

Porter M. E. Competitive strategy: Techniques for analyzing industries and competitions [M]. NY: Free Press, 1980.

Prahalad C. K., Hamel G. The core competence of the corporation[J]. Harvard Business Review, 1990, 68 (3): 79-91.

Prahalad C. K., Hamel G. Strategy as a field of study: Why search for a new paradigm? [J]. Strategic Management Journal, 1994, 15 (S2): 5-16.

Pugh D. S., Hickson D. J. An empirical taxonomy of structures of work organizations [J]. Administrative Science Quarterly, 1969, 14: 115-126.

Rauch A. Wiklund, J. Lumpkin, G. T. Frese, M. Entrepreneurial orientation and business performance: An assessment of past research and suggestions for the future [J]. Entrepreneurship: Theory and Practice, 2009, 33 (3): 761-787.

Rawley E. Diversification, coordination costs, and organizational rigidity: Evidence from microdata [J]. Strategic Management Journal, 2010, 31 (8): 873-891.

Reger R. K., Palmer T. B. Managerial categorization of competitors: Using old maps to navigate new environments [J]. Organization Science, 1996, 7 (1): 22-39.

Ritter T. The networking company antecedents for coping with relationships and networks effectively[J]. Industrial Marketing Management, 1999, 28 (5):

467-479.

Ritter T., Gemünden H. G. Network competence: Its impact on innovation success and its antecedents [J]. Journal of Business Research, 2003, 56 (9): 745-755.

Rothaermel F. T., Alexandre M. T. Ambidexterity in technology sourcing: The moderating role of absorptive capacity [J]. Organization Science, 2009, 20 (4): 759-780.

Rowley T., Behrens D., Krackhardt D. Redundant governance structures: An analysis of structural and relational embeddedness in the steel and semiconductor industries [J]. Strategic Management Journal, 2000, 21 (3): 369-386.

Ruef M. Assessing organizational fitness on a dynamic landscape: An empirical test of the relative inertia thesis [J]. Strategic Management Journal, 1997, 18 (11): 837-853.

Rumelt R. P. Towards a strategic theory of the firm [A]. Lamb R. Competitive strategic management [C]. NJ: Prentice Hall, Englewood Cliff, 1984: 556-570.

Salavou H., Lioukas S. Radical product innovations in SMEs: The dominance of entrepreneurial orientation [J]. Creativity & Innovation Management, 2003, 12 (2): 94-108.

Schreyögg G., Kliesch-Eberl M. How dynamic can organizational capabilities be? Towards a dual-process model of capability dynamization [J]. Strategic Management Journal, 2007, 28 (9): 913-933.

Schwarz G. M. The logic of deliberate structural inertia [J]. Journal of Management, 2012, 38 (2): 547-572.

Schwarz G. M., Shulman A. D. The patterning of limited structural change [J]. Journal of Organizational Change Management, 2007, 20 (6): 829-846.

Senge P. M. The fifth discipline: The art and practice of the learning organization [M]. New York: Random House, 1990.

Sharifirad M. S., Relationship between knowledge inertia and organizational learning [J]. International Journal of information Technology and Knowledge Management, 2010, 2 (2): 323-327.

Shimizu K., Hitt M. A. Strategic flexibility: Organizational preparedness to reverse ineffective strategic decisions [J]. The Academy of Management Executive, 2004, 18 (4): 44-59.

Slater S. F., Narver J. C. Market orientation and the learning organization [J]. Journal of Marketing, 1995, 59 (3): 63-74.

Starbuck W. H., Greve A., Hedberg BLT. Responding to crisis [J]. Journal of Business Administration, 1978 (9): 111-137.

Staw B. M., Sandelands L. E., Dutton J. E. Threat rigidity effects in organizational behavior: A multilevel analysis [J]. Administrative Science Quarterly, 1981, 26 (4): 501-524.

Sternberg R. G., Beyond I. Q. A triarchih theory of human intelligence [M]. New York: Cambridge University Press, 1985.

Stoeberl P. A., Parker G. E., Joo S. J. Relationship between organizational change and failure in the win industry: An event history analysis [J]. Journal of management Studies, 1998 (35): 537-555.

Story V., O'Malley L., Hart S. Roles, role performance, and radical innovation competences [J]. Industrial Marketing Management, 2011, 40 (6): 952-966.

Stuart T. E., Podolny J. M. Local search and the evolution of technological capabilities [J]. Strategic Management Journal, 1996, 17 (S1): 21-38.

Su Z., Li J., Yang Z., et al. Exploratory learning and exploitative learning in different organizational structures [J]. Asia Pacific Journal of Management, 2011, 28 (4): 697-714.

Suarez F. F., Oliva R. Learning to compete: Transforming firms in the face of radical environment change [J]. Business Strategy Review, 2002, 13 (3): 62-71.

Sull D. N. Why good companies go bad [J]. Harvard Business Review, 1999 (4): 42-52.

Sydow J., Schreyögg G., Koch J. Organizational path dependence: Opening the black box [J]. Academy of Management Review, 2009, 34 (4): 689-709.

Tan J. J., Litschert R. J. Environment-strategy relationship and its performance implications: An empirical study of Chinese electronics industry [J]. Strategic Management Journal, 1994, 15 (1): 1-20.

Tayauova G. The impact of international entrepreneurial orientation on strategic adaptation [J]. Procedia-Social and Behavioral Sciences, 2011, 24 (24): 571-578.

Teece D. J. Explicating dynamic capabilities: The nature and microfoundations of (sustainable) enterprise performance [J]. Strategic Management Journal, 2007, 28 (13): 1319-1350.

Teece D. J., Pisan G. The dynamic capabilities of firms: An introduction [J]. Industrial & Corporate Change, 1994, 3 (3): 537-556.

Teece D. J., Pisano G., Shuen A. Dynamic capabilities and strategic management [J]. Strategic Management Journal, 1997, 18 (7): 509-533.

Tripsas M., Gavetti G. Capabilities, cognition, and inertia: Evidence from digital imaging [J]. Strategic Management Journal, 2000, 21 (10-11): 1147-1161.

Tsai W. Knowledge transfer in introrganizational networks: Effects of network position and absorptive capacity on business unit innovation and performance [J]. Academy of Management Journal, 2001, 44 (5): 996-1004.

Tushman M. L., Romanelli E. Organizational evolution: A metamorphosis model of convergence and reorientation [C]. In Cummings L., Staw B. (eds.), Research in Organizational Behavior, 1985, 7: 171 -222. Greenwich, CT: JAI Press.

Tushman M. L., O'Reilly C. A. Ambidextrous organizations: Managing evolutionary and revolutionary change [J]. California Management Review, 1996, 38 (4): 8-30.

Tushman M. L., Virany B. Romanelli E. Executive succession, strategic reorientations, and organization evolution: The minicomputer industry as a case in point [J]. Technology in Society, 1985, 7 (2): 297-313.

Valikangas L. Rigidity, exploratory patience, and the ecological resilience of organizations [J]. Scandinavian Journal of Management, 2007, 23 (2): 206-213.

Van de Ven A. H., Poole M. S. Explaining development and change in organizations [J]. Academy of Management Review, 1995, 20 (3): 510–540.

Van Doorn S., Jansen J. J. P., Van den Bosch F. A. J., et al. Entrepreneurial orientation and firm performance: Drawing attention to the senior team [J]. Journal of Product Innovation Management, 2013, 30 (5): 821–836.

Walter A., Auer M., Ritter T. The impact of network capabilities and entrepreneurial orientation on university spinoff performance [J]. Journal of Business Venturing, 2006, 21 (4): 541–567.

Wang C. L., Ahmed P. K. Dynamic capabilities: A review and research agenda [J]. International Journal of Management Reviews, 2007, 9 (1): 31–51.

Wei Z., Yi Y., Guo H. Organizational learning ambidexterity, strategic flexibility, and new product development [J]. Journal of Product Innovation Management, 2014, 31 (4): 832–847.

Wei Z., Yi Y., Yuan C. Bottom-up learning organizational formalization, and ambidextrous innovation [J]. Journal of Organizational Change Management, 2011, 24 (2): 314–329.

Wei Z., Zhao J., Zhang C. Organizational ambidexterity, market orientation, and firm performance [J]. Journal of Engineering and Technology Management, 2014, 33: 134–153.

Wernerfelt B. A resource–based view of the firm [J]. Strategic Management Journal, 1984, 5 (2): 171–180.

Wiklund J., hepherd D. Knowledge–based resources, entrepreneurial orientation, and the performance of small and medium sized businesses [J]. Strategic Management Journal, 2003, 24 (13): 1307–1314.

Winter S. G. The satisfying principle in capability learning [J]. Strategic Management Journal, 2000, 10: 981–996.

Winter S. G. Understanding dynamic capabilities [J]. Strategic Management Journal, 2003, 24 (10): 991–995.

Winter S. G, Szulanski G. Replication as strategy [J]. Organization Science, 2001, 12 (6): 730–743.

Worch H., Kabinga M., Eberhard A., et al. Strategic renewal and the change of capabilities in utility firms [J]. European Business Review, 2012, 24 (5): 444–464.

Yang L. Empirical study on the relationship between entrepreneurial cognitions and strategic change momentum [J]. Management Decision, 2015, 53 (5): 957–983.

Yalcinkaya G., Calantone R. J., Griffith D. A. An examination of exploration and exploitation capabilities: Implications for product innovation and market performance [J]. Journal of International Marketing, 2007, 15 (4): 63–93.

Yin R. K. Case study research: Design and methods (2nd eds.) [M]. Thousand Oaks, CA: Sage, 1994.

Zacca R., Dayan M., Ahrens T. Impact of network capability on small business performance [J]. Management Decision, 2015, 53 (1): 2–23.

Zahra S. A. Organizational learning and entrepreneurship in family firms: Exploring the moderating effect of ownership and cohesion [J]. Small Business Economics, 2012, 38 (1): 51–65.

Zahra S. A., Ireland R. D. International expansion by new venture firms: International diversity, mode of market entry, technological learning, and performance [J]. Academy of Management Journal, 2000, 43 (5): 925–950.

Zahra S. A., Sapienza H. J., Davidsion P. Entrepreneurship and dynamic capabilities: A review, model and research agenda [J]. Journal of Management Studies, 2006, 43 (4): 917–955.

Zahra S. A., Covin J. G. Contextual influence on the corporate entrepreneurship performance relationship: A longitudinal analysis [J]. Journal of Business Venturing, 1995, 10 (5): 43–58.

Zahra S. A., Nielsen A. P., Bogner W. C. Corporate entrepreneurship, knowledge, and competence development [J]. Entrepreneurship Theory and Practice, 1999, 23 (3): 169–189.

Zenger T. R., Lazzarini S. G., Poppo L. Informal and formal organization in new institutional economics [J]. Advances in Strategic Management, 2002 (19): 277–305.

Zhou Z., Chen Z. Formation mechanism of knowledge rigidity in firms [J]. Journal of Knowledge Management, 2011, 15 (5): 820–835.

Zhan W., Chen R. R. Dynamic capability and IJV performance: The effect of exploitation and exploration capabilities [J]. Asia Pacific Journal of Management, 2013, 30 (2): 601–632.

Zhou K. Z., Li C. B. How does strategic orientation matter in Chinese firms? [J]. Asia Pacific Journal of Management, 2007, 24 (4): 447–466.

Zollo M., Winter S. G. Deliberate learning and the evolution of dynamic capabilities [J]. Organization Science, 2002, 13 (3): 339–351.

索 引

后　记

　　组织惰性是组织效率的来源，组织史上各种类型的成功组织模式多具有惰性特征，因此成为管理者孜孜以求的目标；同时，组织惰性是组织衰败的根源，"成功乃失败之母"，"带着成功的经验走向死亡"，也日益成为各界的共识。20 世纪 80 年代以来，随着技术和市场环境不确定性的增加，组织惰性的负效应凸显，组织惰性作为组织理论的重要研究内容逐渐得到学界的关注。1998 年我参加广州市经济管理学会主办的"面向 21 世纪的企业管理研讨会"，开始关注组织惰性理论研究与组织实践，并相继发表 20 余篇相关学术论文；2007 年我的专著《组织惰性论》由广东出版集团出版；2009 年我以"组织惰性生成研究"为选题完成了博士学位论文。本书正是对这些年知识累积的一个阶段性总结。

　　本书最终得以完成，需感谢这个开放的时代以及同样具有开放精神并对我产生深刻影响的师友。特别需要感谢指导我从事博士后研究的合作导师黄群慧研究员。黄老师为人处世之大气磅礴和虚怀若谷，使我能不囿于工作和生活中的琐碎与繁杂，沉浸于学术研究；黄老师学术造诣之博大精深和高屋建瓴，能让我在困惑与焦灼时安静下来，潜心思考更深层次的学术问题。特别需要感谢指导我博士学位论文写作的导师邱国栋教授。我能带着组织惰性自主选题去攻读博士学位，得益于邱老师的宽容与开放。需要特别感谢两位岭南的学者，他们是江家齐和张双喜教授，正是在两位教授无为而治式的引领下，我得以自由选择组织惰性研究方向，并实现从助教到教授、从秘书到秘书长的职业路径迈进。

　　还需特别感谢中国社会科学院工经所的罗仲伟、李海舰、张其仔、王钦和余菁研究员，以及首都经济贸易大学的戚聿东教授等，他们对本书的最终完成提出了宝贵意见。还要特别感谢我指导的研究生团队成员杨智、汝雷、张营营、李莎莎、丁军霞、屈玲霞、李方青、王健、苟婷、董晓慧等同学，他们协助完成了中外文文献和数据资料的搜集与整理工作。最后特别感谢我的家人对我潜心学习与研究的理解和支持。

本书承蒙"国家自然科学基金面上项目"、"国家社科基金重大项目"、"中国博士后基金第 54 批面上资助一等项目"、"中国博士后基金第 7 次特别资助项目"和"教育部人文社会科学规划项目"的资助，在此一并致谢。

白景坤

2017 年 1 月 20 日于迪卡尔布

专家推荐表

推荐专家姓名	黄群慧	行政职务	所长
研究专长	经济与管理	电　话	
工作单位	中国社会科学院工业经济研究所	邮　编	
推荐成果名称	组织超越——企业如何克服组织惰性与实现持续成长		
成果作者姓名	白景坤		

（对书稿的学术创新、理论价值、现实意义、政治理论倾向及是否达到出版水平等方面做出全面评价，并指出其缺点或不足）

　　组织惰性是组织变革理论的重要内容，但由于问题本身的复杂性，组织惰性研究目前尚处于理论探索阶段，因而该著作具有重要的理论价值。其理论价值主要体现为：一是整合环境选择理论、路径依赖理论和资源（能力）基础观理论的研究成果，为组织惰性形成研究提供了系统的理论框架；二是通过案例研究构建并阐述组织惰性克服的过程机制；三是通过案例深入剖析了组织惰性克服与组织持续成长的关系机理，从而解释了克服组织惰性并不能保证持续成长这一事实。这些工作深化了组织惰性的现有研究主题，并在客观上拓展了组织变革理论。就现实意义而言，中国改革开放以来成长起来的以联想、海尔和华为等为代表的大批优秀企业，目前都已进入成熟期。在经济转型和全球竞争加剧的背景下，这些企业都面临着转型升级和"再创业"的挑战。基于组织惰性视角探讨公司创业导向和组织学习对成熟期企业持续成长的影响机理研究，对于厘清成熟期企业持续成长过程研究中的转型难题具有一定的启示作用。

　　该著作的创新之处主要体现在：一是从外部的技术和制度环境锁定、内部的路径自我强化的路径锁定两个层面剖析组织惰性生成的必然性，提出了基于"双重锁定"的组织惰性生成分析框架。二是通过对中兴通讯的案例发现，组织学习是企业赖以克服组织惰性的因素，但也具有强化组织惰性的作用。三是通过柯达公司的案例发现，组织模式的动态协调是影响组织变革与组织持续成长关系的重要因素。柯达公司组织变革失败的原因，是变革后的战略、结构和文化未能实现动态协调。四是组织惰性具有既促进组织变革又阻碍组织变革的双重属性。以中国企业为样本的实证研究发现学习惰性负向调节公司创业导向和双元创新的关系，但惯例惰性对二者的关系具有正向调节作用。然而，受组织惰性理论发展阶段的影响，该著作对组织惰性生成主要是进行了理论探讨，对

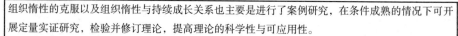

组织惰性的克服以及组织惰性与持续成长关系也主要是进行了案例研究，在条件成熟的情况下可开展定量实证研究，检验并修订理论，提高理论的科学性与可应用性。

　　该著作政治立场正确，态度科学严谨，恪守学术道德。使用数据可信，结论可靠。达到出版水平。

签字： （签名）

2017 年 1 月 15 日

说明： 该推荐表由具有正高职称的同行专家填写。一旦推荐书稿入选《中国社会科学博士后文库》，推荐专家姓名及推荐意见将印入著作。

第六批《中国社会科学博士后文库》专家推荐表 2

推荐专家姓名	罗仲伟	行政职务	研究员
研究专长	企业战略、组织设计	电　话	
工作单位	中国社会科学院工业经济研究所	邮　编	
推荐成果名称	组织超越——企业如何克服组织惰性与实现持续成长		
成果作者姓名	白景坤		

（对书稿的学术创新、理论价值、现实意义、政治理论倾向及是否达到出版水平等方面做出全面评价，并指出其缺点或不足）

随着经济活动复杂性增加和组织环境变化加剧，以企业为代表的组织也趋于复杂，由此产生的组织惰性问题也日益突出，从而成为管理学领域的重要研究主题。白景坤教授在其博士后出站报告基础上形成的专著《组织超越——企业如何克服组织惰性与实现持续成长》，紧紧扣住组织变革的基本趋势，在全面整合组织惰性理论的基础上，以公司创业导向和组织学习为核心线索，运用规范的管理学理论和实证研究方法，力图揭示组织惰性的形成与演化机理，真实、清晰地刻画了环境与路径"双重锁定"的组织惰性情景，并以此为依据建立起一套完整的理论分析框架，同时通过统计研究和案例研究的方式进行实证分析，支持和强化理论分析。专著为系统认识组织惰性表现形式、影响因素及其形成过程，揭示组织惰性作为情境因素对组织变革及组织创新过程的作用，以及如何有效抑制、避免组织惰性的负效应提供了具有逻辑严谨、表述规范、论证严密特点的理论模型，代表着目前国内组织惰性研究方面的最高学术水平，并将对在不确定环境下企业通过组织变革实现持续成长的相关学术研究和现实实践产生重大影响。

专著立足于改革开放背景下国内企业组织变革与创新的现实，立论依据、分析方法和论证过程都符合马列主义经典作家的论述和管理学研究规范，达到了《中国社会科学博士后文库》的出版要求，本人无保留地予以推荐。

我认为专著中不足之处：一是对时代转换时期的组织变革认识还欠深入，对新经济背景下企业组织架构变动所引致的组织惰性新特征缺少刻画和相应的研究；二是实证研究方面还可进一步深化，如改善问卷设计、扩大样本、采用多案例分析等。

签字：罗仲伟

2017 年 1 月 12 日

说明： 该推荐表由具有正高职称的同行专家填写。一旦推荐书稿入选《中国社会科学博士后文库》，推荐专家姓名及推荐意见将印入著作。

经济管理出版社
《中国社会科学博士后文库》
成果目录

<table>
<tr><td colspan="3" align="center">第一批《中国社会科学博士后文库》（2012 年出版）</td></tr>
<tr><td>序号</td><td>书　名</td><td>作　者</td></tr>
<tr><td>1</td><td>《"中国式"分权的一个理论探索》</td><td>汤玉刚</td></tr>
<tr><td>2</td><td>《独立审计信用监管机制研究》</td><td>王　慧</td></tr>
<tr><td>3</td><td>《对冲基金监管制度研究》</td><td>王　刚</td></tr>
<tr><td>4</td><td>《公开与透明：国有大企业信息披露制度研究》</td><td>郭媛媛</td></tr>
<tr><td>5</td><td>《公司转型：中国公司制度改革的新视角》</td><td>安青松</td></tr>
<tr><td>6</td><td>《基于社会资本视角的创业研究》</td><td>刘兴国</td></tr>
<tr><td>7</td><td>《金融效率与中国产业发展问题研究》</td><td>余　剑</td></tr>
<tr><td>8</td><td>《进入方式、内部贸易与外资企业绩效研究》</td><td>王进猛</td></tr>
<tr><td>9</td><td>《旅游生态位理论、方法与应用研究》</td><td>向延平</td></tr>
<tr><td>10</td><td>《农村经济管理研究的新视角》</td><td>孟　涛</td></tr>
<tr><td>11</td><td>《生产性服务业与中国产业结构演变关系的量化研究》</td><td>沈家文</td></tr>
<tr><td>12</td><td>《提升企业创新能力及其组织绩效研究》</td><td>王　涛</td></tr>
<tr><td>13</td><td>《体制转轨视角下的企业家精神及其对经济增长的影响》</td><td>董　昀</td></tr>
<tr><td>14</td><td>《刑事经济性处分研究》</td><td>向　燕</td></tr>
<tr><td>15</td><td>《中国行业收入差距问题研究》</td><td>武　鹏</td></tr>
<tr><td>16</td><td>《中国土地法体系构建与制度创新研究》</td><td>吴春岐</td></tr>
<tr><td>17</td><td>《转型经济条件下中国自然垄断产业的有效竞争研究》</td><td>胡德宝</td></tr>
<tr><td colspan="3" align="center">第二批《中国社会科学博士后文库》（2013 年出版）</td></tr>
<tr><td>序号</td><td>书　名</td><td>作　者</td></tr>
<tr><td>1</td><td>《国有大型企业制度改造的理论与实践》</td><td>董仕军</td></tr>
<tr><td>2</td><td>《后福特制生产方式下的流通组织理论研究》</td><td>宋宪萍</td></tr>
</table>

第二批《中国社会科学博士后文库》(2013 年出版)

序号	书　名	作　者
3	《基于场景理论的我国城市择居行为及房价空间差异问题研究》	吴迪
4	《基于能力方法的福利经济学》	汪毅霖
5	《金融发展与企业家创业》	张龙耀
6	《金融危机、影子银行与中国银行业发展研究》	郭春松
7	《经济周期、经济转型与商业银行系统性风险管理》	李关政
8	《境内企业境外上市监管若干问题研究》	刘轶
9	《生态维度下土地规划管理及其法制考量》	胡耘通
10	《市场预期、利率期限结构与间接货币政策转型》	李宏瑾
11	《直线幕僚体系、异常管理决策与企业动态能力》	杜长征
12	《中国产业转移的区域福利效应研究》	孙浩进
13	《中国低碳经济发展与低碳金融机制研究》	乔海曙
14	《中国地方政府绩效评估系统研究》	朱衍强
15	《中国工业经济运行效益分析与评价》	张航燕
16	《中国经济增长：一个"被破坏性创造"的内生增长模型》	韩忠亮
17	《中国老年收入保障体系研究》	梅哲
18	《中国农民工的住房问题研究》	董昕
19	《中美高管薪酬制度比较研究》	胡玲
20	《转型与整合：跨国物流集团业务升级战略研究》	杜培枫

第三批《中国社会科学博士后文库》(2014 年出版)

序号	书　名	作　者
1	《程序正义与人的存在》	朱丹
2	《高技术服务业外商直接投资对东道国制造业效率影响的研究》	华广敏
3	《国际货币体系多元化与人民币汇率动态研究》	林楠
4	《基于经常项目失衡的金融危机研究》	匡可可
5	《金融创新及其宏观效应研究》	薛昊旸
6	《金融服务县域经济发展研究》	郭兴平
7	《军事供应链集成》	曾勇
8	《科技型中小企业金融服务研究》	刘飞

第三批《中国社会科学博士后文库》（2014 年出版）

序号	书 名	作 者
9	《农村基层医疗卫生机构运行机制研究》	张奎力
10	《农村信贷风险研究》	高雄伟
11	《评级与监管考》	武 钰
12	《企业吸收能力与技术创新关系实证研究》	孙 婧
13	《统筹城乡发展背景下的农民工返乡创业研究》	唐 杰
14	《我国购买美国国债策略研究》	王 立
15	《我国行业反垄断和公共行政改革研究》	谢国旺
16	《我国农村剩余劳动力向城镇转移的制度约束研究》	王海全
17	《我国吸引和有效发挥高端人才作用的对策研究》	张 瑾
18	《系统重要性金融机构的识别与监管研究》	钟 震
19	《中国地区经济发展差距与地区生产率差距研究》	李晓萍
20	《中国国有企业对外直接投资的微观效应研究》	常玉春
21	《中国可再生资源决策支持系统中的数据、方法与模型研究》	代春艳
22	《中国劳动力素质提升对产业升级的促进作用分析》	梁泳梅
23	《中国少数民族犯罪及其对策研究》	吴大华
24	《中国西部地区优势产业发展与促进政策》	赵果庆
25	《主权财富基金监管研究》	李 虹
26	《专家对第三人责任论》	周友军

第四批《中国社会科学博士后文库》（2015 年出版）

序号	书 名	作 者
1	《地方政府行为与中国经济波动研究》	李 猛
2	《东亚区域生产网络与全球经济失衡》	刘德伟
3	《互联网金融竞争力研究》	李继尊
4	《开放经济视角下中国环境污染的影响因素分析研究》	谢 锐
5	《矿业权政策性整合法律问题研究》	郗伟明
6	《老年长期照护：制度选择与国际比较》	张盈华
7	《农地征用冲突：形成机理与调适化解机制研究》	孟宏斌
8	《品牌原产地虚假对消费者购买意愿的影响研究》	南剑飞

第四批《中国社会科学博士后文库》（2015 年出版）

序号	书　名	作　者
9	《清朝旗民法律关系研究》	高中华
10	《人口结构与经济增长》	巩勋洲
11	《食用农产品战略供应关系治理研究》	陈　梅
12	《我国低碳发展的激励问题研究》	宋　蕾
13	《我国战略性海洋新兴产业发展政策研究》	仲雯雯
14	《银行集团并表管理与监管问题研究》	毛竹青
15	《中国村镇银行可持续发展研究》	常　戈
16	《中国地方政府规模与结构优化：理论、模型与实证研究》	罗　植
17	《中国服务外包发展战略及政策选择》	霍景东
18	《转变中的美联储》	黄胤英

第五批《中国社会科学博士后文库》（2016 年出版）

序号	书　名	作　者
1	《财务灵活性对上市公司财务政策的影响机制研究》	张玮婷
2	《财政分权、地方政府行为与经济发展》	杨志宏
3	《城市化进程中的劳动力流动与犯罪：实证研究与公共政策》	陈春良
4	《公司债券融资需求、工具选择和机制设计》	李　湛
5	《互补营销研究》	周　沛
6	《基于拍卖与金融契约的地方政府自行发债机制设计研究》	王治国
7	《经济学能够成为硬科学吗?》	汪毅霖
8	《科学知识网络理论与实践》	吕鹏辉
9	《欧盟社会养老保险开放性协调机制研究》	王美桃
10	《司法体制改革进程中的控权机制研究》	武晓慧
11	《我国商业银行资产管理业务的发展趋势与生态环境研究》	姚　良
12	《异质性企业国际化路径选择研究》	李春顶
13	《中国大学技术转移与知识产权制度关系演进的案例研究》	张　寒
14	《中国垄断性行业的政府管制体系研究》	陈　林

第六批《中国社会科学博士后文库》(2017 年出版)

序号	书　名	作　者
1	《城市化进程中土地资源配置的效率与平等》	戴媛媛
2	《高技术服务业进口技术溢出效应对制造业效率影响研究》	华广敏
3	《环境监管中的"数字减排"困局及其成因机理研究》	董　阳
4	《基于竞争情报的战略联盟关系风险管理研究》	张　超
5	《基于劳动力迁移的城市规模增长研究》	王　宁
6	《金融支持战略性新兴产业发展研究》	余　剑
7	《清乾隆时期长江中游米谷流通与市场整合》	赵伟洪
8	《文物保护经费绩效管理研究》	满　莉
9	《我国开放式基金绩效研究》	苏　辛
10	《医疗市场、医疗组织与激励动机研究》	方　燕
11	《中国的影子银行与股票市场：内在关联与作用机理》	李锦成
12	《中国应急预算管理与改革》	陈建华
13	《资本账户开放的金融风险及管理研究》	陈创练
14	《组织超越——企业如何克服组织惰性与实现持续成长》	白景坤

《中国社会科学博士后文库》
征稿通知

　　为繁荣发展我国哲学社会科学领域博士后事业，打造集中展示哲学社会科学领域博士后优秀研究成果的学术平台，全国博士后管理委员会和中国社会科学院共同设立了《中国社会科学博士后文库》（以下简称《文库》），计划每年在全国范围内择优出版博士后成果。凡入选成果，将由《文库》设立单位予以资助出版，入选者同时将获得全国博士后管理委员会（省部级）颁发的"优秀博士后学术成果"证书。

　　《文库》现面向全国哲学社会科学领域的博士后科研流动站、工作站及广大博士后，征集代表博士后人员最高学术研究水平的相关学术著作。征稿长期有效，随时投稿，每年集中评选。征稿范围及具体要求参见《文库》征稿函。

　　联系人：宋　娜　主任

　　联系电话：01063320176；13911627532

　　电子邮箱：epostdoctoral@126.com

　　通讯地址：北京市海淀区北蜂窝 8 号中雅大厦 A 座 11 层经济管理出版社《中国社会科学博士后文库》编辑部

　　邮编：100038

经济管理出版社